삼성에서   ERP로 먹고사는

컨설턴트가 알려주는

ABAP with AI

삼성에서 ERP로 먹고사는
컨설턴트가 알려주는
ABAP with AI

초판 1쇄 인쇄 2026년 2월 20일
초판 1쇄 발행 2026년 2월 25일

지은이 | 주호재, 서기준, 양승철
펴낸이 | 김승기, 김민수
펴낸곳 | ㈜생능출판사 / **주소** | 경기도 파주시 광인사길 143
브랜드 | 생능북스
출판사 등록일 | 2005년 1월 21일 / **신고번호** | 제406-2005-000002호
대표전화 | (031) 955-0761 / **팩스** | (031) 955-0768
홈페이지 | www.booksr.co.kr

책임편집 | 최동진
편집 | 신성민, 이종무
교정·교열 | 최동진
본문·표지 디자인 | 이대범
영업 | 최복락, 심수경, 차종필, 송성환, 최태웅, 김민정
마케팅 | 백수정, 명하나

ISBN 979-11-94630-44-9 (93000)
값 25,000원

프로그래밍 지식 없이도 시작할 수 있는,
AI까지 다룬 최초의 ABAP 입문서

삼성에서 ERP로 먹고사는
컨설턴트가 알려주는
ABAP with AI

주호재 · 서기준 · 양승철 지음

생능북스

'삽질 시리즈' 시즌 1의 완결편인 이 책은 단순한 기술서를 넘어, AI 시대를 살아가는 개발자들이 변화의 물결에 대비할 수 있도록 돕는 실질적인 생존 전략서입니다. 이번 책에서 저자는 수정 모드(Editable) 설명을 통해 기본 프로그램을 완성하고, AI가 급속히 확산되는 현재에 맞춰 바이브 코딩을 통한 ABAP 개발의 새로운 가능성과 방향성을 명확히 제시하였습니다. 끊임없이 진화하는 IT 환경 속에서 자신만의 경쟁력을 유지하고자 하는 ABAP 개발자에게 적극 추천드립니다.

김성준 (Easy ABAP 저자이자 SAP Joy 운영자)

오랫동안 방치했던 제 ABAP 장롱면허를 다시 꺼낼 수 있었던 건 저자가 따라하기 쉽게 해준 덕분입니다. 지루한 프로그래밍 원리에 대한 설명 대신 직접 짜보게 하는 '만들어 보며 배우자'는 저자의 생각이 돋보입니다. 체계적인 실습 경로를 통해 단계별로 깊이를 더하면서도, 현실적인 접근부터 클래스 개념까지 자연스럽게 익힐 수 있었습니다. 초보나 비개발자는 물론 저처럼 감 잃은 경력자에게도 딱 맞고, 실무 팁도 중간중간 제공되어 당장 업무에 활용할 수 있겠다는 확신이 생겼습니다.

강지민 (10년 아밥 끊은 삽질 경단녀)

『삽질 시리즈』는 ABAP 언어를 처음 공부하는 사람들에게 강력히 추천하고 싶은 책입니다. 시중의 두껍고 지루한 교재들과 달리, 보다 빠르고 흥미롭게 ABAP의 세계에 빠져들 수 있도록 이끌어줍니다. 프로그램 설치부터 실제 SAP 프로그램 개발, 그리고 마지막에는 AI를 활용해 코드를 작성하는 과정까지 삽질 시리즈는 완벽하게 구성된 올인클루시브 패키지입니다. 선뜻 비싼 교육비를 결제하기 어려운 취준생들에게는 한 줄기 빛과 같았습니다. 뿐만 아니라 AI의 등장으로 진로에 대한 고민이 많은 예비 '삽질러'들에게도 AI는 경쟁의 대상이 아니라, 함께 공존하며 새로운 가치를 만들어가는 동반자임을 일깨워줍니다. 빠르게 변화하는 세상을 살아가는 우리는 다가올 미래를 두려워하기보다, 지금 이 순간 한 걸음 내딛는 용기가 더 중요하다고 생각합니다. 『삽질 시리즈 3권』은 그 첫걸음을 내딛을 수 있게 도와주는 가장 현실적이고 든든한 안내서입니다.

박효경 (삽질 시리즈로 가성비 잡은 취준생)

처음 《삼성에서 ERP로 먹고사는 컨설턴트가 알려주는 SAP》를 봤을 때만 해도, SAP 실무는 저 먼 세계 이야기겠지 싶었습니다. 그런데 어느새 시리즈 3권을 따라오며, SAP의 세계를 조금은 이해하게 됐습니다. 이번 3권은 그동안의 시리즈 중 가장 흥미로웠어요. 단순히 코드를 배우는 책이 아니라, AI 시대에 ABAP 개발자가 어떻게 변해야 하는가를 고민하게 만들거든요. "AI가 코드를 다 짜주면 우리는 뭐하지?"라는 불안한 마음을 정면으로 마주하게 되고, 그 답을 삽질 속에서 찾아가는 과정이 진짜 현실적이었습니다. 책 속의 예제들은 친절하지만 결코 얕지 않습니다. 따라 하다 보면 '이게 진짜 회사에서 돌아가는 구조구나'하는 순간이 오고, 그때 느껴지는 짜릿함이 있습니다. 무엇보다 저자의 유머와 자신감이, SAP 공부를 지루하지 않게 만들어 줍니다. SAP를 공부하는 학생이든, 커리어 방향을 고민하는 예비 개발자든, 이 시리즈는 꼭 한 번 경험해 볼 가치가 있습니다.

이다혜 (삽질 시리즈를 모두 꼼꼼하게 읽은 모범생)

컨설턴트로서 고객에게 최선의 솔루션을 제언해야 하는 의무가 있습니다. 이를 잘 달성하기 위해 그 수단이 되는 SAP ABAP에 대한 이해 및 지식의 필요성을 현장에서 절실하게 느끼고 있었습니다. 다만 시작을 어디서부터 어떻게 해야 할 지 몰라 맘 한 켠으로 미뤄두었던 숙제였는데, 삽질 시리즈는 딱딱한 ABAP을 이야기로 쉽게 풀어가는 방식이라 지루하지 않고 책을 읽다 보면 그동안 궁금했던 ABAP에 대한 내용도 쉽게 이해하게 됩니다. 무엇보다 절감되었던 것은 AI 시대에 컨설턴트도 ABAP 지식을 가져야 할 상황이고, 가까운 미래에는 컨설턴트가 바이브 코딩을 통해 생산성을 높여야 할 것이라는 점입니다. ABAP 바이브 코딩 준비에는 삽질 시리즈가 딱입니다.

이혜진 (바이브 코딩 준비하는 컨설턴트)

삽질 시리즈의 시즌 1을 이번 책에서 마무리할까 합니다. 일단 출판사가 걱정이 많습니다. 여기서 더 나가면 누가 책을 사볼까 하는 우려입니다. 두 번째는 더 구체적이고 무섭습니다. AI의 공격이죠. 바이브 코딩(Vibe Coding)이 개발자들 사이에 핫합니다. 마치 랩할 때 바이브를 타듯 말만하면 LLM(Large Language Model, 대형 언어 모델)이 코드를 만들어준다는 겁니다. "나 쇼핑몰 웹사이트 만들고 싶어. 상품 목록 보여 주고, 장바구니 기능도 있고, 결제도 되게 해 줘."라고 말하면, AI가 알아서 소스코드를 짜주는 거예요. 비현실적으로 느껴지지만, Python, JavaScript 등의 범용 언어에서는 이미 현실입니다. ABAP은 어떨까요? 언제나처럼 예외의 줄에 서 있을까요? 반은 맞고, 반은 틀립니다.

처음 세 번째 삽질 시리즈인 이 책을 기획할 때 AI나 바이브 코딩은 안중에도 없었습니다. 두 번째 책에서 조회 위주로 구성했으니, 세 번째 책에서는 'ABAP의 내부 구조를 조금 더 깊게 설명하고 수정 모드까지 마스터하게 한다. 여기까지 완벽하게 했더라도 ABAP의 세계는 무궁무진하니 혼자서 독학할 수 있는 힘을 길러 스스로 확장할 수 있는 역량을 키워준다'까지였습니다. 그런데 책을 쓰는 그 짧은 사이에 AI는 더 발전했고 바이브 코딩이 대세가 되기 시작했습니다. 잠시 집필을 접을까 생각했습니다. 그러다 한 가지 기억을 떠올리게 됐습니다. 제가 처음 삽질을 시작하던 그때도 많은 사람들이 걱정 어린 눈빛으로 말했습니다. "SAP는 이제 끝물이야. 이미 구축할 만한 회사는 다 구축했거든." 더 전문가이면 전문가일수록 발언의 농도는 짙었습니다. 결과는 30년 넘게 이 바닥에서 밥벌이를 하고 있고, 건강하기만 하다면 앞으로도 꽤 오래 일할 것 같습니다. SAP는 속도가 느릴지라도 또 길을 찾아 낼 확률이 높으니까요.

생각을 공격적으로 전환해 보면 어쩌면 이 순간은 일생일대의 기회일 수 있습니다. 뒤에서 보겠지만 범용 언어와 비교해 ABAP은 아직 AI의 영향권 밖에 있습니다. 몇 가지 이유가 있죠. 깃허브(GitHub, 개발자들이 소스코드를 저장하고 관리하며 협업할 수 있게 해 주는 웹 기반 플랫폼) 같은 곳에 올라가 있는 소스코드가 제한적이라 AI가 잘 학습할 수 없었습니다. 게다가 SAP는 보안에 민감합니다. ABAP 개발에서 대부분을 차지하는 CBO(Customer Bolt-On)는 누구의 손도 닿지 않은 원시림입니다. 만약 우리가 이런 문제들을 해결해 ABAP으로 바이브 코딩을 할 수 있다면 그만큼 많은 기회를 손에 쥘 수 있습니다. 그 기회를 갈망하는 분들이 많으면 많을수록 삽질 시리즈 시즌 2는 그 방향을 향할 겁니다. 그래서 이 책은 두 부분으로 나뉘어져 있습니다. Part1에서는 두 번째 책에

서 시작한 아밥벌이(ABAP으로 밥벌이)하려면 최소한 알아야 할 기본 지식을 정리합니다. 에스프레소 프로그램이라 이름 붙인 구조를 다시 만들어 보고, 내부적으로 돌아가는 메커니즘도 살펴볼 겁니다. 왜 이렇게까지 할까요? 우리는 AI가 ABAP을 잘 짜도록 꼼꼼하게 설명해야 하니까요. AI 아밥퍼(ABAPer) 채용 전에 업무 지시 매뉴얼을 숙지하는 겁니다. Part2는 AI 아밥퍼(ABAPer)로 프로그램을 짜볼 겁니다. 가장 기본적인 가능성의 탐색입니다. 하지만 대충하지는 않을 겁니다. 1권과 2권에서 학습했던 프로그램을 AI 아밥퍼가 완성하도록 할 겁니다. 그 다음은 아직 모르겠습니다. 수많은 분들이 다음을 원하신다면 삽질 시리즈 시즌 2가 시작되겠죠.

차례

시스템을 만들고 운영하는 일을 20년 넘게 해왔습니다. 그중에서도 SAP 솔루션이 제 밥벌이였습니다. 처음에는 주어진 일만 했습니다. 그러다 보니 근본적인 질문을 던질 생각조차 하지 못했습니다. 시간이 흐르고 관련된 책도 몇 권 쓰게 되면서 시스템의 본질은 무엇일까 고민해 보게 되었습니다.

제 결론은 간단합니다. 어떤 시스템이든 결국 '시스템은 데이터를 크루드(CRUD)합니다.' '전사 차원에서 프로세스를 표준화하고 그것을 프로그램에 내재화하여 어쩌고 저쩌고' 이런 정의를 많이 보셨을 겁니다. 아무리 길고 어렵게 얘기해도 정보 시스템이 본질적으로 하는 일은 데이터를 만들고(Create), 조회(Read)하고, 갱신(Update)하고, 삭제(Delete)하는 것입니다.

삽질 시리즈 2권에서 조회(Read)하는 프로그램을 만들어 봤습니다. 책 한 권을 할애해서 기껏 설명한 것이 이미 만들어진 데이터를 조합해서 보여 주는 조회 프로그램이었습니다. 이번 책에서는 조회를 넘어 데이터를 직접 만들고, 삭제하고, 수정하는 프로그램을 완성하고자 합니다.

01

에스프레소 프로그램

저는 지금 스타벅스에서 카페라떼를 홀짝이며 이 책을 쓰고 있습니다. 카페라떼는 어떻게 만들어질까요? 지피디('챗GPT'를 저는 이렇게 부릅니다)에게 물어봤습니다. 카페라떼는 에스프레소 위에 따뜻한 스팀 밀크를 붓고, 마지막에 소량의 우유 거품을 얹은 것이랍니다. 갑자기 카푸치노도 궁금해졌습니다. 카푸치노는 카페라떼와 비슷하지만, 우유 거품의 양이 훨씬 많고 밀도가 더 높다는 점에서 차이가 있습니다. 만드는 방식은 비슷하지만, 카푸치노는 1:1:1의 비율로 에스프레소, 스팀 밀크, 우유 거품이 들어갑니다. 아메리카노까지 더해 보면 대략 이런 그림을 그릴 수 있겠네요.

이렇게 정리해 보니 모든 커피 제품의 근본이 보입니다. '에스프레소'죠. ABAP 개발자도 에스프레소와 비슷한 프로그램을 가지고 다닙니다. 일의 시작은 보통 그 프로그램을 복사하는 것에서 시작하죠. 앞으로 우리는 그걸 '에스프레소 프로그램'이라 부르겠습니다. 그리고 이 책의 시작은 에스프레소 프로그램을 짜는 것에서 시작하겠습니다. 왜 같은 거 반복하냐 하실 거 같아 변명을 드리자면 두 가지 이유가 있습니다. 첫째,

앞의 책을 안 보시고 이 책을 바로 보시는 분이 있습니다. 둘째, 앞으로
부려먹을 AI가 못하는 부분이 있습니다. 그때 또 특별한 에스프레소 프
로그램이 필요합니다.

1. CBO 테이블 만들기

프로그램을 만들기 전에 해야 할 일이 있습니다. 우리가 만들 데이터
를 저장할 창고를 만들어 둬야 합니다. 데이터를 저장하는 창고를 테이
블(Table)이라 합니다. 이전 책에서도 테이블을 사용하긴 했습니다. 이미
존재하는 테이블의 구조를 활용하거나 그 테이블의 데이터를 가져다 사
용했었죠. 앞서 사용했던 테이블 리스트는 다음과 같습니다.

테이블명	설명
SAIRPORT	공항 정보
SCARR	항공사 정보
SPFLI	비행스케줄
SAPLANE	항공기 정보
SFLIGHT	운항 정보
SCUSTOM	고객 정보
SBOOK	예약 정보

이 테이블들은 SAP가 교육용으로 미리 만들어 놓은 것들입니다. 그
래서 데이터를 조회하는 것은 자유롭지만 새로 데이터를 만들거나 수
정하는 것에는 한계가 있습니다. 이 테이블들 외에 2만 개 이상의 SAP

가 만들어 둔 테이블이 다 그렇습니다. SAP가 미리 만들어 둔 테이블을 우리가 직접 만든 테이블에 대비하여 '표준 테이블(Standard table)'이라고 부릅니다. 표준 테이블은 조회는 자유롭지만 생성, 수정, 삭제에는 많은 제약이 있습니다. 이에 비해 사용자가 직접 정의한 테이블을 'CBO 테이블'이라고 부릅니다. 사용자가 만들었기 때문에 데이터의 생성부터 삭제까지 자유롭습니다.

1 테이블 'ZSCARR' 생성

맨땅에 만들기는 어려우니 SAP가 이미 만들어 놓은 테이블을 복사하여 CBO 테이블을 만들어 보겠습니다. 복사하게 될 테이블은 항공사 정보 테이블인 'SCARR'입니다. 새로 만들 테이블의 이름은 CBO 테이블을 의미하는 'Z'를 앞에 붙여 'ZSCARR'로 하겠습니다. 지금부터는 그냥 따라오세요. 명령어 필드에 트랜잭션 코드 "SE11"을 입력하고 Enter 를 누릅니다. ABAP Dictionary가 나옵니다. 이름 그대로 SAP에서 데이터와 관련된 항목들을 사전처럼 만들고 관리하는 곳입니다.

여러 항목 중에서 가장 위에 있는 Database table을 선택합니다. 그리고 입력 필드에 ❶번처럼 "SCARR"을 입력합니다. ❷번 [복사] 버튼을 누릅니다. Copy Table 팝업창이 나타납니다. From Table은 우리가 입력한 'SCARR'이 표시되어 있습니다. ❸번처럼 to Table에 "ZSCARR"을 입력하고 ❹번 [계속(✔, Continue)] 버튼을 클릭합니다.

17

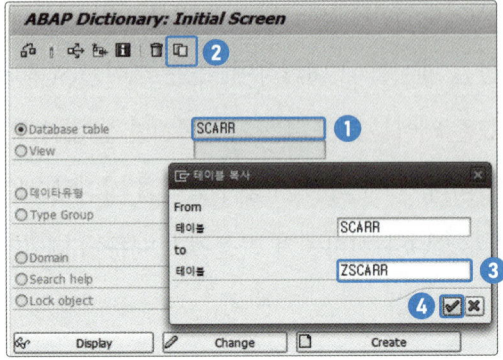

익숙한 화면이 나오네요. 연습용이니 [Local Object] 버튼을 클릭합
니다.

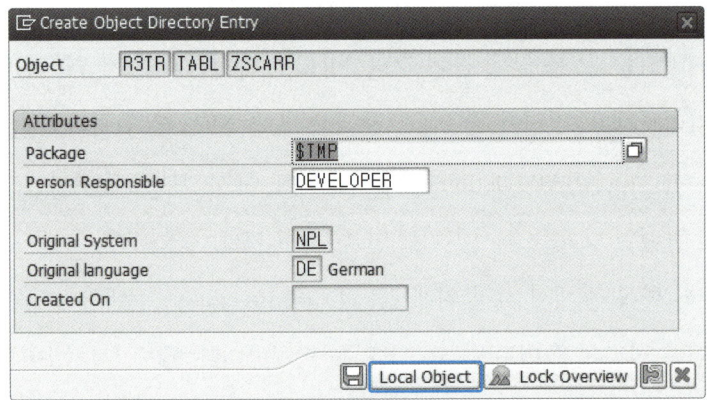

복사가 다 되었습니다. 처음 만들어 본 테이블이 잘 만들어졌는지
확인해보러 가보겠습니다. 다시 트랜잭션 코드 'SE11'로 이동합니다.
Database table에 방금 만든 "ZSCARR"을 입력하고 [Change] 버튼을
클릭합니다.

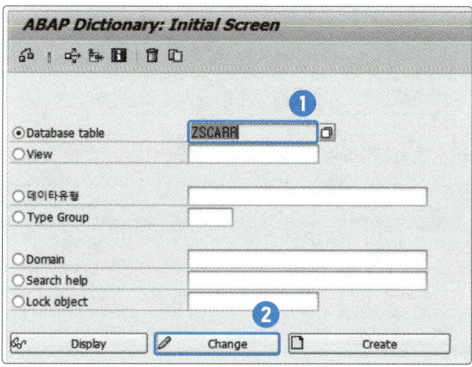

상이한 원어 및 로그온 언어 팝업이 나옵니다. 개발된 언어(Original language)와 로그온 언어(Logon language)가 다를 경우에 유지보수 언어를 어떻게 할 것인지 물어보는 것입니다. [원어유지보수(Maint. In orig. lang)] 버튼을 클릭합니다.

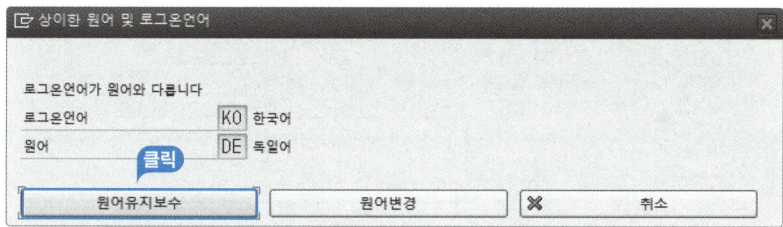

ABAP Dictionary 화면이 나오면 ❶번 필드에 내 테이블 이름을 입력합니다. '항공사 정보'라고 고치겠습니다. ❷번의 표시된 영역을 다 지워줍니다. 그리고 ❸번 [내장유형(Built-In Type)] 버튼을 클릭합니다.

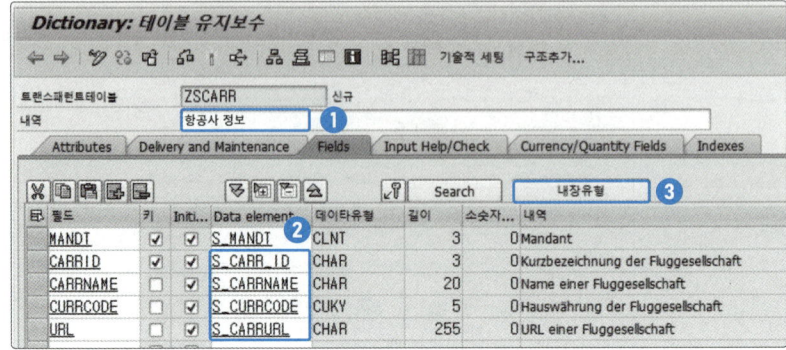

그러면 막혀 있던 Data type, Length, Short Description 필드가 활성
화됩니다.

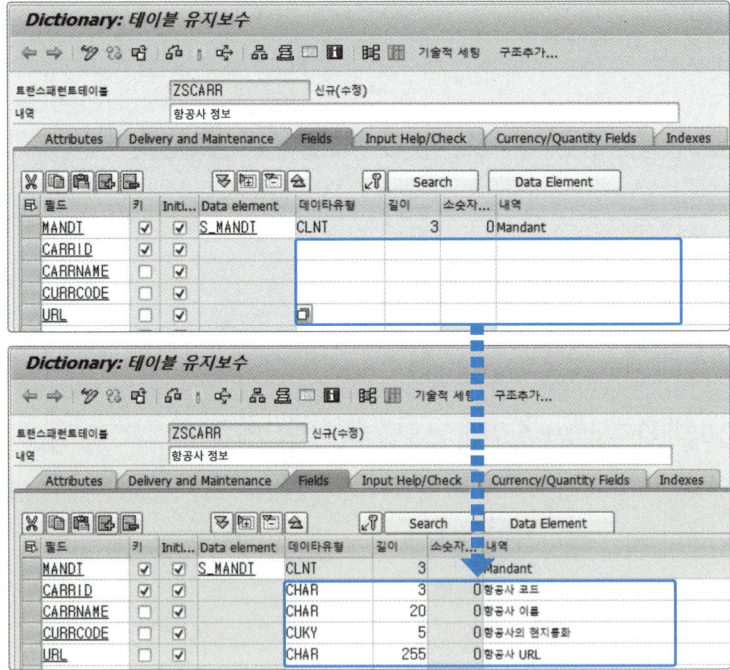

제일 위의 필드를 제외하고 나머지 부분은 다 지웁니다. 그리고 아래와 같이 새로운 정보를 입력합니다. 변경 사항을 나 반영했으면 [활성화(, Activate)] 버튼을 클릭합니다.

Fluggesellschaft, 이게 뭔가요?

내가 처음 만든 테이블 이름을 멋지게 입력하고 싶은데, 외계어 같은 문자가 이미 적혀 있습니다. 두 가지 의문이 듭니다. 새로 만들었는데 이미 뭔가 입력이 되어 있다는 것과 도저히 읽을 수 없는 알파벳 모음입니다. 첫 번째 의문은 쉽게 풀립니다. 우리가 생으로 'ZSCARR' 테이블을 만든 게 아니죠. SAP가 만들어 둔 'SCARR' 테이블을 복사해 만들었습니다. 그래서 'SCARR'의 정보가 그대로 복사된 것이죠. 두 번째 의문에 대한 답은 '독일어'입니다. SAP가 어느 나라 회사일까요? 독일입니다. 그렇다 보니 많은 테이블과 필드의 이름이 독일어로 만들어져 있습니다.

2 데이터 만들기

데이터 저장 창고를 만들었습니다. 창고 안에 데이터를 넣어야겠지요. Data Browser(T-Code:SE16)를 실행하여 ❶Table Name에 "scarr"을 입력하고 ❷[Table Contents] 버튼(▦)을 클릭하여 전체 데이터를 조회합니다.

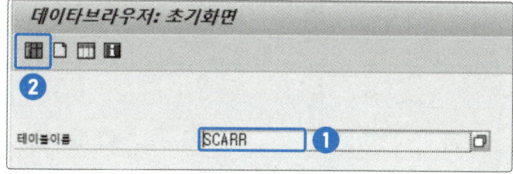

그러면 다음과 같이 SCARR 테이블의 전체 데이터가 조회됩니다. 이 데이터를 ZSCARR 테이블로 복사하겠습니다.

Data Browser: Table SCARR Select Entries　　18

□ ✎ 𝒸 🔍 🔁　Check Table...　📑 📑 | 🖨 🖥 🔽 | 📱 🔳 🔻 🔳 🔳

Table: SCARR

MAN...	CARRID	CARRNAME	CURRCODE	URL
200	AA	American Airlines	USD	http://www.aa.com
200	AB	Air Berlin	EUR	http://www.airberlin.de
200	AC	Air Canada	CAD	http://www.aircanada.ca
200	AF	Air France	EUR	http://www.airfrance.fr
200	AZ	Alitalia	EUR	http://www.alitalia.it
200	BA	British Airways	GBP	http://www.british-airways.com
200	CO	Continental Airlines	USD	http://www.continental.com
200	DL	KOREAN AIR	USD	http://www.delta-air.com
200	FJ	Air Pacific	USD	http://www.airpacific.com
200	JL	Japan Airlines	JPY	http://www.jal.co.jp
200	LH	Lufthansa	EUR	http://www.lufthansa.com
200	NG	Lauda Air	EUR	http://www.laudaair.com
200	NW	Northwest Airlines	USD	http://www.nwa.com
200	QF	Qantas Airways	AUD	http://www.qantas.com.au
200	SA	South African Air.	ZAR	http://www.saa.co.za
200	SQ	Singapore Airlines	SGD	http://www.singaporeair.com
200	SR	Swiss	CHF	http://www.swiss.com
200	UA	ASIAN AIR	USD	http://www.ual.com

명령어 입력창에 "/O SE16"을 입력하여 새창에 Data Browser를 실행 합니다.

Table Name에 "ZSCARR"을 입력하고 [Create Entries] 버튼(🗋)을 클릭합니다.

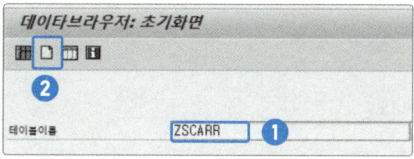

왼쪽 창에는 SCARR 테이블의 데이터를 볼 수 있고, 오른쪽 창에는 ZSCARR 테이블에 데이터를 입력할 수 있습니다. SCARR 테이블의 데이터를 복사❶하여 2번 창에 'AA' 항공사의 정보를 입력❷합니다. 그리고 ❸Save 버튼(🖫)을 클릭하면 ZSCARR 테이블에 데이터가 저장됩니다.

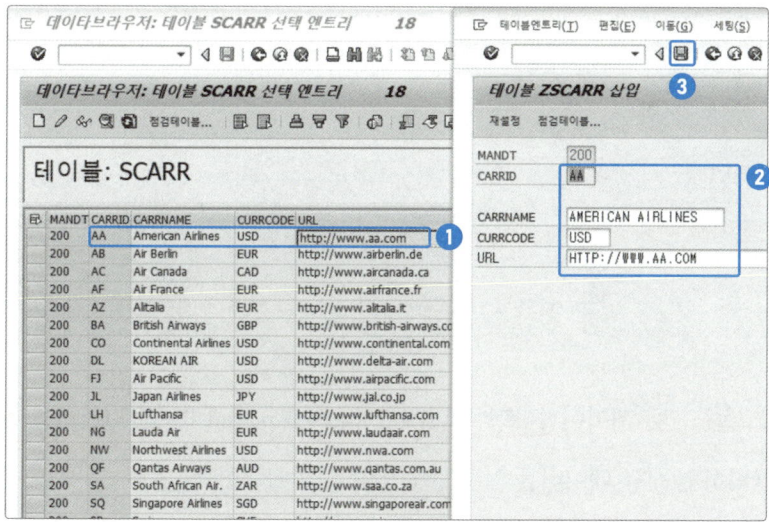

이런 방법으로 SCARR 테이블의 데이터를 한 건씩 복사하여
ZSCARR 테이블로 붙여넣기 후 저장합니다.

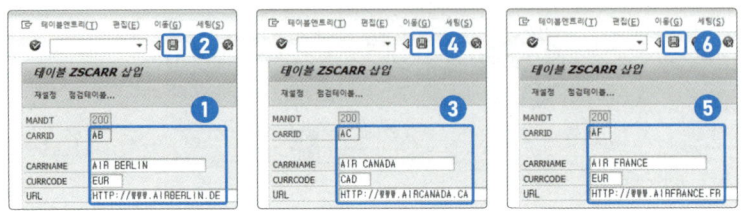

한 건씩 넣으려면 힘들죠? 대량으로 데이터를 입력하는 방법을 살펴
보겠습니다. General Table Display(T-Code : SE16N)를 실행합니다.
Table에 "ZSCARR"을 입력하고 [실행] 버튼(⊕)을 클릭합니다.

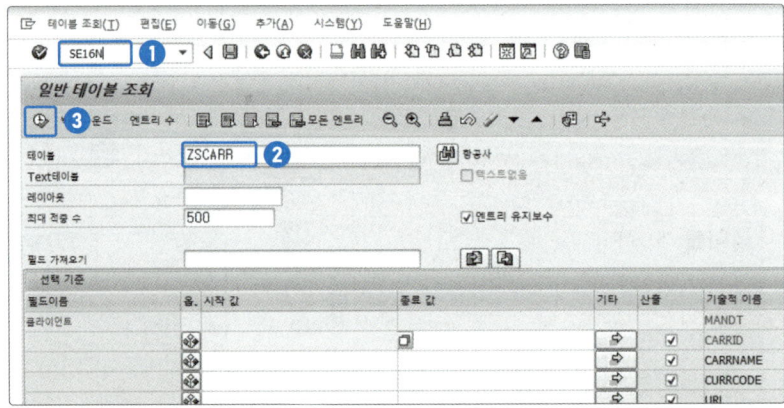

그럼 전체 데이터가 조회됩니다. 그리고 [Append Row] 버튼(▣)을
클릭하면 신규 데이터를 입력할 수 있는 라인이 추가됩니다.

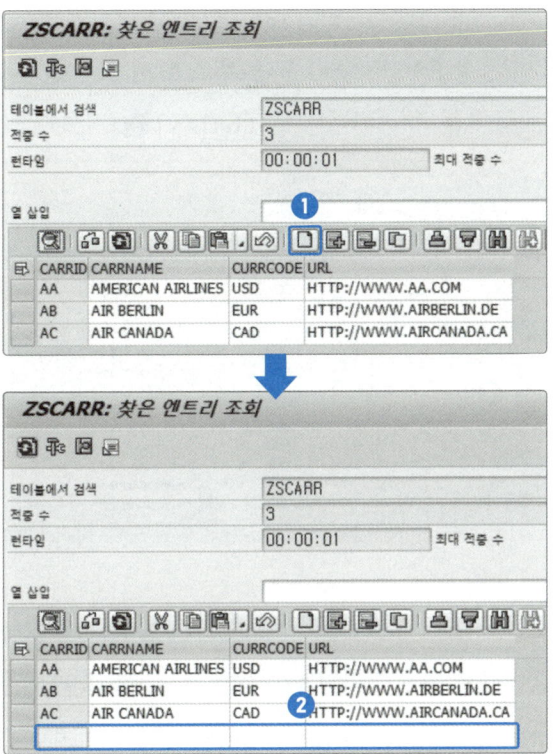

다시 첫 번째 창인 SCARR 테이블로 이동하여, ❶ Ctrl + Y 를 누릅니다. ❷이후 마우스를 'BA'에서 클릭하여 마지막 데이터까지 드래그 앤 드롭을 합니다. 그럼 다음과 같이 노란색 부분으로 데이터가 표시됩니다. 데이터가 부분 선택이 된 것입니다. 노란색으로 부분 선택이 되었다면 ❸ Ctrl + C 를 눌러 데이터를 복사합니다.

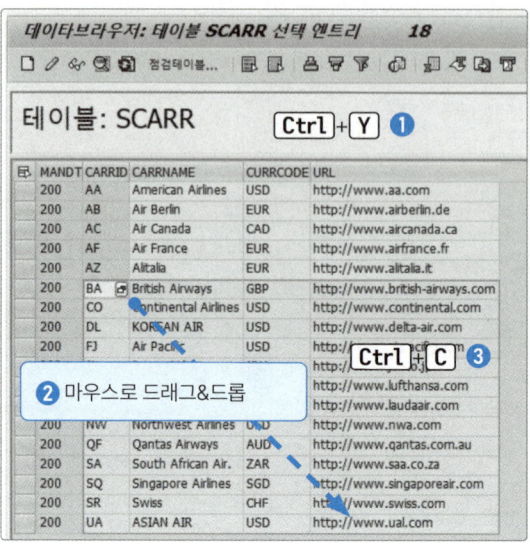

두 번째 창으로 돌아와서 ZSCARR 테이블에 Append Row한 부분에 마우스를 클릭❶합니다. 그리고 ❷붙여넣기(단축키 `Ctrl` + `V`)를 합니다. 그러면 복사한 대량의 데이터가 입력❸됩니다. 그리고 [저장] 버튼 ❹을 클릭하면 저장됩니다.

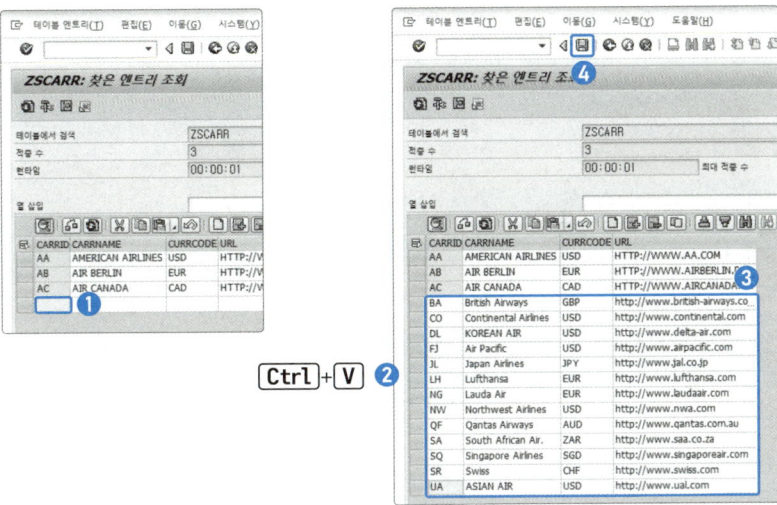

2. 에스프레소 프로그램 구성하기

테이블도 만들었고, 데이터도 준비했습니다. 본격적으로 프로그램을 구성해보겠습니다. 프로그램 자체는 간단합니다. 방금 새로 만든 항공사 정보(ZSCARR) 테이블의 내용을 보여 주고, 그 테이블에 데이터를 입력, 수정, 삭제할 수 있는 프로그램입니다. 조회 조건은 '항공사ID' 하나만 됐습니다.

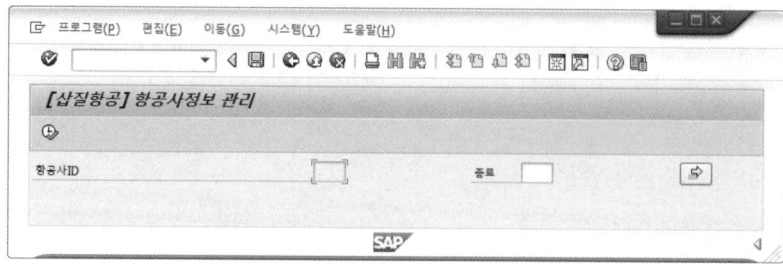

결과 화면은 조회 조건에 일치하는 데이터를 먼저 보여 주고, 추가된
3개의 버튼을 통해 새로운 데이터를 생성, 수정, 삭제하는 기능을 제공
합니다.

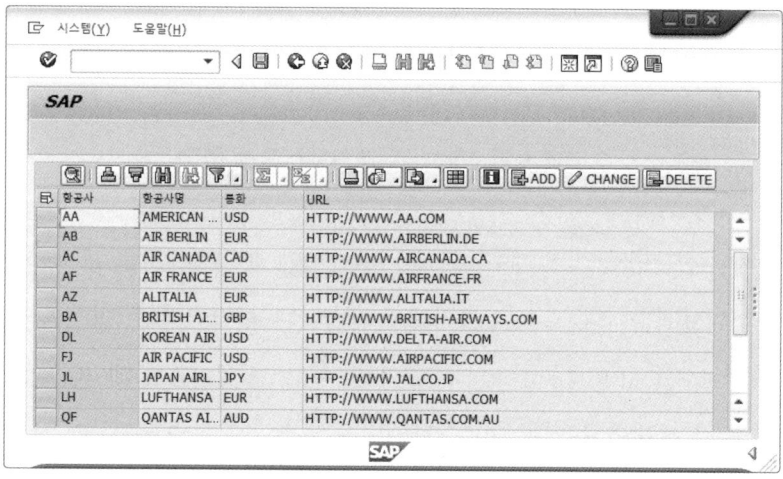

이전 책에서 만들었던 조회 프로그램과 큰 차이를 느끼기 힘드시죠.
지금부터 하나씩 차이를 찾아보겠습니다.

1 프로그램 껍데기 만들기

이전 책을 공부하셨다면 지루한 반복일 수 있지만, 이 책으로 시작하고 계시는 분도 있으실 겁니다. 그래서 처음부터 만들어보겠습니다. 이미 익숙하신 분은 이 부분을 넘어 가셔도 됩니다. 명령어 필드에 "SE80"을 입력하고 Enter 를 누릅니다.

Object Navigator 화면이 나옵니다. 새 프로그램을 만들면 되겠죠. 이번 책의 첫 번째 프로그램이니 "ZSAPB01"을 입력하고 프로그램을 생성합니다.

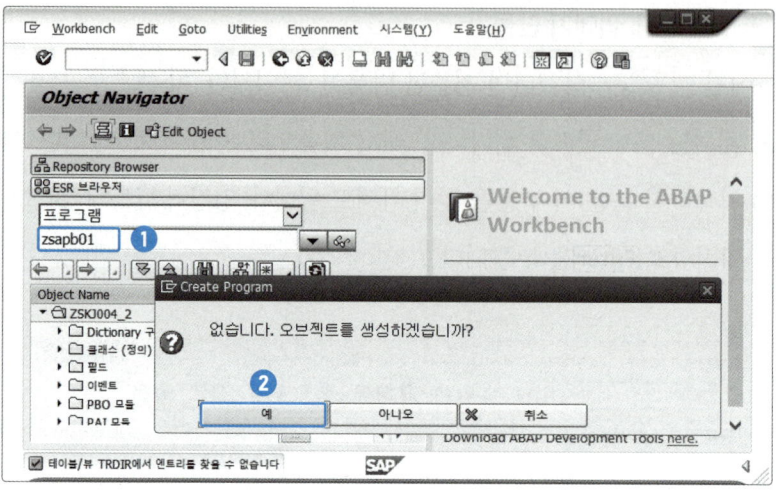

'ZSAPB01' 프로그램이 없으니 새로 생성할 것인지를 묻는 팝업이 나옵니다. Enter를 누르거나 ❷번의 [예(Yes)] 버튼을 클릭합니다. 팝업이 다시 나옵니다.

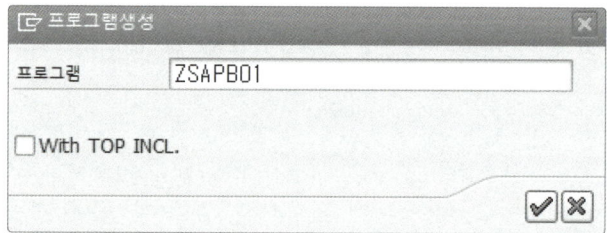

그대로 Enter를 누르거나 [선택(☑, Choose)] 버튼을 클릭합니다. 또 팝업이 나오네요.

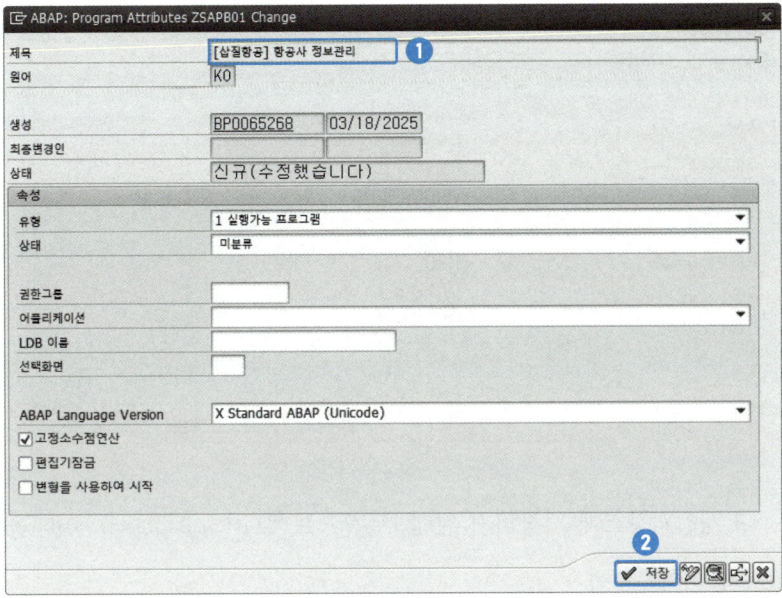

제목을 입력하는 곳에 프로그램 제목을 입력합니다. 저는 "[삽질
항공] 항공사 정보관리"라고 입력했습니다. **Enter**를 누르거나 [저장
(Save)] 버튼을 클릭합니다. 다시 팝업이 나옵니다.

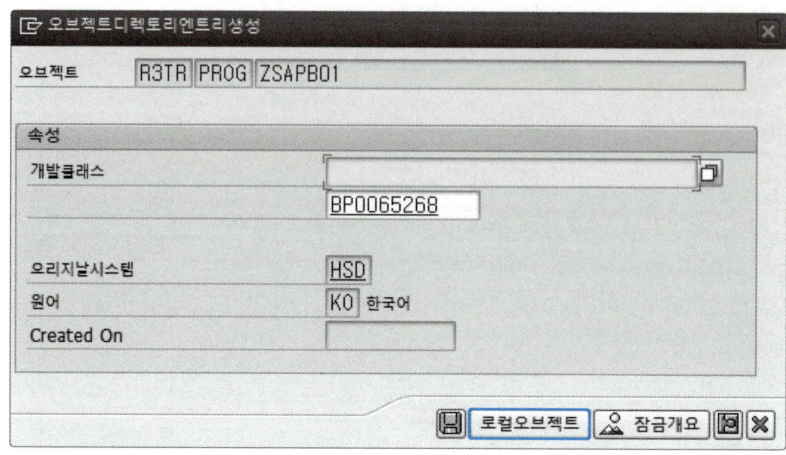

내 개인저장소에 저장하기 위해 [로컬오브젝트(Local Object)] 버튼을 클릭합니다.

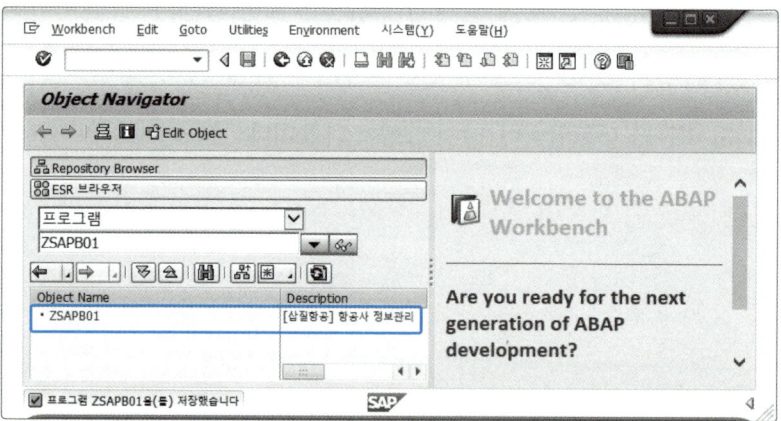

'ZSAPB01' 프로그램의 껍데기가 만들어졌습니다. 이제 내용물을 채 워보겠습니다.

2 ABAP T코스 4단계

지난 책에서 지루할 정도로 반복했던 ABAP T코스 4단계를 다시 소환하겠습니다. 1단계는 프로그램에서 사용할 테이블과 일반변수들, 객체와 클래스를 미리 선언하고 정의하는 영역입니다. 2단계는 조회 조건을 정의하는 조회 화면(1000번)입니다. 3단계는 조회 화면에서 받은 조회 조건을 고려하여 결과 화면에 나타낼 데이터를 조합해 준비하는 단계였습니다. 마지막 4단계는 결과 화면(100번)을 만드는 단계입니다. 화면을 보여 주기 전에 해야 할 사전 작업은 PBO(Process Before Output) 영역에 정의했고, 화면의 결과가 나온 이후에 해야 할 작업들은 PAI(Process After Input)에 정의했습니다.

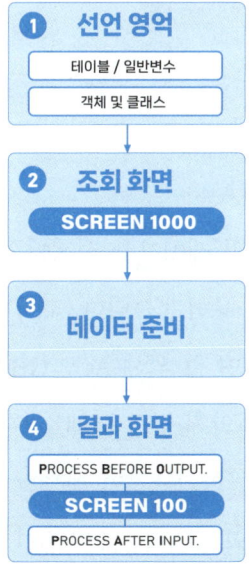

소스 코딩 관점에서 4단계로 나누었지만 추가적으로 고려해야 할 일
이 있습니다. 프로그램 화면을 출력할 레이아웃(Layout)을 정하고, 참
조할 글로벌 클래스(Global class)를 확인하는 것이죠. 프로그램의 기본
판이 되는 레이아웃은 여러 가지가 있었습니다. 커스텀 컨트롤(Custom
control)을 레이아웃 화면에서 삽입해 넣고 다양한 컨테이너를 연결하는
방법도 있습니다. 또한 물리적인 컨테이너를 사용하지 않고 도킹 컨테이
너(Docking container)로 가상의 영역을 잡아 바로 ALV Grid를 연결하는
방식도 있었습니다.(이전 책의 2장에 자세히 설명되어 있습니다.)

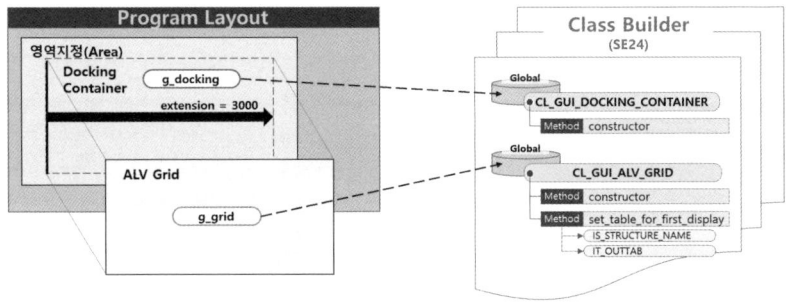

이번 책에서는 물리적인 레이아웃 설정이 필요 없는 도킹 컨테이너
(Docking container)를 사용하겠습니다. 도킹 컨테이너로 프로그램이
보여질 영역이 만들어지면 그 위에 ALV Grid를 올려 리스트를 보이
게 만듭니다. 따라서 2개의 글로벌 클래스(Global class)가 필요합니다.
도킹 컨테이너 객체인 'g_docking'가 참조할 'CL_GUI_DOCKING_
CONTAINER' 클래스와 ALV Grid 객체인 'g_grid'가 참조할 'CL_

GUI_ALV_GRID' 클래스가 필요합니다. 각각의 클래스를 참조해 도킹 컨테이너와 ALV Grid 객체부터 선언하고, 생성해야 합니다.

Program source code

❶ 선언 영역

```
DATA : g_docking TYPE REF TO cl_gui_docking_container,
       g_grid     TYPE REF TO cl_gui_alv_grid.
```

❷ 조회 화면

❸ 데이터 준비

❹ 결과 화면

```
CREATE OBJECT  g_docking <중략>
CREATE OBJECT  g_grid <중략>
```

❶번 선언 영역과 ❹번 결과 화면 영역에서 소스 코딩이 이루어져야 합니다. 선언 영역에서 각각의 글로벌 클래스를 참조한 2개의 객체(g_docking, g_grid)를 선언합니다. 그리고 ❹번 영역에서 변수 선언한 2개의 객체를 각각의 생성자(Constructor method)를 활용해 생성합니다. 여기서 는 ❶번 선언 영역에서 도킹 컨테이너 객체와 ALV Grid 객체를 선언만 하고 가겠습니다.

g_docking, g_grid 선언

```
DATA: g_docking        TYPE REF TO cl_gui_docking_container.
DATA: g_grid           TYPE REF TO cl_gui_alv_grid.
```

❹번 결과 화면 영역의 소스 코딩은 4단계를 설명할 때 다시 얘기하겠습니다. 이제 조회 화면을 만들겠습니다. 한 줄만 코딩하면 됩니다.

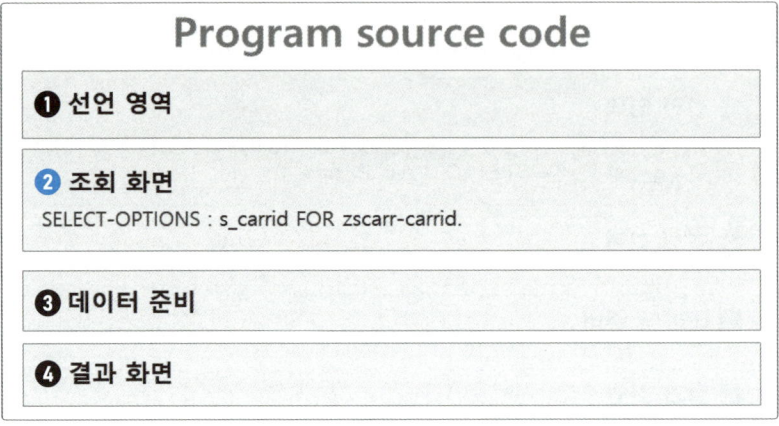

항공사ID는 's_carrid'로 선언하고 이 변수는 우리가 만든 'zscarr' 테이블의 'carrid' 필드 타입으로 정의했습니다. 화면이 하나 만들어졌습니다. 에러 체크하고 활성화한 후에 프로그램을 실행해 보겠습니다.

예상하신 화면이 나왔나요? 조금 차이가 있습니다. 필드명에 변수명이 그대로 출력되었습니다. 어디서 처리했있나요?

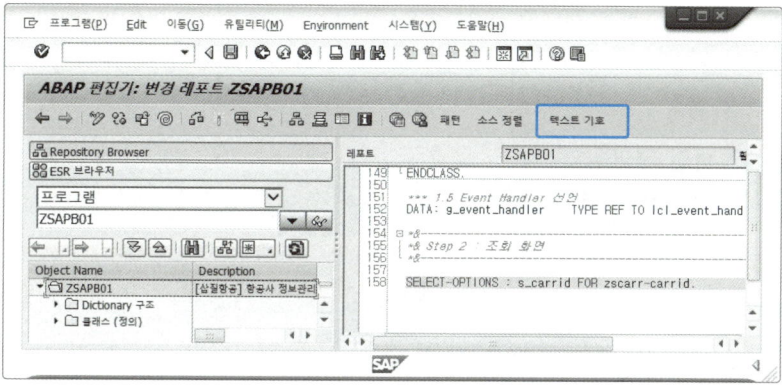

표시된 '텍스트 기호(Text Elements)'를 클릭합니다. 익숙한 화면이 나올 겁니다. 두 번째 탭인 '선택 텍스트(Selection Texts)'를 클릭합니다. 변수명인 'S_CARRID'로 표시된 곳에 '항공사ID'를 입력해주세요. 다시 프로그램을 실행해 보면 기대했던 화면이 나옵니다. 다음은 데이터 준비 단계입니다. 'START-OF-SELECTION.'과 'END-OF-SELECTION.' 구문 사이에 쿼리문을 만들어보겠습니다. SQL 쿼리문은 네 영역으로 나눠져 있습니다. 'SELECT' 영역에서는 추출할 데이터 필드를 나열합니다. 이번에는 'zscarr' 테이블의 모든 필드를 가져올 거라 아스트리크(*)를 입력합니다. 'FROM' 영역에서는 데이터를 가져올 테이블을 정의합니다. 'zscarr'을 넣어주면 되겠죠. 'WHERE' 영역에서는 조회 화면에서 받은 조회 조건을 반영합니다.

's_carrid'를 'carrid'에 대응시켜 줍니다. 마지막으로 'INTO' 영역에서
는 추출한 데이터를 내부 테이블(Internal table)에 넣어 줍니다. 그래서 내
부 테이블(Internal table)을 선언 영역에서 미리 선언해 둬야 합니다.

Program source code

❶ 선언 영역

```
DATA : BEGIN OF gs_zscarr.
        INCLUDE TYPE zscarr.
DATA : END OF gs_zscarr.

DATA : gt_zscarr LIKE TABLE OF gs_zscarr.
```

❷ 조회 화면

❸ 데이터 준비

```
SELECT *
FROM zscarr
WHERE carrid IN @s_carrid
INTO CORRESPONDING FIELDS OF TABLE @gt_zscarr.
```

❹ 결과 화면

　뒤에 요긴하게 쓸 일이 있기 때문에 이번에는 구조체(Structure)라는
것을 먼저 선언해 주고 구조체를 이용해 내부 테이블(Internal table)을
다시 선언해 줍니다. 'zscarr' 테이블 유형을 그대로 포함한(INCLUDE
TYPE) 'gs_zscarr' 구조체(Structure)를 다음과 같이 선언합니다.

gs_zscarr 구조체 선언

```
DATA : BEGIN OF gs_zscarr.
          INCLUDE TYPE zscarr.
DATA : END OF gs_zscarr.
```

생성된 구조체를 활용하여 해당 구조체의 필드를 그대로 가진 테이블(LIKE TABLE OF)을 'gt_zscarr'을 선언합니다. ❸번 데이터 준비에서 사용할 내부 테이블(Internal table)입니다.

gt_zscarr 내부 테이블(Internal table) 선언

```
DATA : gt_zscarr LIKE TABLE OF gs_zscarr.
```

쿼리문을 이용해 데이터를 추출하고 미리 선언한 내부 테이블(Internal table)에 넣어 주는 코딩은 다음과 같습니다.

데이터 준비

```
START-OF-SELECTION.
SELECT *
    FROM zscarr
  WHERE carrid IN @s_carrid
    INTO CORRESPONDING FIELDS OF TABLE @gt_zscarr.

END-OF-SELECTION.
```

조금 더
파보자

작업 영역과 내부 테이블,
그리고 진짜 테이블

진짜 테이블은 데이터베이스 테이블이라고 하며, 실제 데이터가 저장되어 있는 물리적인 공간입니다. 영구적인 데이터가 저장되는 곳이며, SAP 시스템이 종료되어도 데이터가 유지됩니다. 그러나 작업 영역(Work area)과 내부 테이블(Internal table)은 프로그램이 실행되었을 때만 사용되는 메모리 공간입니다. SAP 시스템이 종료되면 데이터가 사라집니다. 하드디스크와 메모리와 같은 구조로 볼 수 있습니다. 작업 영역은 한 라인의 레코드를 저장하는 메모리 공간입니다. 이에 반해 내부 테이블은 하나 이상의 레코드를 저장하는 메모리 공간입니다.

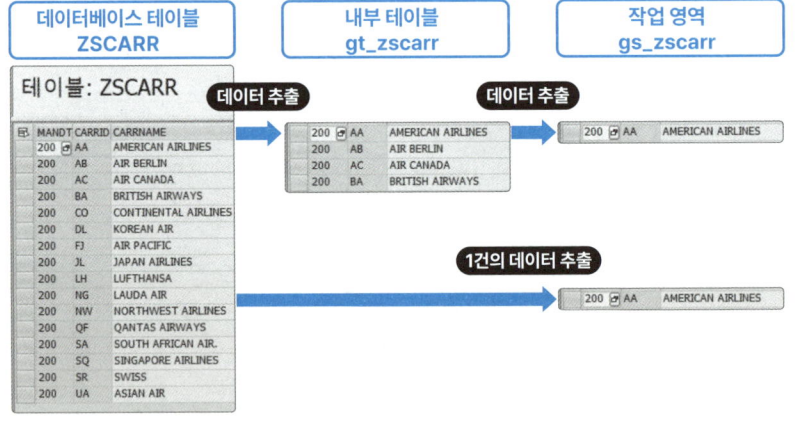

일반적으로 데이터를 처리하는 방식은 그림과 같습니다. 데이터베이스 데이블 'ZSCARR'에서 조건에 맞는 일부 데이터를 내부 테이블인 'gt_zscarr'에 임시 저장하고 한 줄씩 작업 영역에 보내 처리를 합니다. 정리해 보면 다음과 같습니다.

데이터베이스 테이블 (DB Table)	데이터를 영구적으로 저장
내부 테이블 (Internal Table)	데이터베이스 테이블에 저장된 1건 이상의 데이터를 프로그램에서 사용할 목적으로 임시 저장
작업 영역 (Work Area)	1건의 데이터를 프로그램에서 임시 저장 주로 내부 테이블의 데이터를 1건씩 처리할 때 사용

마지막 단계인 결과 화면을 만들어 보겠습니다. 제일 먼저 해야 할 일
은 스크린 100번을 만드는 것입니다. 4단계 소스 코딩 영역에서 스크린
100을 호출합니다.

스크린 100 호출

```
CALL SCREEN 100.
```

숫자 '100'을 더블클릭합니다. 새로운 스크린 생성을 위한 팝업 창이
나타날 겁니다. Enter 를 누르거나 [예(Yes)] 버튼을 클릭합니다.

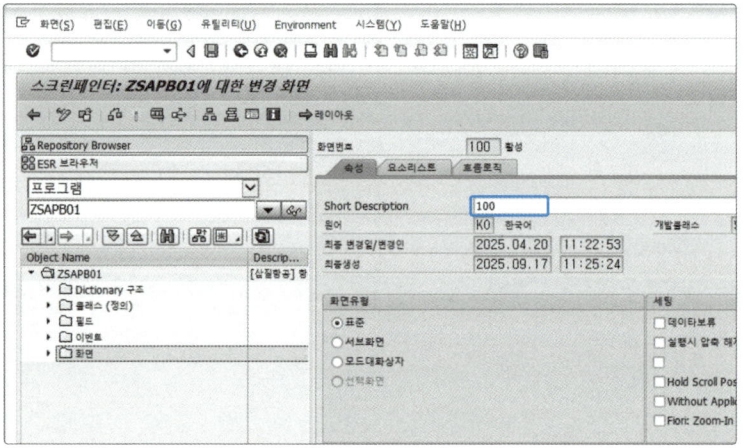

속성(Attributes) 탭에서 스크린명(Short Description)으로 "100"을 입력
합니다. [속성(Attributes)] 탭에서 해줄 것은 다했습니다. 세 번째 탭인
[흐름 로직(Flow logic)] 탭을 클릭해 이동합니다.

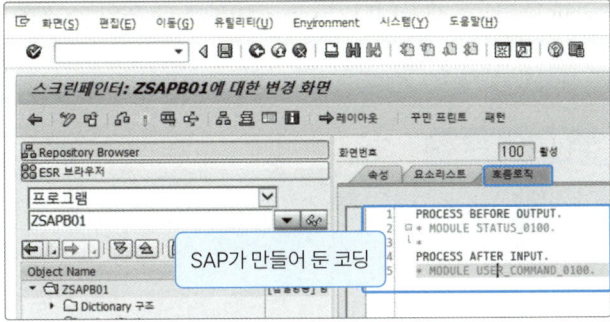

[흐름 로직(Flow logic)] 탭에는 SAP가 미리 만들어 준 코드가 있을 겁니다. 그 부분을 지우고 아래의 코드를 입력합니다.

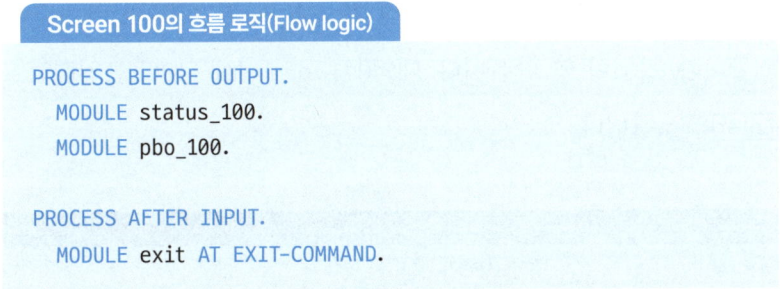

Screen 100의 흐름 로직(Flow logic)

```
PROCESS BEFORE OUTPUT.
  MODULE status_100.
  MODULE pbo_100.

PROCESS AFTER INPUT.
  MODULE exit AT EXIT-COMMAND.
```

가이드 드린 대로 코딩을 했다면 다음 그림과 같아질 것입니다. 이제 뭘 해야 할까요? 껍데기만 만든 'MODULE'에 코딩을 해야 합니다. 각 'MODULE'을 더블클릭해 들어간 다음 소스 코딩을 해 줍니다. 순서대로 해 보겠습니다. 'status_100' 모듈을 더블클릭합니다. 팝업이 뜨면 [Enter]를 누르거나 [예(Yes)] 버튼을 클릭합니다. 새로 Include 문을 만들지, 지금 코딩을 하는 주프로그램(Main program)에 계속 더할지 선택하는 팝업이 나옵니다. 구조를 간단히 가져가기 위해 지금은 주프로그램

(Main program)에 더하겠습니다. 'status_100'에 다음의 소스를 넣어 줍니다.

status_100 소스코드

```
MODULE status_100 OUTPUT.
  SET PF-STATUS '0100'.
  SET TITLEBAR '0100'.
ENDMODULE.
```

빠져나가기 전에 할 일이 있습니다. 실제 'PF-STATUS'와 'TITLEBAR'를 설정해야 합니다. 먼저 'PF-STATUS'부터 세팅하겠습니다. '0100'을 더블클릭합니다. 팝업이 나타나면 [예(Yes)] 버튼을 클릭합니다. 팝업이 또 나옵니다. 내역(Description)에 "100"을 입력하고 Enter를 누릅니다.

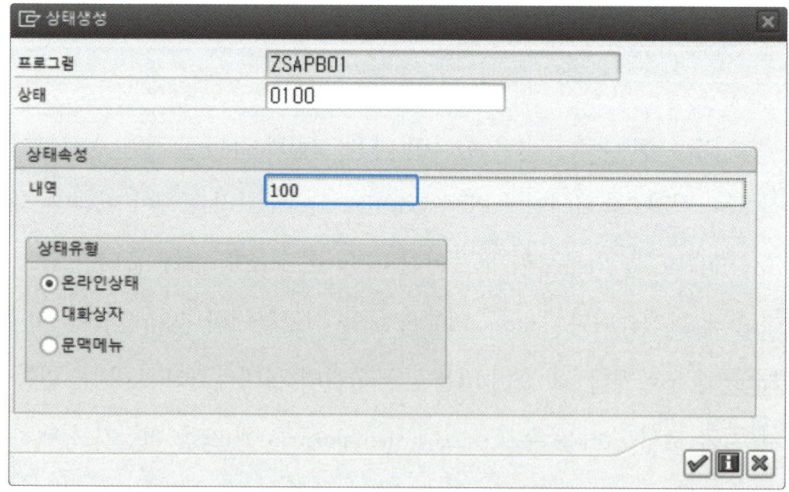

사용자 인터페이스 설정 화면이 나오면 표시된 부분을 클릭하여 기능
키(Function key)를 정의해 줍니다.

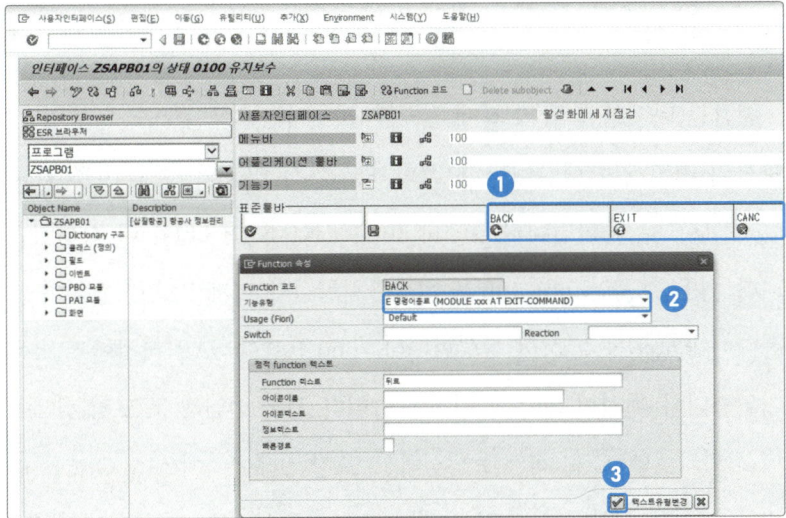

①번처럼 'BACK', 'EXIT', 'CANC'를 입력합니다. 그리고 각 버튼
(BACK, EXIT, CANC)을 더블클릭하여 팝업이 나오면 ②번처럼 기능 유
형(Functional Type)을 'E' 명령어 종료(Exit Command)로 변경하고, [Enter]
를 누르거나 ③[선택(☑, Choose)] 버튼을 클릭합니다. 다시 돌아가서 이
번에는 'TITLEBAR' 옆의 '0100'을 더블클릭합니다. 새로 생성할 것인
지를 묻는 팝업이 나타납니다. [Enter]를 눌러서 생성합니다. 다시 팝업
이 뜹니다.

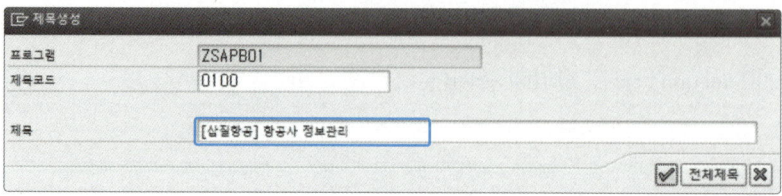

   원하는 타이틀을 팝업 창에 입력합니다. 저는 "[삽질항공] 항공사 정보관리"라고 입력했습니다. 활성화하고 다시 처음의 [흐름 로직(Flow logic)] 탭으로 돌아갑니다. 'status_100' 모듈(MODULE)을 다 작성했습니다. 다음 모듈인 'pbo_100'을 더블클릭합니다. 이제 익숙한 팝업이 또 뜹니다. [Enter]를 눌러서 생성합니다. 'pbo_100'에 SAP 제시한 코딩은 지워줍니다. 여기서 해야 할 일이 많습니다. 앞서 선언해 둔 도킹 컨테이너 객체와 ALV Grid 객체를 생성하고, 도킹 컨테이너에 ALV Grid를 연결하는 것까지 합니다. 도킹 컨테이너(Docking container)부터 생성하겠습니다. 도킹(Docking)이 닻을 내린다는 의미라고 했습니다. 닻을 내리려면 어디에서 어느 정도 길이로 내릴지를 정해야 하죠. 어디는 세 개의 매개변수로 정해집니다. 'repid'는 닻을 내릴 프로그램ID, 'dynnr'은 스크린 번호를, 'side'는 해당 스크린의 어디에서부터 닻을 내릴지를 정하는 매개변수입니다. 저는 'g_docking->dock_at_left'를 속성 값으로 지정하여 왼쪽에 닻을 고정했습니다. 마지막 매개변수인 'extension'은 왼쪽에서 얼마의 폭을 최초영역으로 지정할지를 정합니다. 이번에는 '3000'을 지정하겠습니다. 생성자를 호출하는 ABAP 명령어는 'CREATE OBJECT'입니다. 이런 코딩이 되겠네요.

Docking container 객체 생성

```
CREATE OBJECT g_docking
  EXPORTING
    repid     = sy-cprog
    dynnr     = sy-dynnr
    side      = g_docking->dock_at_left
    extension = 3000.
```

도킹 컨테이너 객체를 만들었으면 그 위에 ALV Grid 객체를 생성해 연결해야 합니다. ALV Grid가 도킹 컨테이너 객체에 부모님 품에 안기듯 해야 합니다. 그래서 i_parent 매개변수에 'g_docking' 객체를 넣어 줍니다.

ALV Grid 객체 생성

```
CREATE OBJECT g_grid
  EXPORTING
    i_parent    = g_docking.
```

진짜 마지막 단계까지 왔습니다. ALV Grid 객체인 'g_grid'가 참조하는 'cl_gui_alv_grid' 클래스(class)의 'set_table_for_first_display' 메서드(method)를 호출합니다.

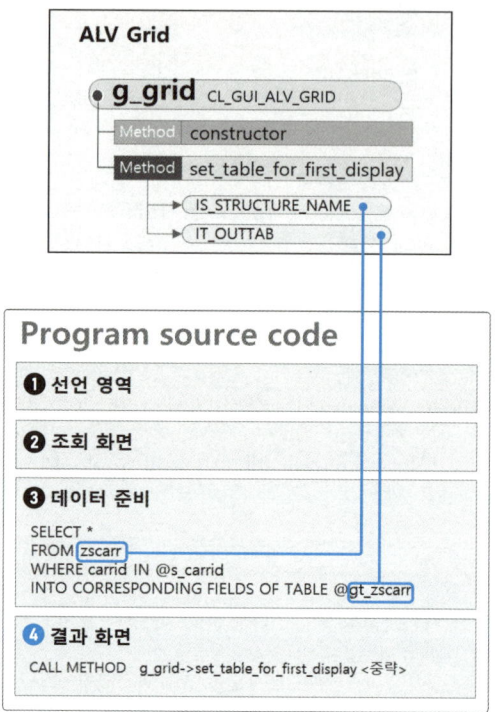

'set_table_for_first_display'에서 어떤 매개변수(Parameters)를 받아야 할까요? 출력 리스트의 구조는 'zscarr' 테이블과 동일하니 'IS_STRUCTURE_NAME' 매개변수가 필요합니다. 그리고 또 하나의 매개변수가 필요합니다. ❸번 데이터 준비 영역에서 내부 테이블(Internal table)에 넣어둔 데이터를 받아갈 매개변수가 필요합니다. ' IT_OUTTAB' 매개변수를 사용하면 됩니다.

'set_table_for_first_display' 메서드 호출

```
CALL METHOD g_grid->set_table_for_first_display
```

```
    EXPORTING
      i_structure_name = 'zscarr'
    CHANGING
      it_outtab        = gt_zscarr[].
```

활성화하고 100번 스크린의 [흐름 로직(Flow logic)] 탭으로 다시 돌아
갑니다. 마지막으로 'exit' 모듈을 생성합니다.

'exit' 모듈

```
MODULE exit INPUT.
      LEAVE TO SCREEN 0.
ENDMODULE.
```

에러 체크하고 활성화한 후에 프로그램을 수행해 보세요. 결과 화면
이 나오면 잘 따라오신 겁니다. 지금까지 작성한 전체 소스코드를 정리
해보겠습니다.

ZSAPB01 소스코드

```
*&---------------------------------------------------------------------*
*& Report ZSAPB01
*&---------------------------------------------------------------------*
*&
*&---------------------------------------------------------------------*
REPORT zsapb01.


*&---------------------------------------------------------------------*
*& Step 1 : 변수 선언
*&---------------------------------------------------------------------*
*** 1.1 테이블 선언
TABLES : zscarr.
```

```abap
*** 1.2 일반변수 선언
DATA : g_docking TYPE REF TO cl_gui_docking_container,
       g_grid    TYPE REF TO cl_gui_alv_grid.
DATA : BEGIN OF gs_zscarr.
         INCLUDE TYPE zscarr.
DATA : END OF gs_zscarr.
DATA : gt_zscarr LIKE TABLE OF gs_zscarr.


*&---------------------------------------------------------------------*
*& Step 2 : 조회 화면
*&---------------------------------------------------------------------*
SELECT-OPTIONS : s_carrid FOR zscarr-carrid.


*&---------------------------------------------------------------------*
*& Step 3 : 데이터 준비
*&---------------------------------------------------------------------*
START-OF-SELECTION.
  SELECT *
    FROM zscarr
   WHERE carrid IN @s_carrid
    INTO CORRESPONDING FIELDS OF TABLE @gt_zscarr.


*&---------------------------------------------------------------------*
*& Step 4 : 결과 화면(100)
*&---------------------------------------------------------------------*
END-OF-SELECTION.
  CALL SCREEN 100.


*&---------------------------------------------------------------------*
*& Module STATUS_100 OUTPUT
*&---------------------------------------------------------------------*
*&
*&---------------------------------------------------------------------*
MODULE status_100 OUTPUT.
  SET PF-STATUS '0100'.
```

```
    SET TITLEBAR '0100'.
ENDMODULE.
*&--------------------------------------------------------------------*
*& Module PBO_100 OUTPUT
*&--------------------------------------------------------------------*
*&
*&--------------------------------------------------------------------*
MODULE pbo_100 OUTPUT.
  IF g_docking IS INITIAL.
    CREATE OBJECT g_docking
      EXPORTING
        repid     = sy-repid
        dynnr     = sy-dynnr
        side      = g_docking->dock_at_left
        extension = 3000.
    CREATE OBJECT g_grid
      EXPORTING
        i_parent = g_docking.
    CALL METHOD g_grid->set_table_for_first_display
      EXPORTING
        i_structure_name = 'zscarr'
      CHANGING
        it_outtab        = gt_zscarr[].
  ENDIF.
ENDMODULE.
*&--------------------------------------------------------------------*
*&MODULE  exit  INPUT
*&--------------------------------------------------------------------*
*text
*---------------------------------------------------------------------*
MODULE exit INPUT.
  LEAVE TO SCREEN 0.
ENDMODULE.
```

3　객체 안에서 일어나는 일

겉으로 보이는 결과는 만들어냈습니다. 그래도 시리즈의 세 번째 책이니 조금만 더 파보겠습니다. 객체와 클래스가 어떤 관계를 가지고 있고 내부적으로 어떻게 처리되는지 파헤쳐 보죠. 기억을 되살리기 위해 이전 책 내용을 간단히 복습하겠습니다.

■ **클래스(Class)와 객체(Object)**

클래스와 객체는 어떤 관계인가요. 클래스는 설계도에 비유됩니다. 설계도는 실체가 아니죠. 설계도대로 만들어진 실체를 '객체'라고 합니다. 설계도는 하나라도 객체는 여러 개가 될 수 있겠죠. 자동차를 예로 들어 클래스와 객체의 관계를 설명해보겠습니다.

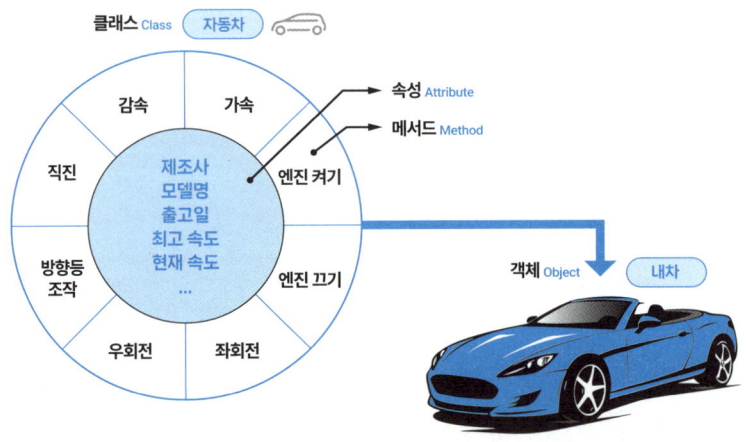

도로를 달리는 수많은 자동차는 각각이 하나하나의 객체(Object)입니다. 하지만 자동차라는 큰 개념으로 묶을 수 있습니다. 그렇다면 각각의

자동차는 어떻게 구별할 수 있을까요? 제조사, 모델명, 출고일, 배기량 등으로 구별할 수 있을 겁니다. 자동차 각각의 제조사, 모델명, 출고일, 배기량의 값은 다르지만 이런 속성(Attribute)을 가지고 있다는 것은 공통점이죠. 또 자동차는 엔진을 켜고, 끄고, 속도를 가속하거나 감속하는 등의 일을 합니다. 이런 공통적인 개념들의 모음을 '클래스(Class)'라고 이해하면 됩니다. 클래스는 다시 속성과 메서드로 구성됩니다. 그림에서 내부 원에 나열된 것들이 자동차 클래스의 속성(Attribute)이고, 속성을 둘러싼 원에 정의된 것들이 메서드(Method)입니다. 자동차가 공통적으로 가지는 속성과 메서드의 집합으로 '자동차'라는 클래스를 만들고 이를 참조해, '내차'라는 실제 차를 정의할 수 있습니다. 이것을 '객체'라고 합니다. 클래스는 하나지만 객체는 수없이 찍어낼 수 있겠지요.

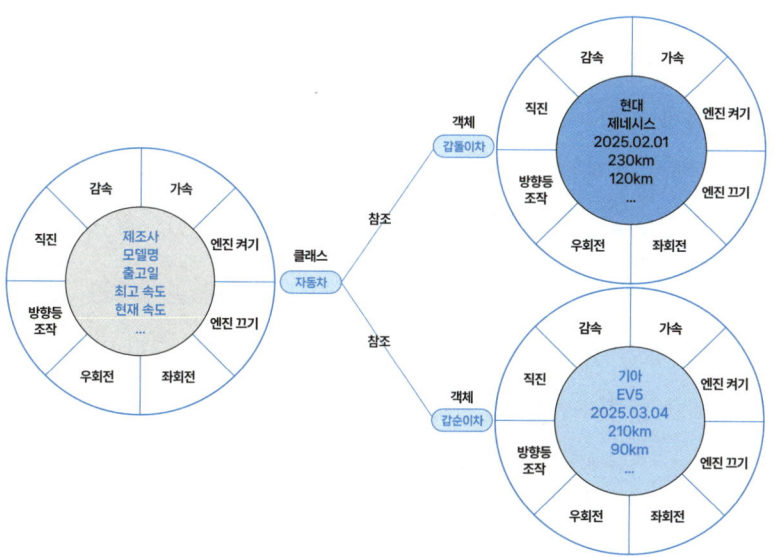

　자동차 클래스를 참조해 갑돌이차와 갑순이차라는 객체를 만든다면 그림과 같습니다. 클래스에는 제조자, 모델명 같은 개념만 들어가 있지만 갑돌이차, 갑순이차라는 실체에는 현대, 제네시스와 같은 실제 값이 들어가는 것이지요. 어떻게 보면 클래스는 속성과 메서드의 판을 모아 놓은 것이고, 객체는 속성에 특정 값을 정해준 것이라 볼 수 있습니다. 그리고 그 값들을 넣어 주거나 변경하는 역할을 메서드가 한다고 이해하면 됩니다.

■ 속성(Attribute)과 메서드(Method)의 콜라보

　속성과 메서드가 실제로 어떻게 동작하는지 예를 들어 설명해 드리겠습니다. 갑돌이차를 운전하고 있다고 상상해 보세요. 방금 고속도로에 진입했습니다. 속도를 올려야겠지요. 객체(갑돌이차)의 속도를 높이기 위해서는 액셀을 밟아야겠지요. 액셀을 어떤 강도로 얼마나 오랫동안 밟고 있느냐에 따라 가속되는 속도가 달라질 겁니다. 지금까지 배운 클래스, 객체, 속성, 메서드의 관점에서 정리해 보겠습니다. 일단 '자동차'라는 클래스에 '현재속도'리는 속성이 있습니다. 그리고 이 현재속도를 변경하는 '가속'과 '감속'이라는 메서드가 있겠지요. 지금은 속도를 높여야 하니 '가속' 메서드를 사용하면 될 것 같습니다. 클래스는 그냥 설계도라고 했습니다. 실제 속성 값을 가지고 있지 않죠. 그럼 먼저 '자동차' 클래스를 참조한 '갑돌이차'라는 객체를 만들어야 합니다. 이건 이미 배웠죠.

객체 선언

DATA : 갑돌이차 TYPE REF TO 자동차.

이번에는 갑돌이차를 가속해야 합니다. '자동차' 클래스에 정의되어 있는 '가속' 메서드를 호출합니다.

메서드 호출

```
CALL METHOD 갑돌이차 -> 가속
              EXPORTING
                      강도 = 10
                      시간 = 5
              IMPORTING
                      가속 = 30.
```

갑돌이차의 가속 메서드를 불러서 액셀을 강도 10으로 5초간 밟으라는 명령을 내린 겁니다. 그 결과로 30km가 가속되었습니다. 이때 강도와 시간, 가속의 값을 '매개변수(Parameters)'라고 합니다. 만약 가속하기 전의 갑돌이차가 가진 '현재속도' 속성 값이 40km였다면 가속 후의 '현재속도' 속성 값이 70km가 되겠지요. 그림으로 나타내면 이렇게 될 겁니다.

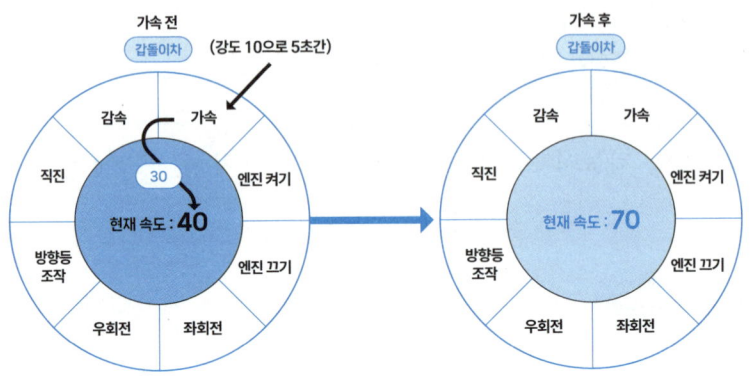

여기까지가 이전 책에 설명한 객체(Object)와 클래스(Class), 메서드(Method)와 속성(Attribute)의 관계를 설명한 내용이었습니다. 이번 책에서는 한 발 더 나가보겠습니다.

■ 'g_grid'에서 'set_table_for_first_display' 호출하기

자동차로 설명했던 내용을 'g_grid' 객체에서 'set_table_for_first_display' 메서드를 호출하는 것에 적용해 보겠습니다. 먼저 'CL_GUI_ALV_GRID' 클래스를 참조한 'g_grid'라는 객체를 선언합니다.

객체 선언

```
DATA : g_grid TYPE REF TO cl_gui_alv_grid.
```

지금은 선언만 한 상태입니다. 'g_grid'라는 객체가 만들어지지 않았습니다. 이름만 지어 놓은 상태라고 이해하면 됩니다.

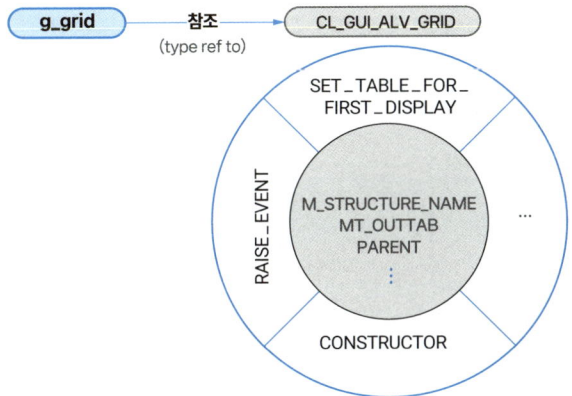

객체에 일을 시키기 위해서는 생성자(Constructor) 메서드를 이용해 객체를 생성해야 합니다. 'CREATE OBJECT' 명령어를 이용해 생성자를 호출합니다.

'g_grid' 객체 생성

```
CREATE OBJECT g_grid
  EXPORTING
    i_parent = g_docking.
```

매개변수는 'i_parent' 하나만 지정했습니다. 'i_parent'는 생성된 'g_grid'가 표시될 영역을 지정하고 그 영역은 도킹 컨테이너 객체인 'g_docking'을 입력 값으로 받습니다.

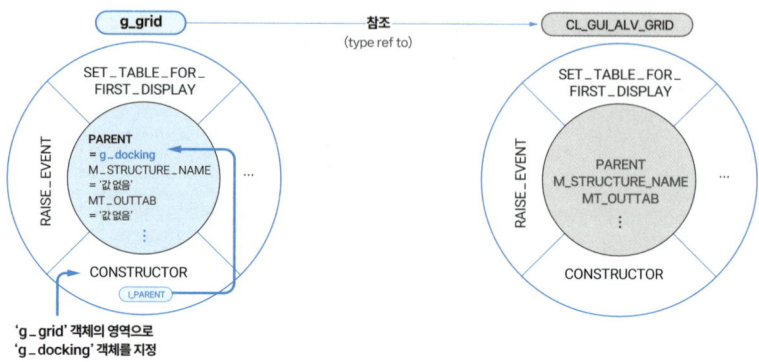

'g_grid' 객체가 만들어졌습니다. 이제 'CL_GUI_ALV_GRID'에 정의된 메서드를 모두 사용할 수 있습니다. 지금까지 'CL_GUI_ALV_GRID'의 메서드 중에 사용해본 것은 딱 하나 있습니다. 제일 중요하고 가장 많이 사용되는 메서드인 'set_table_for_first_display'입니다. 생성자(constructor) 메서드는 특별하기 때문에 'CREATE OBJECT' 명령어를 사용했지만, 일반 메서드는 'CALL METHOD'로 호출합니다.

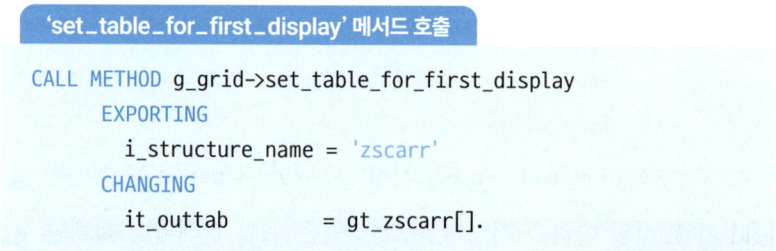

두 개의 매개변수를 받습니다. 'i_structure_name' 매개변수는 리스트의 출력 구조로 어떤 테이블의 구조를 사용할지 결정합니다. 그리고 'it_outtab' 매개변수는 데이터 준비 단계에서 추출해 둔 내부 테이블

(Internal table)을 받습니다. 프로그램 소스코드에서 메서드의 매개변수로 입력해 주면 객체는 참조한 클래스에 정의되어 있는 각 매개변수에 대응되는 속성(Attribute) 값에 넣어 줍니다. 'i_structure_name' 매개변수에 대응하는 속성(Attribute)은 'M_STRUCTURE_NAME'이고, 'it_outtab'에 대응하는 속성(Attribute)은 'MT_OUTTAB'입니다.

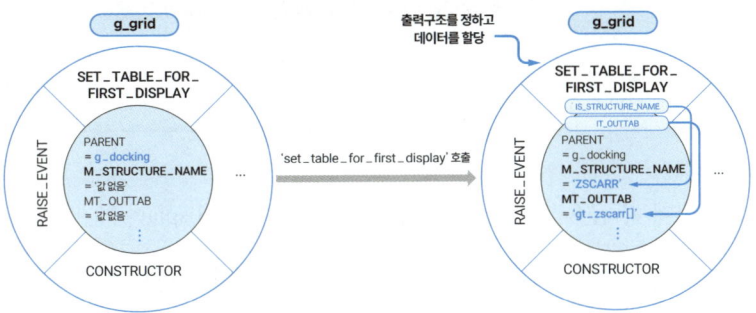

'set_table_for_first_display' 메서드를 호출해 'i_structure_name'과 'it_outtab' 매개변수에 값을 넣어 주기 전에는 그림의 왼쪽처럼 'M_STRUCTURE_NAME'과 'MT_OUTTAB' 속성에 값이 없습니다. 'set_table_for_first_display' 메서드를 호출하고 2개의 매개변수에 값을 할당하면 오른쪽과 같이 각 속성에 'ZSCARR'과 'gt_zscarr[]'이 지정됩니다.

■ 클래스 빌더(Class builder) 살펴보기

메서드(Method)와 매개변수(Parameter), 속성(Attribute)이 클래스 빌더(Class Builder, SE24)에서는 어떻게 보이는지 확인해 보겠습니다. 명령어 필드에 "SE24"를 입력해 클래스 빌더로 이동합니다.

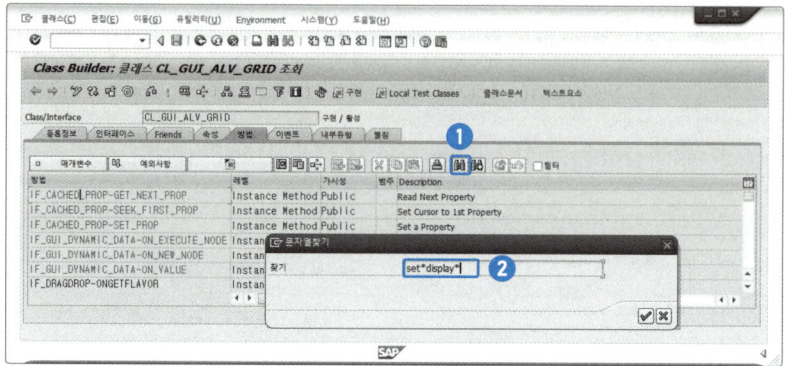

　[방법(메서드, Method)] 탭에서 'set_table_for_first_display' 메서드를 찾아봅니다. 너무 많아서 잘 안보일 겁니다. ❶[찾기(🔍, Find)] 버튼을 클릭하세요. 팝업이 나타나면 ❷번과 같이 찾고자 하는 메서드의 이름을 입력합니다. 메서드의 전체 명이 기억나지 않으면 와일드카드(*)를 사용해 검색합니다.

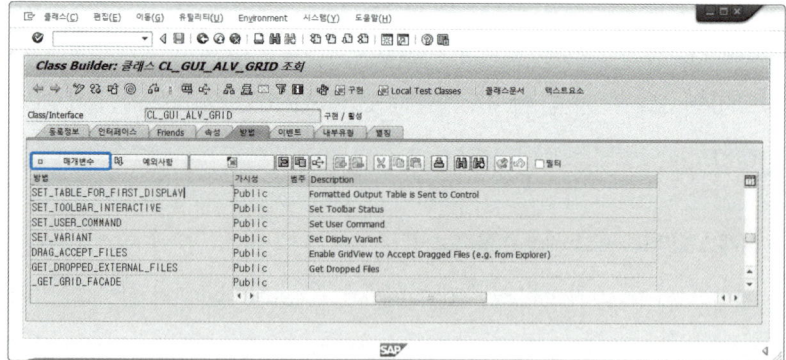

'set_table_for_first_display' 메서드를 찾았으면, 해당 메서드를 커서로
선택한 상태에서 매개변수(Parameters) 버튼을 클릭합니다.

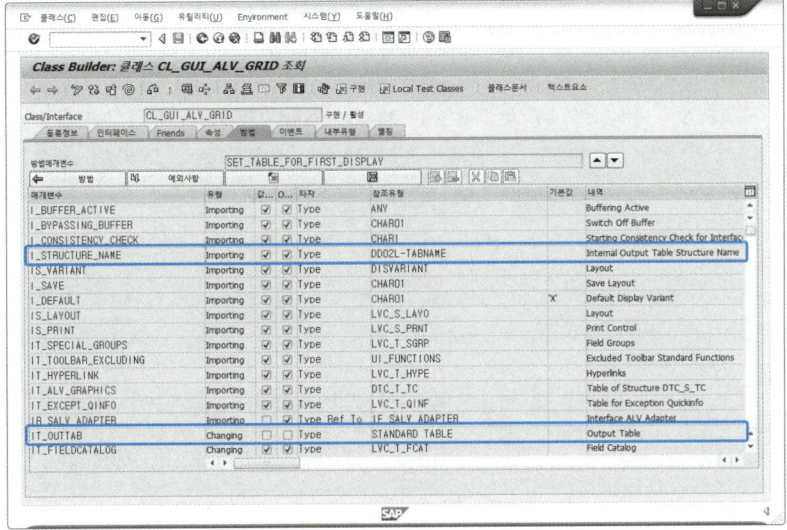

꽤 많은 매개변수가 나타납니다. 그중에서 우리가 관심이 있는 'i_
structure_name'과 'it_outtab' 매개변수를 확인합니다. 여기서 중요한
것은 유형(Type)과 참조 유형(Associated Type)입니다. 유형(Type)은 세 가
지(Importing, Exporting, Changing)가 있습니다.

선언 유형Declaration Type은 클래스 빌더와 호출부에서 왜 반대예요?

해당 메서드가 입력(Importing)으로 받는 매개변수인지, 출력(Exporting)으로 뱉는 매개변수인지, 둘 다 하는 것(Changing)인지를 정하는 것입니다. 유의해야 할 점은 클래스 빌더(Class Builder)에 정의된 클래스의 입장에서 입력과 출력을 정의한 것입니다. 그래서 프로그램에서 메서드를 호출할 때에는 입력(Importing)과 출력(Exporting)이 반대가 됩니다. 둘 다 되는 'Changing'은 변화가 없겠지요. 왜냐하면 프로그램에서 매개변수를 던지면 클래스 입장에서는 매개변수를 받는 게 되니까요. 이건 함수(Function)에서도 동일하게 적용됩니다.

참조 유형은 해당 매개변수에 어떤 데이터 Type을 넣어 줘야 하는지 정해 줍니다. 'i_structure_name'은 테이블명 Type으로 지정되어 있고, 'it_outtab'은 테이블 형태의 데이터를 지정해야 합니다. 추가로 'it_outtab'은 다른 매개변수와 다르게 필수 값입니다. 'Optional' 필드에 체크가 없습니다.

■ **디버깅 모드에서 직접 확인해 보기**

이번에는 디버깅 모드에서 실제 데이터를 확인해 보겠습니다. 디버깅 모드로 들어가기 위해 소스코드에 'BREAK-POINT'를 추가합니다.

중지점(Break-point) 지정

```
CALL METHOD g_grid->set_table_for_first_display
  EXPORTING
    i_structure_name = 'zscarr'
  CHANGING
```

```
    it_outtab          = gt_zscarr[].

BREAK-POINT.
```

소스코드를 수정했으면 프로그램을 실행합니다. 초기 화면이 나타나
면 다시 실행 버튼을 클릭합니다. 디버깅 모드로 'BREAK-POINT'에
서 수행이 멈출 겁니다.

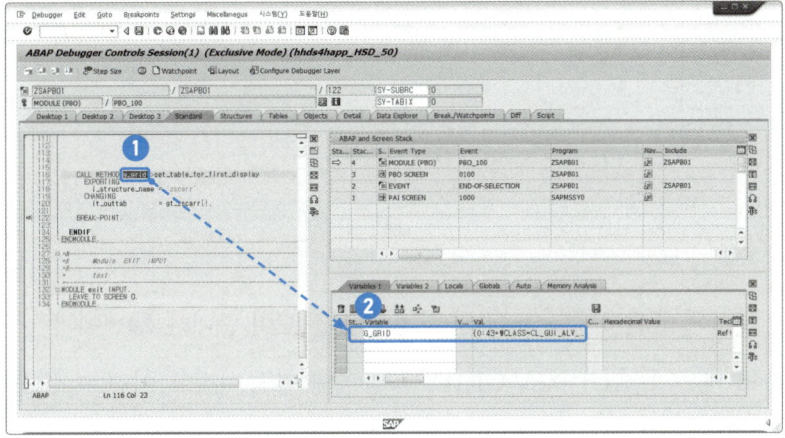

❶번 'g_grid'를 더블클릭합니다. 그러면 우측 하단에 ❷번 'g_grid'
가 표시됩니다. 2번 'g_grid'를 더블클릭합니다.

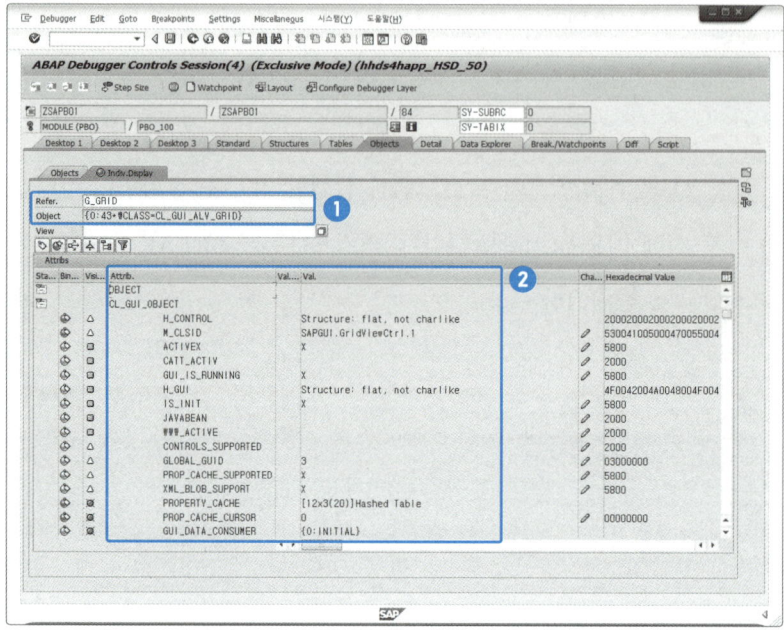

　화면이 바뀌면서 'g_grid'에 지정된 값을 보여 줍니다. ❶번에서 'g_grid'가 'CL_GUI_ALV_GRID'를 참조해 만들어졌고 어떤 주소 값이 할당되었는지 보여 줍니다. 아래 ❷번에서 'G_GRID' 객체의 속성(Attribute) 값을 보여 줍니다. 스크롤을 내려보면 엄청나게 많은 속성(Attribute) 값이 지정되어 있음을 확인할 수 있습니다. 우리가 확인하고 싶은 것은 'M_STRUCTURE_NAME'과 'MT_OUTTAB' 속성입니다.

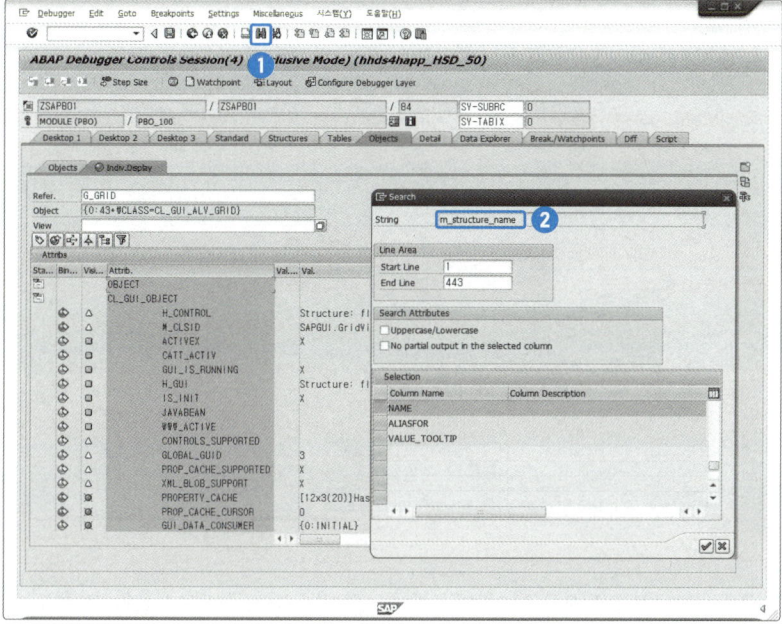

속성 필드를 선택하고 ❶번 [찾기(📖, Find)] 버튼을 클릭합니다. 팝업
이 나오면 ❷번 'String' 필드에 'm_structure_name'을 입력하고 [Enter]
를 누릅니다.

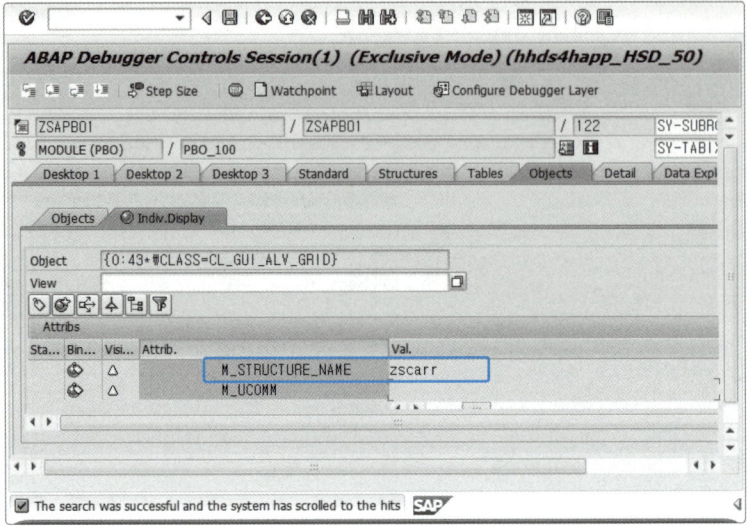

　　'M_STRUCTURE_NAME' 속성 값에 'zscarr' 테이블이 지정되어 있음을 확인할 수 있습니다. 'MT_OUTTAB' 속성도 확인해 보겠습니다.

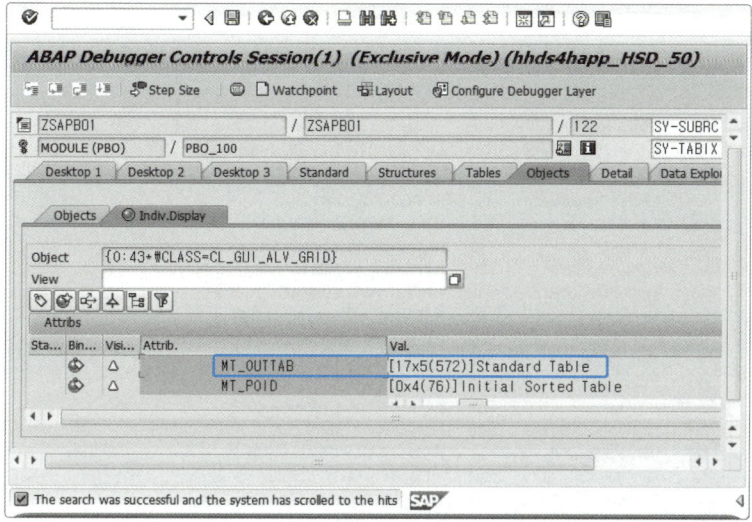

값(Val.)을 나타내는 곳에 암호 같은 문자가 보입니다. 어렵지 않습니다. '17x5'는 행렬입니다. 17개 라인, 5개 필드의 데이터가 들어있다는 의미입니다. 맞는지 확인하려면 결과 리스트를 보면 되겠지요. [F8]을 누르거나 [계속(🔲, Continue)] 버튼을 눌러 프로그램을 끝까지 실행합니다. 결과를 확인해 보세요.

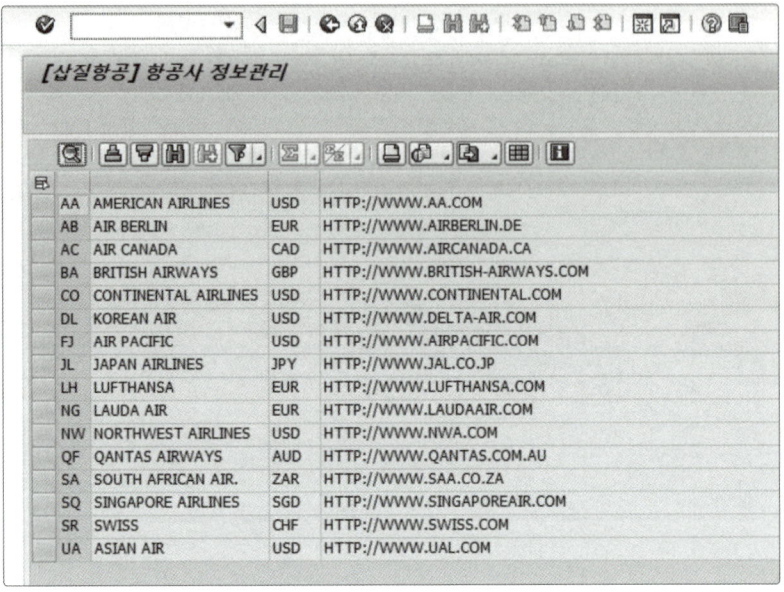

라인은 17줄이 맞는데, 필드는 4개 뿐입니다. 왜 그럴까요? SAP는 눈에 보이지는 않지만 항상 가지고 다니는 필수 필드가 하나 있습니다. 클라이언트(Client) 필드입니다. 결과 화면에는 보이지 않지만 내부적으로는 키(Key) 값으로 항상 가지고 다닙니다. 이 필드까지 포함하면 5개 필드가 됩니다.

■ **정리하기**

뇌가 활활 타고 있으리라 생각됩니다. 저도 처음에는 그랬습니다. 하나씩 정리해 보시죠. 'CL_GUI_ALV_GRID' 클래스를 참조(type ref to)해서 'g_grid'라는 객체를 선언합니다. 객체에 일을 시키려면 실체를 만들어 줘야 됩니다. 생성자(constructor) 메서드를 호출해서 객체의 몸을 만

들어 줍니다. 이때 'g_grid'를 품어 주는 영역을 'g_docking' 객체로 지
정했습니다. 이제 'CL_GUI_ALV_GRID' 클래스에 정의되고 상속받은
모든 메서드와 속성을 사용할 수 있습니다.

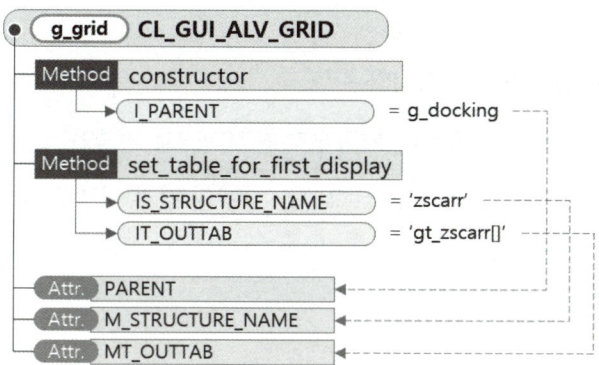

　결과 화면에 항공기 정보를 출력하기 위해 'set_table_for_first_display'
메서드를 호출합니다. 매개변수는 'is_structure_name'과 'it_outtab'을
사용합니다. 메서드의 두 매개변수를 통해 프로그램에서 'zscarr'과 'gt_
zscarr[ ]'을 입력(importing) 받습니다. 이 과정이 마무리되면 3개의 속성
(PARENT, M_STRUCTURE_NAME, MT_OUTTAB)에 값이 할당됩니다.
표로 표시해 보면 다음과 같습니다.

클래스 (Class)	메서드 (Method)	유형 (Type)	매개변수 (Parameters)	속성 (Attributes)	할당 값 (Value)
cl_gui_alv_grid	constructor	importing	i_parent	parent	g_docking
	set_table_for_ first_display	importing	i_structure_name	m_structure_name	zscarr
		changing	it_outtab	mt_outtab	gt_zscarr[]

길고 어려웠을 거라 생각합니다. 한번에 완벽하게 이해하기도 힘들 겁

니다. 그래도 굳이 설명한 이유는 두 가지입니다. 첫 번째는 이 구조를 이해해야 SAP가 만들어 놓은 수많은 클래스를 찾아서 활용할 수 있습니다. 두 번째는 이런 깊은 구조를 알아야 AI에게 차별화된 지시를 내릴 수 있기 때문입니다. 여러 번 보다 보면 어느 순간 눈에 들어올 겁니다.

4 필드 이름이 안 보입니다

준비 운동은 끝났습니다. 지금부터 본격적으로 기술을 배워보겠습니다. 지금까지 에스프레소 프로그램을 실행해 결과 화면을 출력합니다. 그리고 자세히 보세요.

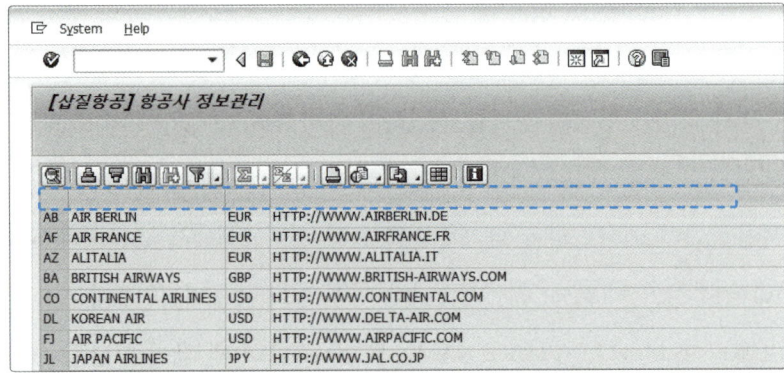

어색한 부분 없으신가요? 저는 한 가지가 눈에 거슬리는 부분이 있습니다. 그림에 표시된 것처럼 필드명이 보이지 않습니다. 분명 지금까지 프로그램 짜면서 이런 일은 한번도 없었는데요. 에스프레소 프로그램을 조금만 바꿔 보겠습니다.

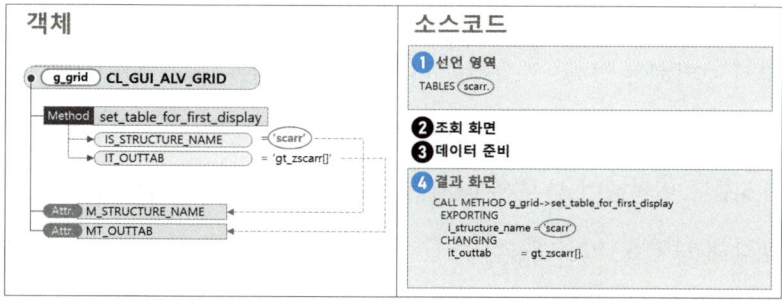

4단계 소스코드에서 'i_structure_name'에 대입되는 테이블 값을 'zscarr'에서 'scarr'로 바꿔 줍니다. 추가로 1단계 소스코드에서 'scarr' 테이블을 선언해 줍니다. 두 군데 소스코드를 변경했다면 프로그램을 실행해 보세요. 결과가 바뀌었습니다.

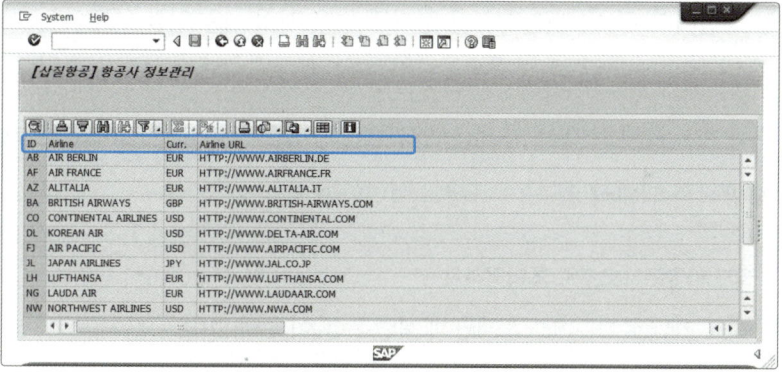

이번에는 필드명이 잘 나옵니다. 왜 이런 차이가 나타나는 걸까요? 'zscarr' 테이블은 우리가 직접 만든 테이블입니다. 그 과정에서 프로그램에서 필드 헤드의 이름을 뭘로 보여줄지 정해주지 않아서입니다. SAP

에서 만든 'scarr'에는 그게 있는 거고요. 그렇다면 'zscarr' 테이블을 다시 보완해야 할까요? 그것도 하나의 방법이지만, 'set_table_for_first_ display'의 'IT_FIELDCATALOG' 매개변수를 활용해도 됩니다. 방금 'scarr'로 변경했던 부분은 다시 'zscarr'로 먼저 바꾸겠습니다. 곰곰히 생각해 보면 SAP가 제공하는 클래스를 활용한 코딩은 궁극적으로 그들이 정해 놓은 방식대로 메서드를 통해 속성 값을 지정해 주는 것에 불과합니다. 그러면 SAP가 정한대로 프로그램이 작동하게 되는 형태입니다. 문제는 '어떤 속성 값을 어떤 형태로 지정해 줄 것인가?'입니다. 그래서 저는 ABAP 프로그래밍을 운전하는 법에 비유합니다.

그럼 그 방법들은 어떻게 알게 될까요? 크게 세 가지 방법이 있습니다. 제일 쉬운 방법은 SAP가 제공하는 테스트 프로그램을 보고 모방하는 것입니다. 두 번째는 SAP가 정리해 놓은 사용 매뉴얼을 연구하는 거죠. 마지막 세 번째는 SAP 표준 프로그램 중에 구현하고 싶은 유사한 형태의 프로그램을 찾아 디버깅 해서 코딩 방법을 알아내는 겁니다. 세 가지 방식은 뒤에서 조금 더 자세히 설명할께요.

■ 필드 카탈로그로 필드명 지정하기

필드 카탈로그(Field catalog) 매개변수를 이용해 그림과 같이 '필드명' 을 지정해 보겠습니다.

어디서부터 시작해야 할까요? SAP 클래스를 활용한 프로그램은 결국은 어떤 메서드(Method)를 이용해, 어떤 속성(Attribute)에 어떤 값(Value)을 넣어 주느냐로 귀결된다고 했습니다. 이런 것들을 어디에서 확인할 수 있었나요? 클래스 빌더(Class builder, SE24)였습니다.

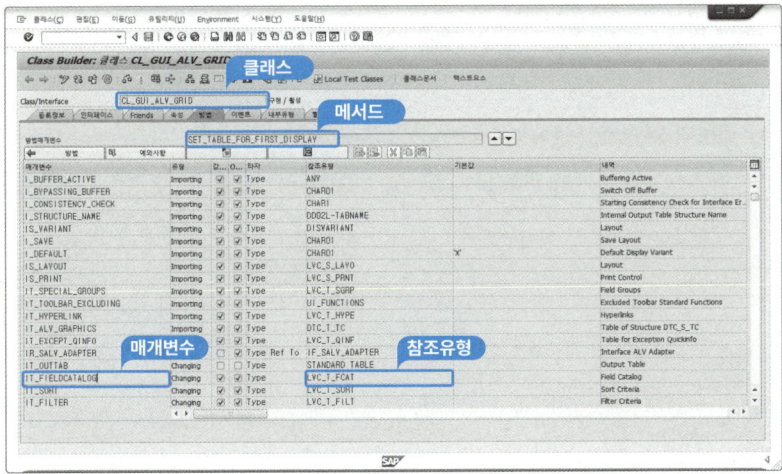

설마 이 화면이 어떻게 나왔는지 모르지는 않으시죠? 클래스 빌더에서 'CL_GUI_ALV_GRID' 클래스를 조회하고 [방법] 탭에서 'set_table_for_first_display' 메서드(Method)를 찾은 다음 해당 메서드의 매개변수(Parameters)를 선택해 들어온 상태입니다.

'set_table_for_first_display' 메서드가 가진 매개변수 19개 중에 우리가 사용할 매개변수는 'it_fieldcatalog'입니다. 여기서 한번 막힙니다. 'it_fieldcatalog' 매개변수에 속성 값을 넣어주는 건 알겠는데 어떤 형태로 넣어 줘야 하는 걸까요? 그것에 대한 답을 옆에 보이는 참조 유형 'lvc_t_fcat'가 가지고 있습니다. 'lvc_t_fcat' 참조 유형을 더블클릭해 보세요.

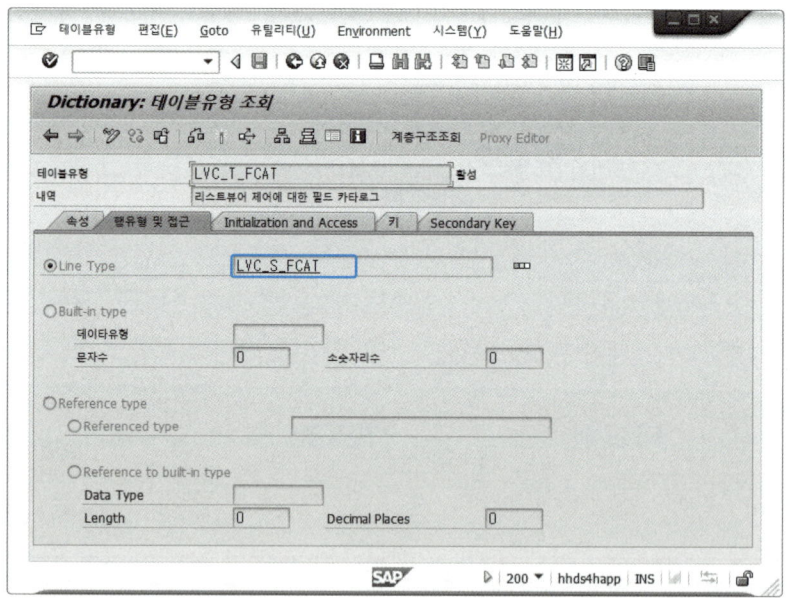

'lvc_t_fcat' 테이블 유형에 대한 정의가 나옵니다. 여기서 표시된 'lvc_t_fcat'의 라인 타입(Line Type)인 'lvc_s_fcat'를 다시 더블클릭합니다.

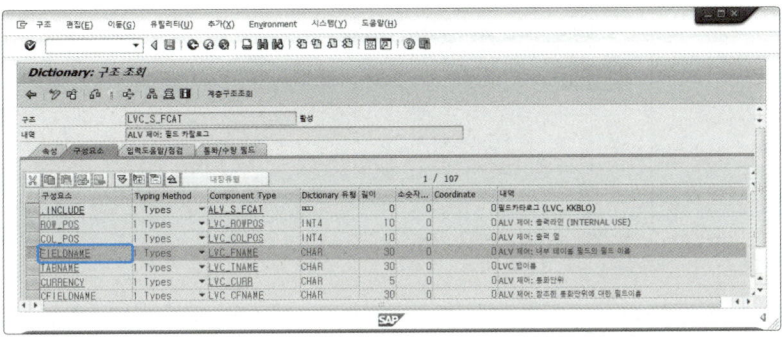

아직 잘은 모르겠지만, 이젠 뭔가 값을 넣을 수 있는 속성 값들이 보이는 것 같습니다. 그런데 이 많은 값들 중에 어디에 뭘 넣어야 할까요? 우리가 하고 싶은 것이 뭐였나요? 필드명을 넣어 주는 것이었습니다. 일단 각 필드를 구분할 수 있는 뭔가가 필요하겠네요. 그리고 구분이 되었다면 실제 필드 값에 뭘 넣을지 지정해줄 값이 필요합니다. 필드를 구분하는 값은 'FIELDNAME'이고, 필드명을 지정하는 값은 'COLTEXT'입니다. 'lvc_s_fcat'에서 찾기 버튼으로 두 필드를 찾아보세요. 여기서 의문이 하나 생기셔야 합니다. 테이블 타입 'lvc_t_fcat'만 있으면 되지, 왜 구조체(Structure) 형태인 'lvc_s_fcat' 타입이 또 필요할까요? 내부 테이블(Internal table)에 값을 바로 넣을 수 없기 때문입니다. 구조체(Structure)에 값을 먼저 할당하고 그 값을 'APPEND' 명령어를 활용해 내부 테이블에 쌓아가는 형태를 취합니다.

여기까지를 'cl_gui_alv_grid' 클래스를 참조한 'g_grid' 객체 관점에서 정리해보겠습니다.

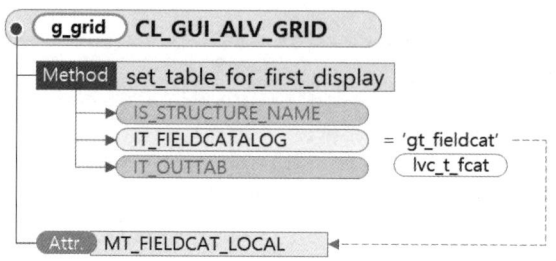

기술적인 관점에서 설명하면 결국은 'g_grid' 객체의 'mt_fieldcat_local' 속성 값을 지정해주는 것이 됩니다. 속성 값은 직접 입력할 수가 없다고 했죠. 메서드(Method)를 통해야 합니다. 그래서 'set_table_for_first_display'라는 메서드를 활용했습니다. 그리고 'set_table_for_first_display' 메서드에 값을 전달하기 위해서 여러 개의 파라미터 중 'it_fieldcatalog'를 활용하고 그 값의 데이터 구조가 'lvc_t_fcat' 타입인 겁니다.

구현하기 위한 소스코드는 크게 3부분입니다. 거꾸로 생각해 볼까요? 메서드(Method)를 호출하는 부분에서 'it_fieldcatalog'가 추가되어야 합니다. 그리고 해당 파라미터에 값을 대입해야 하죠. 그 값을 담을 임시통인 내부 테이블(Internal table)이 필요합니다. 그리고 내부 테이블에 우리가 원하는 결과를 만들게 할 값을 넣어 줘야 합니다. 코딩 순서대로 설명하겠습니다.

```
DATA: gs_fieldcat TYPE lvc_s_fcat,
      gt_fieldcat TYPE lvc_t_fcat.
```

구조체인 'lvc_s_fcat' 타입의 'gs_fieldcat'과 테이블인 'lvc_t_fcat' 타입의 'gt_fieldcat'을 정의했습니다. 이제 정의된 공간에 값을 넣어야겠지요.

쓰레기 값이 들어갈 수 있기 때문에 제일 먼저 'gs_fieldcat' 안을 청소(clear)해 줍니다. 그리고 값을 넣어 주고 싶은 필드에 각각 값을 대입해 줍니다. 우리가 하고 싶은 것은 필드명을 정의하는 것입니다. 어떤 필드(fieldname)에 어떤 필드명(coltext)을 넣을지 짝으로 지정하면 됩니다.

```
gs_fieldcat-fieldname = 'CARRID'.
gs_fieldcat-coltext   = '항공사'.
```

마지막으로 구조체 'gs_fieldcat'에 들어 있는 값을 내부 테이블 'gt_fieldcat'으로 덧붙여(append) 주면 됩니다. 한 번만 하면 끝나나요? 지정해야 할 필드가 4개이니 4번을 반복해야 합니다. 그때마다 'gs_fieldcat'

안을 청소(clear)해야 하겠죠.

둘째, 필드 카탈로그 값 만들기

```
CLEAR gs_fieldcat.
gs_fieldcat-fieldname = 'CARRID'.
gs_fieldcat-coltext   = '항공사'.
APPEND gs_fieldcat TO gt_fieldcat.

CLEAR gs_fieldcat.
gs_fieldcat-fieldname = 'CARRNAME'.
gs_fieldcat-coltext   = '항공사명'.
APPEND gs_fieldcat TO gt_fieldcat.

CLEAR gs_fieldcat.
gs_fieldcat-fieldname = 'CURRCODE'.
gs_fieldcat-coltext   = '통화'.
APPEND gs_fieldcat TO gt_fieldcat.

CLEAR gs_fieldcat.
gs_fieldcat-fieldname = 'URL'.
gs_fieldcat-coltext   = '홈페이지'.
APPEND gs_fieldcat TO gt_fieldcat.
```

값이 다 준비되었습니다. 남은 일은 메서드 'set_table_for_first_display' 를 호출해 'it_fieldcatlog'를 통해 받은 값을 속성 'mt_field_local'에 잘 전달해 주면 됩니다.

셋째, 메서드에 필드 카탈로그 대입하기

```
CALL METHOD g_grid->set_table_for_first_display
  EXPORTING
    i_structure_name = 'zscarr'
  CHANGING
```

```
IT_FIELDCATALOG = gt_fieldcat
it_outtab       = gt_zscarr[].
```

이렇게 세 부분을 어떤 곳에 코딩해야 할지 감이 와야 합니다. 데이터 선언은 당연히 선언 영역에 들어갈 겁니다. 나머지 두 부분은 결과 화면 이 나오기 전에 설정되어야 하니 결과 화면 영역에 코딩하면 됩니다.

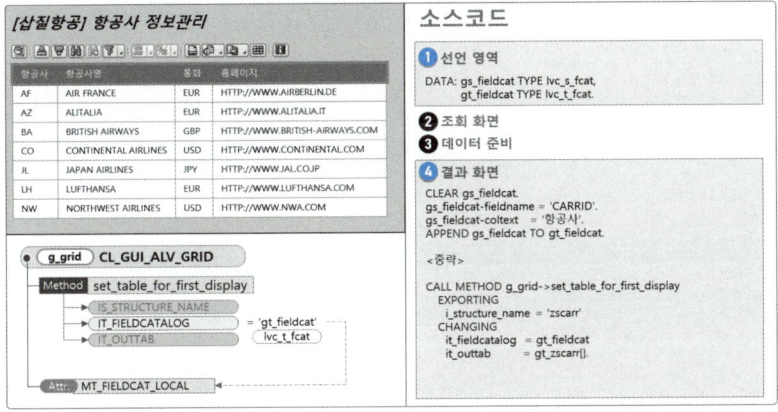

프로그램을 실행해 보세요. 지정한 필드명이 다음과 같이 나오면 됩니다.

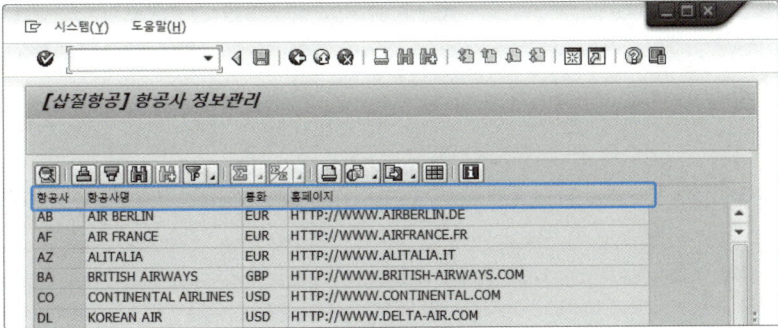

02

데이터 추가, 수정, 삭제 구현하기

길고 길었던, 장장 두 권의 책에 걸쳐 준비해온 프로 아밥퍼로서의 준비를 이번 장에서 일단락하겠습니다. 지금부터 같이 해볼 내용은 지금까지 학습한 내용보다 한 단계 더 어렵습니다. 아밥 (ABAP)에서는 이 영역을 수정 가능한 프로그램이라는 뜻으로 에디터블 (Editable)이라 부릅니다. 에디터블을 완벽히 이해하고 제대로 구현하는 아밥퍼는 생각보다 많지 않습니다. 대부분 복사해서 사용은 하지만 원리를 이해하지 못해 에러가 많이 발생하죠. 이 책에서는 에디터블을 구현하는 두 가지 방식을 설명할 겁니다. 첫 번째는 사용자가 직접 에디터블에 필요한 버튼을 추가하고 각 버튼에 기능을 구현하는 방식입니다. 두 번째는 SAP가 제공하는 표준 버튼 기능을 활용하는 방식입니다. 각각의 방식은 장단점이 있으니 상황에 따라 선택해 사용하시면 됩니다. 이제 프로 아밥퍼로 나갈 마지막 준비를 해볼까요?

1. 에디터블(Editable) – 사용자 버튼 모델

항상 그래왔듯, 어떤 프로그램을 만들지부터 살펴보겠습니다. 일단 프로그램 타이틀이 바뀝니다. 지금까지 만든 모든 프로그램명은 마지막에 '조회'가 붙었습니다. 드디어 '조회'를 '관리'로 바꾸었습니다. 데이터의 추가, 수정, 삭제가 가능하다는 의미가 내포되어 있죠.

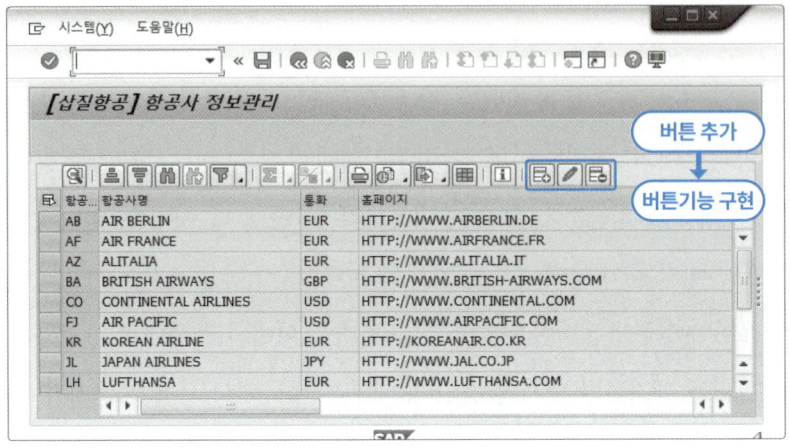

지금까지 보던 프로그램과 달라진 부분은 추가된 3개의 버튼 정도입
니다. 3개의 버튼은 각각 데이터 추가, 수정, 삭제를 의미합니다. 버튼만
만들면 자동으로 기능이 구현될까요? 아직 AI에게 일을 시킨 건 아닙니
다. 수고스럽더라도 한땀한땀 구현해 줘야 합니다. 먼저 에스프레소 프
로그램을 하나 복사하겠습니다.

1 사용자 버튼 만들기

복사한 프로그램을 실행해보겠습니다. 조회된 항공사 정보에 대한항
공이 없습니다. 데이터를 추가하고 싶습니다. 그런데 지금 툴바(Toolbar)
를 보니 '추가' 버튼이 보이지 않습니다.

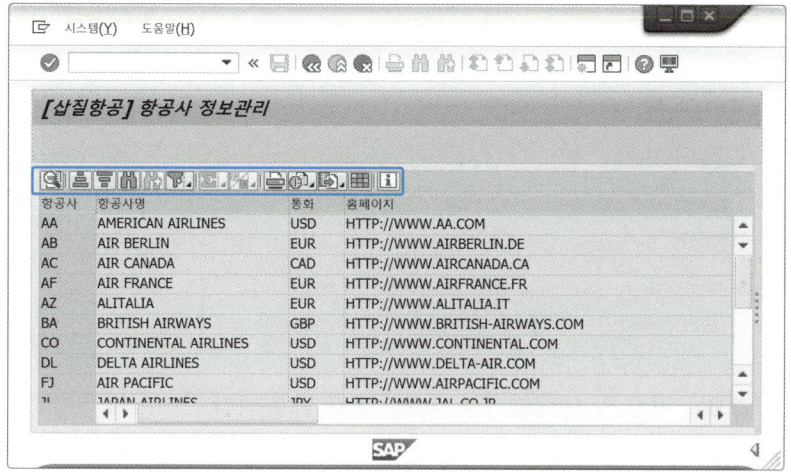

버튼부터 만들어 넣겠습니다. ALV에 포함된 툴바(Toolbar)에 새로운 버튼을 추가하기 위해서는 툴바가 만들어질 때 '추가' 버튼도 만들라는 신호를 줘야 합니다. 그게 뭔가요? 이벤트 처리입니다. 이벤트 처리에 대해서는 이전 책에서 자세히 설명했습니다. 여기서는 필요한 것만 빠르게 짚어 보겠습니다.

■ ALV Grid 클래스에서 툴바(Toolbar) 이벤트 찾아보기

'툴바' 이벤트는 어디에 등록되어 있을까요? 그건 이벤트가 일어나야 하는 객체를 생각해 보면 됩니다. 버튼을 어디에 만들어야 하나요? ALV 객체에 붙어 있는 툴바(Toolbar)입니다.

그렇다면 이벤트는 g_grid 객체가 참조한 'CL_GUI_ALV_GRID' 클래스에 등록되어 있을 겁니다. 'SE24'에서 찾아보겠습니다.

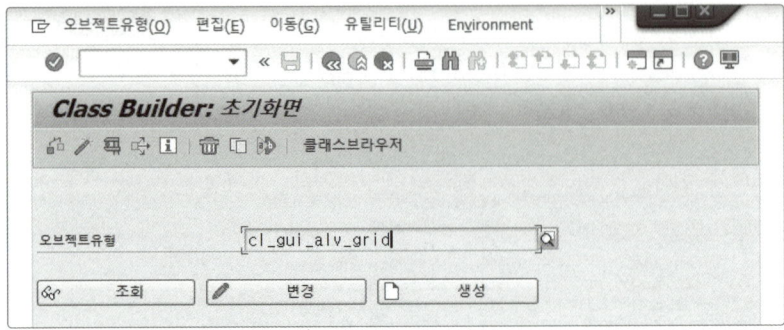

[조회] 버튼을 클릭합니다. 여러 탭이 나옵니다. 그 중에 [이벤트
(Events)] 탭을 클릭합니다.

툴바(Toolbar) 이벤트를 찾습니다.

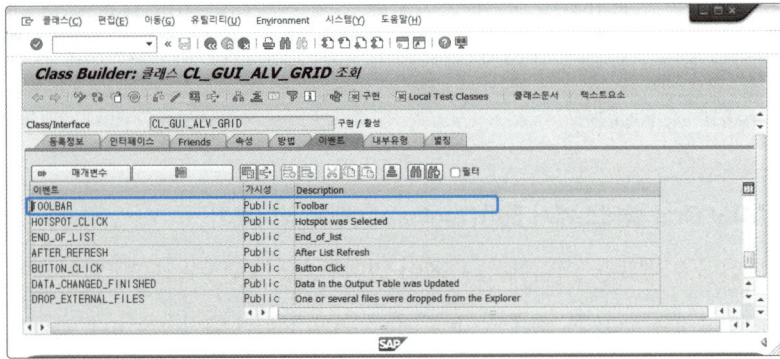

툴바(Toolbar) 이벤트에 커서를 두고 [매개변수(Parameters)] 버튼을 클
릭합니다. 툴바 이벤트가 사용할 수 있는 매개변수에 대한 정보가 나옵
니다.

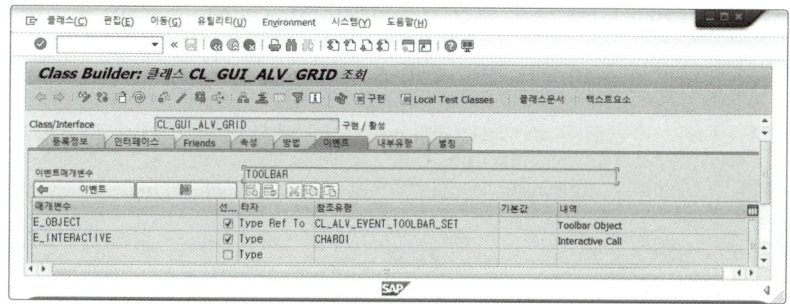

매개변수는 나중에 요긴하게 쓰게 됩니다. 여기서는 이렇게 확인할
수 있다는 것만 알고 넘어가겠습니다.

■ 로컬 클래스(Local class) 만들기

이벤트 처리를 위해서는 우리가 직접 클래스를 만들어야 했습니다.
프로그램 내부에 정의하는 로컬 클래스(Local class)를 정의해야 했습
니다.

🅰 이벤트 핸들러 클래스 정의하기

　<클래스명>은 'LCL_EVENT_HANDLER'로 하겠습니다. 'LCL_
EVENT_HANDLER' 클래스의 속성과 메서드를 정의해야겠죠. 여기
서는 속성은 정의하지 않고 이벤트 핸들러 메서드인 'handle_toolbar'
하나만 정의하겠습니다. 메서드명에 'handle_toolbar'를 넣고 아래에
는 이 메서드가 주고받을 파라미터를 넣어 줍니다. 어떤 파라미터가
들어갈지 대충 감이 오시죠. 앞에서 'CL_GUI_ALV_GRID' 클래스의
'toolbar' 이벤트가 가진 파라미터와 연관이 있을 것 같지 않으세요? 여

기서 하나 더 고려할 점은 지금 우리가 정의하고자 하는 메서드가 일반
적인 메서드가 아니라는 점입니다. 우리가 만들려는 메서드는 이벤트
핸들러 메서드입니다. 따라서 어떤 이벤트에 반응하는 것인지를 지정해
줘야 하겠지요. 그래서 메서드 이름 옆에 조건이 좀 더 붙습니다.

```
METHODS handle_toolbar  FOR EVENT toolbar OF cl_gui_alv_grid.
```

해석이 되시나요? 'cl_gui_alv_grid' 클래스에 있는 'toolbar' 이벤트를
위한 이벤트 핸들러 메서드 'handle_toolbar'를 정의한다는 뜻입니다. 여
기에 'IMPORTING' 파라미터 2개를 정의합니다. 이제 다 합쳐서 새로
운 로컬 클래스(Local class)의 정의부(Definition)를 구성해보겠습니다. 어
디에 넣는지는 아시죠? ABAP T코드의 첫 번째 영역인 선언부에 넣어
주면 됩니다.

로컬 클래스 'lcl_event_handler' 정의

```
CLASS lcl_event_handler DEFINITION.
  PUBLIC SECTION.
    METHODS handle_toolbar
      FOR EVENT toolbar OF cl_gui_alv_grid
      IMPORTING e_object.
ENDCLASS.
```

이미 익숙한 문법이시죠? 그런데 한 줄이 생소합니다. 'PUBLIC
SECTION.' 구문은 방금 정의한 'handle_double_click' 메서드가 공용
메서드(Public method)라는 의미입니다.

b 이벤트 핸들러 클래스 구현하기

로컬 클래스를 정의했고 이제 구현(IMPLEMENTATION)해야 합니다. 정의(DEFINITION) 부분에서는 속성과 메서드를 정의하기만 했습니다. 'lcl_event_handler' 클래스는 속성도 없었기 때문에 'handle_toolbar' 메서드만 'PUBLIC SECTION' 영역에 하나 정의했지요. 그래서 구현 (IMPLEMENTATION)부에서도 'handle_toolbar' 메서드에서 수행할 사항만 구현하겠습니다. 'handle_toolbar' 메서드에서 할 일은 ALV 툴바에 원하는 버튼을 추가하는 것입니다. 먼저 'cl_gui_alv_grid' 클래스의 'toolbar' 메서드로 가봅니다. 'toolbar' 메서드의 파라미터(Parameters)를 확인해 보겠습니다.

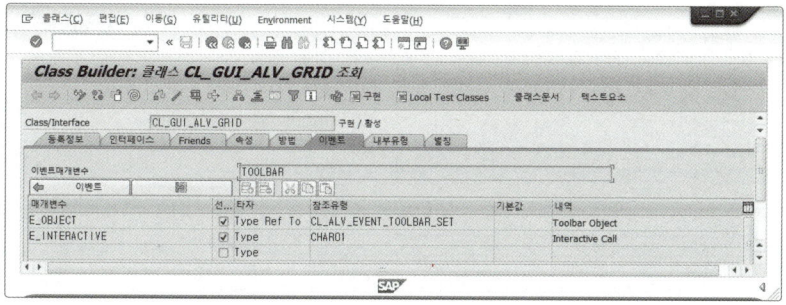

2개의 파라미터가 있는데 우리가 필요한 것은 'e_object'입니다.

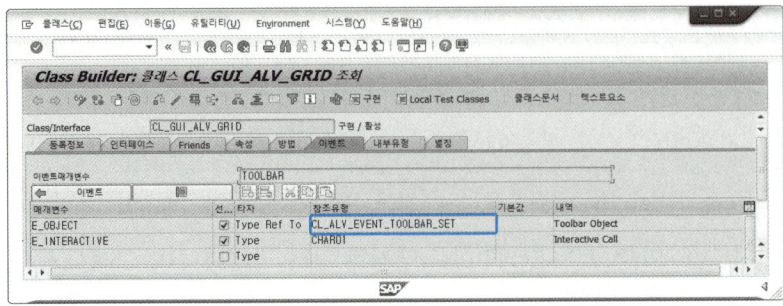

　참조 유형을 보니 조금 특이합니다. 다른 클래스를 참조 유형으로 가지고 있습니다. 그렇다면 여기에 어떤 값이 들어갈까요? 참조 유형으로 표기된 클래스의 속성(Attribute) 값이 입력값이 될 가능성이 있습니다. 표시된 클래스를 더블클릭해 보겠습니다.

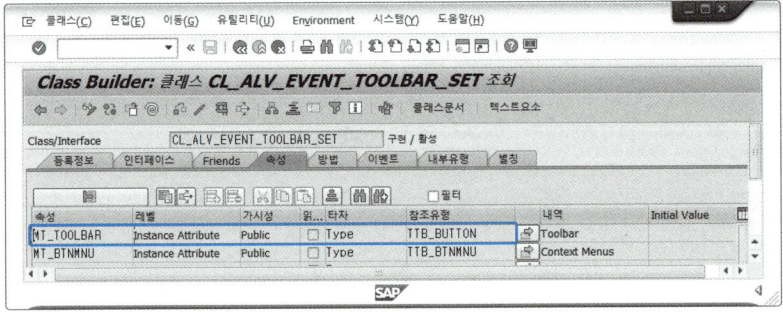

　참조 유형인 'cl_alv_event_toolbar_set' 클래스로 들어왔습니다. 우리가 궁금한 [속성(Attribute)] 탭으로 이동합니다. 2개의 속성 값이 있습니다. 그중에서 우리가 관심이 있는 속성은 'mt_toolbar'입니다. 그런데 아직 어떤 값을 넣어야 할지 모르겠습니다. 옆에 보이는 참조 유형(ttb_

button)을 다시 더블클릭합니다.

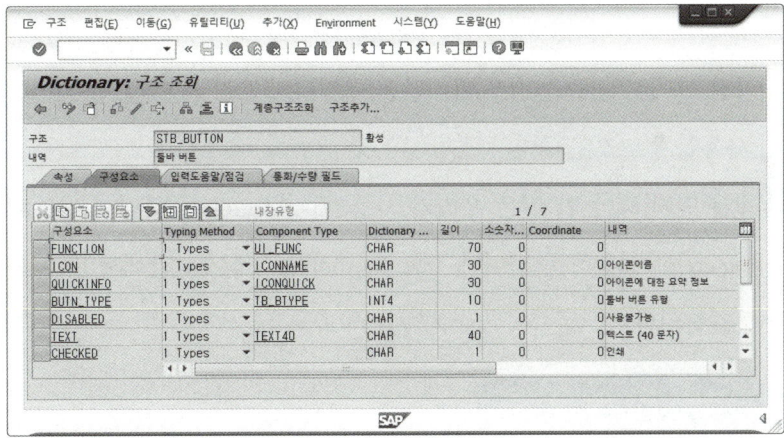

'ttb_button'은 다시 'stb_button' 라인 타입을 가졌습니다. 'stb_button' 을 다시 더블클릭합니다.

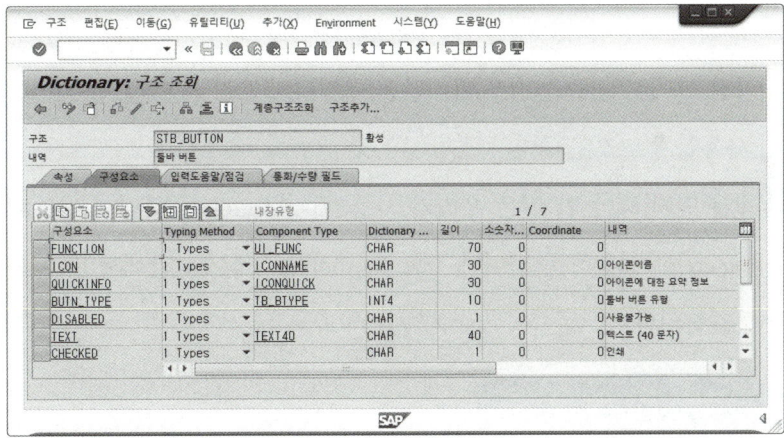

이제 뭔가 익숙한 구조(Structure)가 나왔습니다. 각 구성요소에 특정

한 값을 집어넣어 주면 뭔가 버튼이 만들어질 것 같네요. 먼저 구조의
각 필드의 역할을 알아야겠죠. 제일 위부터 보겠습니다.

'FUNCTION'은 더하고자 하는 버튼을 식별하는 이름입니다. 두
번째 'ICON'은 버튼의 아이콘 코드입니다. SAP가 미리 정해둔 아이
콘 코드를 입력합니다. 어떤 아이콘을 사용할 수 있는지는 'ICON' 테
이블을 조회해 보면 됩니다. 'QUICKINFO'는 마우스 커서를 해당 버
튼 위에 올렸을 때 툴팁(Tooltip)처럼 간단히 보여 주는 버튼 정보입니
다. 'BUTN_TYPE'은 버튼의 유형을 정할 수 있습니다. 0에서 6번까
지 설정할 수 있고 각 값마다 다른 유형의 버튼이 만들어집니다. 주로
사용하는 일반 버튼 타입은 '0'이고 우리도 이 유형을 사용할 겁니다.
'DISABLED'는 해당 버튼을 사용불가(Deemed) 상태로 보여줄지 말지
를 결정합니다. 'TEXT'는 버튼만 보여줄 경우 가독성이 떨어질 수 있으
므로 텍스트를 더하고 싶을 때 사용합니다. 또는 더하고자 하는 버튼에
적합한 아이콘이 없을 경우 아이콘을 지정하지 않고 'TEXT'만 지정해
서 사용할 수도 있습니다.

제일 먼저 해야 할 일은 우리가 사용할 'stb_button' 타입의 구조체
(Structure)를 선언하는 겁니다. 'handle_toolbar' 메서드 안에서 바로 선
언하겠습니다.

> **지역변수 'ls_toolbar' 정의**

```
DATA: ls_toolbar  TYPE stb_button.
```

　지역변수를 통해 지정된 각 속성 값들은 'cl_gui_alv_grid'의 특정 속성 값에 넣어 줘야 합니다. 그 속성값이 'mt_toolbar'입니다. 라인을 추가하는 기능을 줄 'ADD' 버튼을 만들어 보겠습니다.

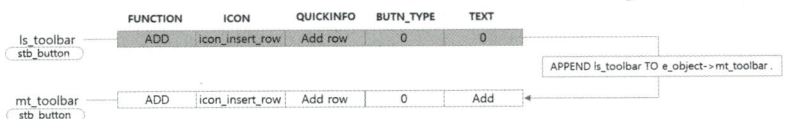

　앞에서 선언한 'ls_toolbar'의 각 필드에 그림과 같이 값을 넣어 줍니다. 그리고 그 값을 실제 속성값인 'mt_toolbar'에 그림처럼 APPEND하면 됩니다. 만약 추가할 버튼이 더 있다면 이런 과정을 반복하면 됩니다. 한 가지 특이한 점은 지금까지 속성에 값을 지정할 때 바로 APPEND를 해줬는데 이번에는 조금 다른 문법을 사용합니다. 그 이유는 'e_object' 파라미터가 클래스를 참조하는 객체이기 때문입니다. 그래서 객체의 속성을 호출하는 'e_object->mt_toolbar'로 코딩된 것입니다. 로컬 클래스 'lcl_event_handler' 구현부가 완성되었습니다.

로컬 클래스 'lcl_event_handler' 구현

```
CLASS lcl_event_handler IMPLEMENTATION.
  METHOD : handle_toolbar.
    DATA : ls_toolbar  TYPE stb_button.

    CLEAR ls_toolbar.
    ls_toolbar-function  = 'ADD'.
    ls_toolbar-icon      = icon_insert_row.
    ls_toolbar-quickinfo = 'Add row'.
    ls_toolbar-text      = 'Add'.
```

```
        APPEND ls_toolbar    TO e_object->mt_toolbar.
    ENDMETHOD.
ENDCLASS.
```

알잘딱깔센 아이콘 찾기

'알아서 잘 딱 깔끔하고 센스' 있는 아이콘을 선택하려면 SAP가 미리 준비해둔 아이콘 리스트를 보면 됩니다. 테이블을 조회할 수 있는 'SE11'로 갑니다. Database table 항목에 'ICON'을 입력하고 조회(Display) 버튼을 클릭하세요. 사용할 수 있는 1,200여 개의 아이콘이 조회될 겁니다. 그중에서 적절한 아이콘을 선택하셔서 사용하시면 됩니다. 실습에서 사용할 아이콘 3개의 'NAME'은 다음과 같습니다.

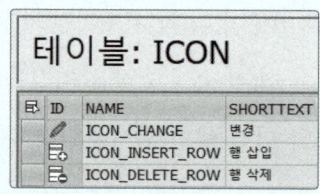

간혹 삽질 기술자 중에 'NAME'을 사용하지 않고, '@17@'과 같이 특수문자를 사용하는 분들이 있습니다. 놀라실 필요 없습니다. 제일 앞에 있는 'ID'의 값입니다. 테이블 조회에서는 아이콘으로 보이지만 이 부분을 복사해서 엑셀에 붙여보면 '@17@'으로 보입니다.

ⓒ 이벤트 핸들러 등록하기

클래스 구현(Implementation)까지 끝냈습니다. 이제 남은 건 지금까지 만든 로컬 클래스 'lcl_event_handler'를 사용할 수 있도록 하는 것이죠. 세 가지 과정을 거쳐야 합니다. 제일 먼저 'lcl_event_handler'를 참조하는 객체를 선언해야 합니다. 두 번째는 선언한 객체를 생성(CREATE OBJECT)해야 하죠. 보통의 클래스는 여기까지 하면 됩니다. 그런데 이번에 우리가 만든 클래스는 이벤트 핸들러 클래스입니다. 그래서 한 단계가 더 있습니다. 이벤트 핸들러 메서드를 등록해야 합니다. 클래스를 생성하고 이벤트 핸들러 메서드를 등록하는 것은 ABAP T코스의 네 번째 스텝에 코딩하면 됩니다.

객체 선언

```
DATA: g_event_handler     TYPE REF TO lcl_event_handler.
```

클래스 생성

```
CREATE OBJECT g_event_handler.
```

이벤트 핸들러 메서드 등록

```
SET HANDLER g_event_handler->handle_toolbar        FOR g_grid.
```

　지금까지의 과정을 한 마디로 정리하면 두 객체 간의 메시지 교환이라 할 수 있습니다. 하나는 SAP가 만든 글로벌 클래스를 참조한 객체이고, 나머지 하나는 우리가 직접 만든 로컬 클래스를 참조한 객체입니다. 그림으로 정리해 보면 다음과 같습니다.

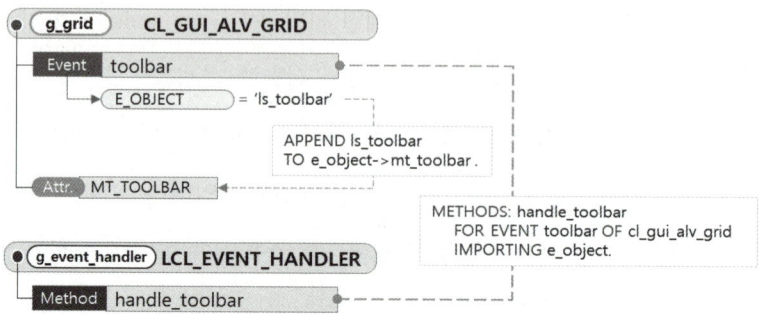

여기까지 잘 따라오셨다면, 활성화(Activate) 후에 프로그램을 실행해 보세요. 보이지 않던 버튼이 하나 만들어졌다면 성공하신 겁니다.

d 버튼 추가하기

버튼을 추가할 수 있게 되었습니다. 나중에 사용하기 위해 몇 개의 버튼을 더 추가해 보겠습니다. 라인을 추가하는 버튼을 넣었으니 쌍으로 삭제하는 버튼도 필요합니다. 그리고 추가, 삭제만 할 게 아니라 만들어 둔 정보를 수정할 수도 있을 겁니다. '삭제'와 '수정' 버튼을 추가해 보겠습니다. 그리고 생각해 보니 원래 ALV 툴바가 제공하는 버튼들과 내가 직접 만든 버튼이 분리되어 보였으면 좋겠습니다. 버튼 타입 기억나시죠. 타입 중에 '분리자(Separator)' 속성이 있습니다. '분리자'도 하나 추가해 보겠습니다. 순서가 '분리자', '추가', '수정', '삭제'가 되겠네요. 분리자는 'ADD' 버튼 앞에, 나머지 두 버튼은 뒤에 추가해 보겠습니다. 코드는 이렇게 됩니다.

분리자, 수정, 삭제 버튼 추가하기

```
METHOD : handle_toolbar.
  DATA: ls_toolbar  TYPE stb_button.

  CLEAR ls_toolbar.
  ls_toolbar-function   = 'SEP'.
  ls_toolbar-butn_type  = '3'. " 분리자
  APPEND ls_toolbar TO e_object->mt_toolbar.

  CLEAR ls_toolbar.
  ls_toolbar-function   = 'ADD'.
  ls_toolbar-butn_type  = '0'.
  ls_toolbar-icon       = '@17@'. " Icon ID 사용
  ls_toolbar-quickinfo  = 'Add rows'.
  ls_toolbar-text       = 'Add'.
  APPEND ls_toolbar     TO e_object->mt_toolbar.

  CLEAR ls_toolbar.
  ls_toolbar-function   = 'CHG'.
  ls_toolbar-icon       = icon_change.
  ls_toolbar-quickinfo  = 'Change'.
  APPEND ls_toolbar     TO e_object->mt_toolbar.

  CLEAR ls_toolbar.
  ls_toolbar-function   = 'DEL'.
  ls_toolbar-icon       = icon_delete_row.
  ls_toolbar-quickinfo  = 'Delete rows'.
  ls_toolbar-disabled   = 'X'.  " 사용불가(Deemed) 처리
  APPEND ls_toolbar     TO e_object->mt_toolbar.
ENDMETHOD.                     "handle_toolbar
```

프로그램을 실행해 보겠습니다. 표시된 부분이 나타났습니다.

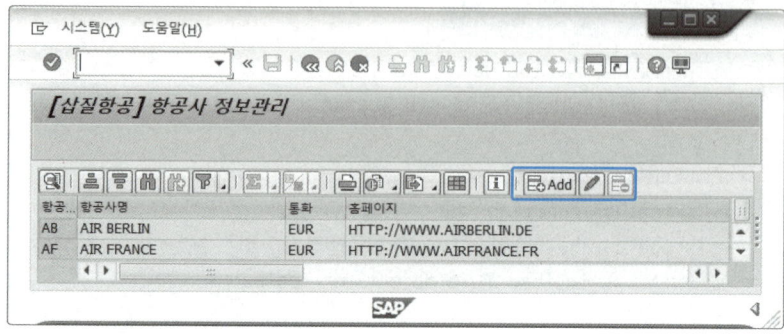

박스 부분을 확대해 보겠습니다.

실제 버튼 3개와 분리자(Separator)까지 확인할 수 있습니다. 소스코드
에서 분리자는 'butn_type'이 '3'입니다. 두 번째 '추가(ADD)' 버튼에는
텍스트를 추가해 줬습니다. 마지막 삭제(DEL) 버튼은 'disabled'에 'X'
값을 설정해 '사용불가' 상태로 만들었습니다.

조금 더
파보자

버튼도 간단하지 않아요

삽질을 하다 보면 툴바(Toolbar)도 여러 가지가 있다는 것을 알게 됩니다. 세 가지 유형이 있는데 제일 위부터 표준 툴바(Standard Toolbar), 어플리케이션 툴바(Application Toolbar), 객체 툴바(Object Toolbar)라고 부릅니다.

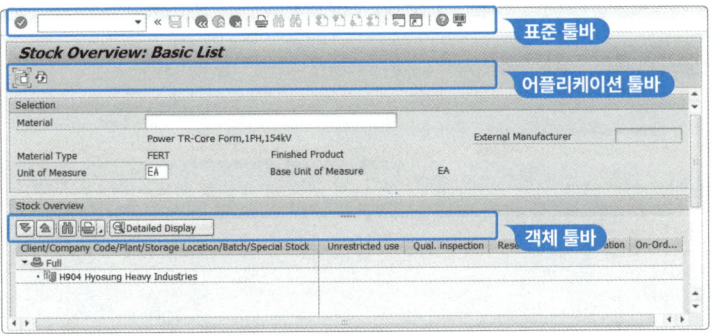

프로그램을 할 때 세 가지 유형은 잘 구분해서 사용해야 합니다. 표준 툴바는 SAP 표준에서 정해 놓은 버튼만을 활성화해서 사용할 수 있습니다. 지금까지 '뒤로(BACK)', '취소(CANC)', '탈출(EXIT)'을 설정해왔습니다. 이제 곧 '저장(SAVE)' 버튼을 사용해 볼 겁니다. 표준 툴바는 명확히 구분되기 때문에 실수할 일은 없습니다. 헷갈리는 것은 나머지 두 유형의 툴바입니다. 어떤 것을 사용해도 대부분 크게 문제가 없기 때문

입니다. 차이는 한 화면에 여러 객체가 동시에 사용될 때 나타납니다. 만약 한 화면에 두 개의 ALV Grid가 존재한다면 각각의 ALV Grid를 제어하기 위한 버튼은 각각의 ALV Grid 객체 툴바에 넣어 줘야 합니다. 어플리케이션 툴바에는 해당 화면에 있는 모든 객체에 영향을 주는 버튼만 넣어야 합니다.

버튼의 유형을 살펴보려면 앞에서 살펴본 STB_BUTTON 구조체의 BUTN_TYPE의 타입 TB_BTYPE을 더블클릭❶합니다. 그러면 TB_BTYPE 데이터 엘리먼트(데이터 요소)로 이동하고 TB_BTYPE 도메인을 더블클릭❷합니다. 그리고 TB_BTYPE의 [Value Range] 탭을 선택❸하면 ❹번과 같이 버튼 타입의 옵션을 확인할 수 있습니다.

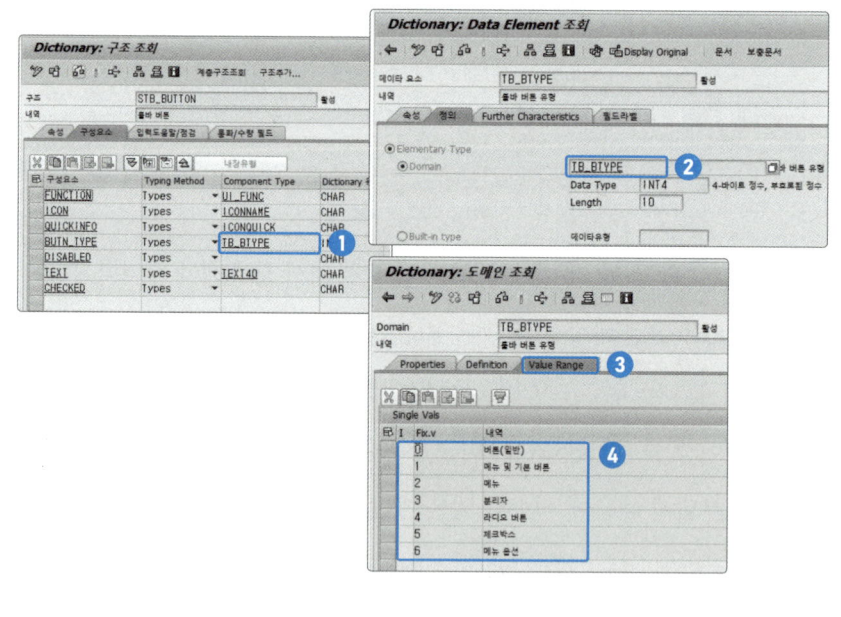

앞에서 버튼 타입 0번의 일반 버튼과 3번 분리자는 추가해 보았고, 4번의 라디오 버튼과 5번의 체크박스 버튼은 실제로 사용되지 않기에 1번 메뉴 및 기본 버튼과 2번 메뉴 버튼에 대해 추가로 살펴보겠습니다. 1번과 2번 타입의 버튼을 추가하려면 handle_toolbar 메소드외에 추가로 handle_on_menu_button 메소드를 추가로 구현해 줘야 합니다. 다음과 같이 구현을 하고 SET HANDLER를 이용하여 handle_on_menu_button 이벤트도 등록합니다.

로컬 클래스 선언 및 구현

```
CLASS lcl_event_handler DEFINITION.
  PUBLIC SECTION.
    METHODS handle_toolbar
      FOR EVENT toolbar OF cl_gui_alv_grid
      IMPORTING e_object e_interactive.

    METHODS handle_on_menu_button
      FOR EVENT menu_button OF cl_gui_alv_grid
      IMPORTING e_object e_ucomm.
ENDCLASS.

CLASS lcl_event_handler IMPLEMENTATION.
  METHOD handle_on_menu_button.
    DATA: lv_menu_text TYPE gui_text.
    CASE e_ucomm.
      WHEN 'DELETE1'.
        lv_menu_text = 'LINE DELETE'.
        e_object->add_function(
          EXPORTING
            fcode = 'LINE_DEL'
            icon  = '@01@'
            text  = lv_menu_text
```

```
      ).
   lv_menu_text = 'ALL DELETE'.
   e_object->add_function(
     EXPORTING
       fcode = 'ALL_DEL'
       text  = lv_menu_text
       ).
       lv_menu_text = 'NO DELETE'.
       e_object->add_function(
         EXPORTING
           fcode = 'NO_DEL'
           text  = lv_menu_text
         ).


   WHEN 'INSERT2'.
     lv_menu_text = 'LINE INSERT'.
     e_object->add_function(
       EXPORTING
         fcode = 'LINE_INS'
         text  = lv_menu_text
       ).
       lv_menu_text = 'ALL INSERT'.
       e_object->add_function(
         EXPORTING
           fcode = 'ALL_INS'
           text  = lv_menu_text
         ).
       lv_menu_text = 'NO INSERT'.
       e_object->add_function(
         EXPORTING
           fcode = 'NO_INS'
           text  = lv_menu_text
         ).
   ENDCASE.
```

```
    ENDMETHOD.

  METHOD : handle_toolbar.
    DATA: ls_toolbar   TYPE stb_button.
    CLEAR ls_toolbar.
    ls_toolbar-function  = 'DELETE1'.
    ls_toolbar-icon      = icon_delete_row.
    ls_toolbar-quickinfo = 'DELETE1'.
    ls_toolbar-text      = 'DELETE1'.
    ls_toolbar-BUTN_TYPE = 1.
    ls_toolbar-disabled  = ' '.
    APPEND ls_toolbar    TO e_object->mt_toolbar.

    CLEAR ls_toolbar.
    ls_toolbar-function  = 'INSERT2'.
    ls_toolbar-icon      = icon_insert_row.
    ls_toolbar-quickinfo = 'INSERT2'.
    ls_toolbar-text      = 'INSERT2'.
    ls_toolbar-BUTN_TYPE = 2.
    ls_toolbar-disabled  = ' '.
    APPEND ls_toolbar    TO e_object->mt_toolbar.
  ENDMETHOD.
ENDCLASS
```

이벤트 핸들러 메서드 등록

```
  CREATE OBJECT g_event_handler.
  SET HANDLER g_event_handler->handle_toolbar     FOR g_grid.
  SET HANDLER g_event_handler->handle_on_menu_button
                                          FOR g_grid.
```

결과는 아래와 같습니다. 'DELETE1' 버튼은 1번 타입이며, 버튼과 메뉴가 함께 있습니다. 'DELETE1'의 박스로 표시된 구분자(|) 왼쪽은 버튼이고 오른쪽은 메뉴로 구성되어 있습니다. 그리고 'INSERT2' 버튼은 2번 타입이며, 버튼 기능은 없고 메뉴로 작동합니다. 구분자가 없으며, 왼쪽을 누르던 오른쪽을 누르던 동일하게 메뉴가 나타납니다.

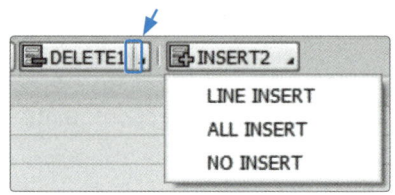

참고로 4번 타입 라디오 버튼은 아래 그림의 'cg1'과 'cg2'이며 그룹으로 묶여져 있으며, 그 중 1개만 선택 가능합니다. 5번 타입 체크박스는 아래 'check' 버튼이며 각 버튼이 on/off로 선택과 비선택으로 되어집니다. 실제 사용되진 않아서 소스코드는 생략하겠습니다.

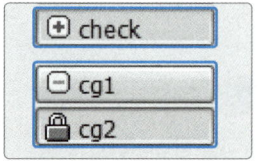

2 버튼 기능 구현하기

만들어진 버튼을 한번 눌러 보세요. 사용불가 상태로 만든 삭제 버튼을 제외하고 나머지 2개의 버튼은 클릭하면 눌러집니다. 하지만 아무런 동작을 하지 않습니다. 버튼만 만들었지 해당 버튼을 눌렀을 때 어떤 일을 하라고 알려주지 않았으니까요. 데이터 추가, 수정, 삭제 버튼의 기능은 어디에 넣어야 할까요? 버튼의 기능이 언제 수행되어야 되는지 생각해 보면 답은 간단합니다. 다시 이벤트죠. 이벤트에 뭔가를 해주려면 제일 먼저 뭘 찾아야 했나요? 'cl_gui_alv_grid' 클래스에서 적합한 이벤트를 찾아야죠.

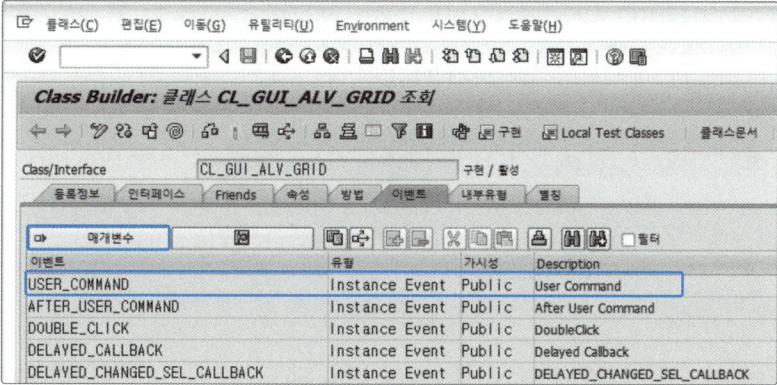

클래스 빌더(SE24)에서 'user_command' 이벤트를 선택하고 매개변수 버튼을 클릭해 파라미터(Parameters)를 확인합니다.

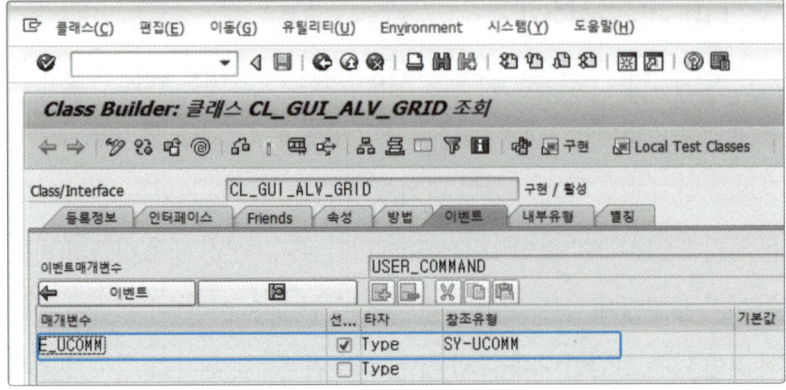

파라미터가 하나뿐이네요. 'e_ucomm'이 참조하는 유형을 보니 'sy-ucomm'입니다. 낯이 익으시죠. ABAP 1권에서 봤던 시스템 필드입니다. 파라미터까지 확인했으니 이벤트 핸들러 클래스에 'handle_use_command' 메서드를 추가하겠습니다.

클래스 정의(Definition)에 이벤트 핸들러 메서드 정의하기

```
METHODS:  handle_user_command
    FOR EVENT user_command OF cl_gui_alv_grid
    IMPORTING e_ucomm.
```

메서드를 정의(Definition)했으면 구현(Implementation)도 해야 합니다. 구현부에는 실제로 버튼을 눌렀을 때 수행되어야 할 사항을 코딩해야 합니다. 각 버튼의 기능이 다르니 각 버튼별로 소스 코딩을 해야 합니다.

클래스 구현(Implementation)에 이벤트 핸들러 메서드 구현하기

```abap
METHOD handle_user_command.
*** 변수 선언하는 부분
    CASE e_ucomm.
      WHEN 'ADD'.
*** 추가 버튼 기능
      WHEN 'CHG'.
*** 수정 버튼 기능
      WHEN 'DEL'.
*** 삭제 버튼 기능
    ENDCASE.
  ENDMETHOD.
```

구현부에 'handle_user_command' 메서드를 추가합니다. 그리고 내부
에 'CASE'문을 사용하겠습니다.

조금 더
파보자

여러 조건문 사용법

ABAP에서 조건문으로 많이 사용되는 것은 세 가지가 있습니다. If ~ else 문, Check 문, Case 문입니다. 이것들은 프로그램의 흐름을 조건에 따라 분기할 때 사용합니다. 각 사용법에 대해 간단히 살펴보겠습니다.

- **IF ~ ELSE 문:**

  - IF 조건1: 조건1이 참이면 실행

  - ELSEIF 조건2: 조건1이 거짓이고 조건2가 참이면 실행(ELSEIF의 다른 조건은 계속 추가 가능)

  - ELSE: 앞의 모든 조건(여기서는 조건1과 조건2)이 거짓이면 실행

IF ~ ELSE 문 사용 방법

```
IF 조건1.
  " 조건1이 참일 때 실행
ELSEIF 조건2.
  " 조건2가 참일 때 실행
ELSE.
  " 모든 조건이 거짓일 때 실행
ENDIF.
```

IF ~ ELSE 문 예제

```
DATA lv_age TYPE i.
IF lv_age < 13.
  WRITE: '어린이입니다.'.
ELSEIF lv_age < 20.
  WRITE: '청소년입니다.'.
ELSE.
  WRITE: '성인입니다.'.
ENDIF.
```

■ CHECK 문

IF~ELSE처럼 여러 조건을 사용하지 못하고 1가지 조건만 체크할 경우에는 CHECK 문을 사용합니다. CHECK 문이 참이면 다음 문장 이후를 계속 실행하고 거짓일 경우 해당 서브 루틴을 실행하지 않습니다. 아래에서 1개의 단가를 구할 때, 합계 / 수량으로 계산을 할 경우 수량이 0일 경우 0으로 나눌 수 없어 덤프가 발생합니다. 덤프를 방지하기 위해 AMT(수량)가 0이 아닐 경우에만 1개 단가를 구하도록 합니다.

CHECK 문 사용 방법

```
CHECK 조건1.
  " 조건1이 참일 때 실행
```

CHECK 문 예제

```
FORM check_zero.
  CHECK AMT NE 0.
  NETPR = TOTAL / AMT. "1개 단가 = 합계금액 / 수량
ENDFORM.
```

■ CASE 문

CASE 문은 하나의 값에 따라 분기할 때 사용합니다. IF~ELSE 문보다 코드가 깔끔하고 가독성이 좋습니다. 'A', 'B' 'C'와 그 외 같이 1개의 값을 설정할 수 있으며, ' grade > 10'와 같이 범위를 사용할 수 없습니다.

CASE 문 사용 방법

```
CASE 변수.
  WHEN 값1.
    " 값1일 때 실행
  WHEN 값2.
    " 값2일 때 실행
  WHEN OTHERS.
    " 그 외의 값
ENDCASE.
```

CASE 문 예제

```
DATA lv_grade TYPE c VALUE 'B'.
CASE lv_grade.
  WHEN 'A'.
    WRITE: '우수'.
  WHEN 'B'.
    WRITE: '양호'.
  WHEN 'C'.
    WRITE: '보통'.
  WHEN OTHERS.
    WRITE: '미흡'.
ENDCASE.
```

각 버튼의 FUNCTION Name으로 분기 조건을 잡아 소스 코딩하겠습니다. '추가' 버튼부터 시작해 볼게요.

🅐 [추가] 버튼 기능 넣기

[추가(ADD)] 버튼을 클릭하면 두 가지를 해야 합니다. 첫째, ALV Grid 객체를 조회(Display) 모드에서 편집(Editable) 모드로 바꿔 줘야 합니다. 이건 비교적 간단합니다. 메서드 하나만 호출하면 되니까요. 먼저 지금 상태가 조회 모드인지 수정 모드인지 확인합니다. 'is_ready_for_input' 속성(Attribute) 값을 체크해서 값이 '0'이면 조회 모드이고 '1'이면 수정 모드이니 '0'인 경우 수정 모드로 변경하는 메서드인 'set_ready_for_input' 메서드를 호출해 'i_ready_for_input'에 '1'을 지정합니다.

편집(Editable) 모드로 전환하기

```
WHEN 'ADD'.
*** ALV Grid 객체 전체를 조회 모드에서 편집 모드(Editable)로 전환
      IF g_grid->is_ready_for_input( ) EQ 0.
        CALL METHOD g_grid->set_ready_for_input
          EXPORTING
            i_ready_for_input = 1.
      ENDIF.
```

프로그램을 실행한 후 [추가(Add, 🔾Add)] 버튼을 클릭합니다. 아무런 변화가 없습니다. 한 가지 빠뜨린 일이 있기 때문입니다. 새로 만든 이벤트 핸들러 메서드 'handle_user_command'를 등록하지 않았습니다. 툴

바 이벤트 핸들러 메서드 아래에 다음과 같이 등록합니다.

이벤트 핸들러 메서드 등록하기

```
*** 이벤트 핸들러 등록
SET HANDLER g_event_handler->handle_toolbar        FOR g_grid.
SET HANDLER g_event_handler->handle_user_command  FOR g_grid.
```

프로그램을 다시 실행해 [추가(Add, 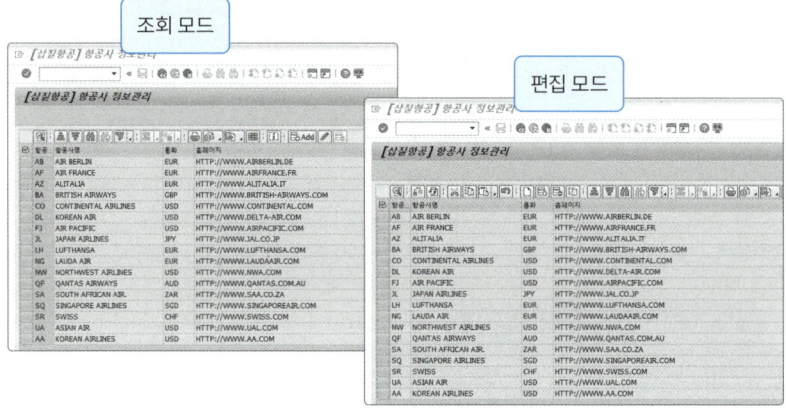)] 버튼을 클릭합니다.

조회(Display) 모드와 편집(Editable) 모드의 미묘한 차이가 느껴지시나요? 가장 크게 눈에 띄는 부분은 툴바에 포함된 버튼의 개수가 늘어난 것입니다. 조회만 할 때 필요한 버튼과 추가, 수정 및 삭제를 해야 할 때 필요한 버튼의 수가 다른 것이죠. 그리고 항공사ID 필드의 색깔이 바뀐 것이 보이네요. 해야 할 두 가지 중에 하나는 됐습니다.

두 번째 할 일은 데이터를 입력할 새로운 라인을 추가하는 것입니다. 먼저 라인을 하나 추가하고 추가된 라인을 포함해 ALV Grid 리스트를 다시 조회해 보겠습니다.

> **라인 추가하고 리스트 다시 보여 주기**
>
> ```
> APPEND gs_zscarr TO gt_zscarr.
> CALL METHOD g_grid->refresh_table_display.
> ```

'gt_zscarr' 내부 테이블(Internal table)에 동일한 필드를 가진 'gs_zscarr' 을 데이터가 빈 상태로 추가하면 됩니다. 그리고 ALV Grid 리스트를 다시 조회하기 위해 'refresh_table_display' 메서드를 호출해 줍니다. 여기까지 했으면 다시 프로그램을 실행해 보세요.

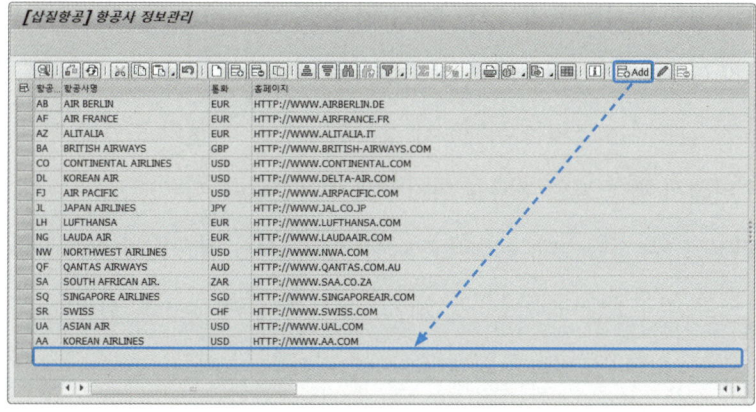

[추가(Add, ⊞Add)] 버튼을 클릭하면 라인 한 줄이 추가되기는 했는데, 입력 가능한 상태가 아닙니다. 남은 일은 각 필드가 더해지면서 입력 가능한 상태가 되도록 하는 것입니다. 이 부분이 제일 어렵습니다. 개념적으로 먼저 접근해보겠습니다.

필드 추가

CARRID	CARRNAME	CURRCODE	URL	STYLE
AA	American Airline	USD	http://www....	
AB	Air Berlin	EUR	http://www....	

라인 추가 ➤

셀(Cell)

출력 화면에 보여지는 데이터를 가지고 있는 내부 테이블 'gt_zcarr'의 필드에 데이터를 보면 'CARRID' 필드부터 4개의 필드에 값이 들어가 있습니다. 모두 조회(Display) 모드이죠. 그리고 마지막 줄에 추가된 라인도 데이터가 빈 상태이지만 처음에는 조회(Display) 모드입니다. ALV Grid 객체는 수정(Editable)으로 변경되었지만 셀(Cell)이라 불리는 각 필드에는 조치를 취해주지 않았으니까요. 각 셀의 모드를 제어하기 위해서 제어 필드 하나를 마지막에 추가합니다. 제어 필드의 이름은 'STYLE'로 정했습니다. 그리고 나서 'carrname' 필드를 수정(Editable) 모드로 바꾸겠습니다. 추가된 'style' 필드를 통해 제어해 줍니다. 추가된 라인의 스타일 필드를 확대해 보겠습니다.

CARRID	00000000	00000000	00000000	0
CARRNAME	**00080000**	00000000	00000000	0
CURRCODE	00000000	00000000	00000000	0
URL	00000000	00000000	00000000	0

테이블 구조이고 첫 번째 필드가 4개의 데이터 필드를 가지고 있습니

다. 그리고 오른쪽에 4개의 값을 가진 필드가 있습니다. 각 필드별로 스타일에 관련된 4개의 설정을 할 수 있다 정도로 해석하면 됩니다. 그 중에서 조회와 수정 모드를 결정하는 것은 두 번째 필드입니다. 각 필드별로 조회와 수정 모드를 결정하는데 값이 '00000000'이면 조회 모드이고, 값이 '00080000'이면 수정(Editable) 모드가 됩니다. 마지막 줄의 'carrname' 필드만 수정(Editable) 모드로 바꿨습니다. 작동 원리는 이해하셨죠? 이제 코딩을 해보겠습니다. 앞서 필드의 이름을 지정했었죠. 그때 필드 카탈로그(Fieldcatalog)라는 'g_grid' 객체의 'set_table_for_first_display' 메서드의 매개변수(Parameter) 중 하나인 'it_fieldcatalog'를 활용했었습니다. 이번에는 'ls_layout' 매개변수(Parameter)를 사용합니다.

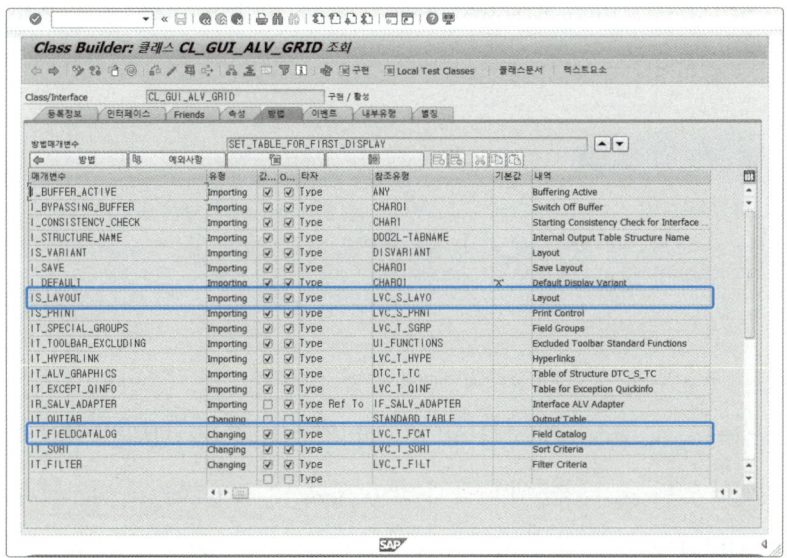

일단 'lvc_s_layo' 유형의 변수가 있어야 할 것 같습니다. 'ls_layout'을
선언합니다.

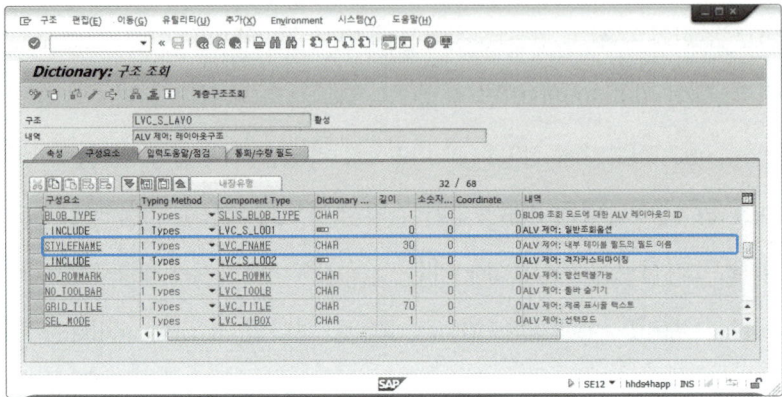

그리고 하나 더 정의해야 할 것이 'stylename'입니다. 추가해 줄 스타
일 필드의 이름을 정하는 겁니다.

ls_layout 선언

```
*** Layout
DATA : ls_layout    TYPE lvc_s_layo.
ls_layout-stylefname = 'STYLE'.
```

그 다음으로 내부 테이블(Internal table) 'gt_zscarr'이 참조하는 구조체
(Structure) 'gs_zscarr'에 방금 정의한 스타일 필드를 추가합니다. 원래 정
의되어 있던 'gs_zscarr'에 다음과 같이 'style' 필드만 추가로 정의해 주
면 됩니다.

'gs_zscarr'에 'style' 필드 추가

```
DATA : BEGIN OF gs_zscarr.
         INCLUDE TYPE zscarr.
DATA: style TYPE lvc_t_styl.
DATA : END OF gs_zscarr.
```

그 다음은 'lvc_t_styl' 유형의 'style'에 값을 넣어 줘야 합니다. 값을 넣어 주기 위한 임시 저장소가 될 내부 테이블(Internal table)과 구조체(Structure)를 먼저 정의해 줘야 합니다.

'style' 값을 만들기 위한 구조체와 내부 테이블 정의

```
DATA: ls_edit TYPE lvc_s_styl,
      lt_edit LIKE TABLE OF ls_edit.
```

정의한 구조체와 내부 테이블을 이용해 수정(Editable) 모드 변경을 해 보겠습니다. 어떤 값을 넣어야 할지 알아보기 위해 참조 유형인 'lvc_s_styl'을 딕셔너리(SE11)에서 조회합니다. 총 6개의 필드가 있지만 필드를 수정 모드로 바꾸는 데는 표시된 2개의 필드만 필요합니다. 'fieldname'에는 수정 모드로 바꿀 필드명을 넣어 줍니다. 그리고 두 번째의 'style'에는 '수정 가능'이라는 표시를 해 주면 됩니다.

구조	LVC_S_STYL		활성				
내역	ALV 제어: 필드이름 + 스타일						

속성　구성요소　입력도움말/점검　통화/수량 필드

구성요소	Typing Method	Component Type	Dictionary ...	길이	소숫자...	Coordinate	내역
FIELDNAME	1 Types	▼ LVC_FNAME	CHAR	30	0	0	ALV 제어: 내부 테이블 필드의 필드 이름
STYLE	1 Types	▼ LVC_STYLE	RAW	4	0	0	ALV 제어: 스타일
STYLE2	1 Types	▼ LVC_STYLE	RAW	4	0	0	ALV 제어: 스타일
STYLE3	1 Types	▼ LVC_STYLE	RAW	4	0	0	ALV 제어: 스타일
STYLE4	1 Types	▼ LVC_STYLE	RAW	4	0	0	ALV 제어: 스타일
MAXLEN	1 Types	▼ INT4	INT4	10	0	0	4바이트 부호 있는 정수

1 / 6

변경해 보겠습니다. 앞서 공부한 필드 카탈로그(Fieldcatalog) 설정과
유사합니다.

수정(Editable) 모드 처리

```
CLEAR ls_edit.
ls_edit-fieldname = 'CARRNAME'.
ls_edit-style = cl_gui_alv_grid=>mc_style_enabled.
APPEND ls_edit TO lt_edit.
```

수정 모드로 바꿀 필드 이름은 'carrname'이므로 'ls_edit-fieldname'
에 넣어 줍니다. '수정가능'이라는 표시는 'ls_edit-style'에 넣어주는 데
조금 새로운 문법입니다. 일단 보이는 대로 'cl_gui_alv_grid' 클래스를
조회해 속성(Attribute) 탭으로 가보겠습니다.

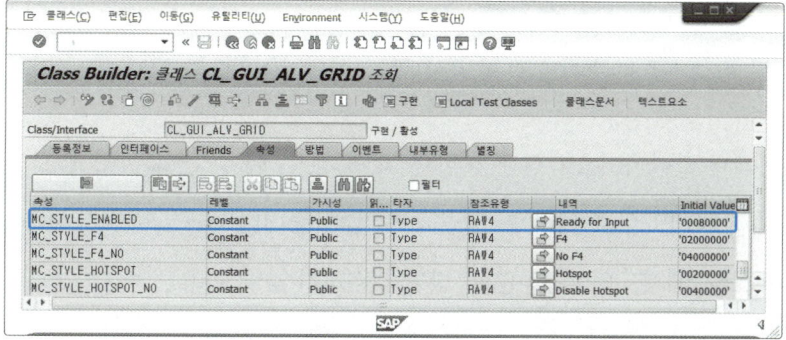

'mc_style_enabled' 속성을 찾아보니 상수(Constant)입니다. 그래서 정적(Static) 변수와 유사하게 객체를 통하지 않고 클래스에서 직접 접근(=>)했습니다. 그리고 이 변수의 역할은 '입력가능(Ready for Input)'임을 알려 주고 있고, 실제 값은 '00080000'임을 알 수 있습니다. 이제 만들어진 값을 'gs_zscarr-style'에 넣어 줍니다. 이제 '추가(Add, [🖎Add])' 버튼을 클릭할 때 새로운 라인이 하나 생기면서 'carrname' 필드는 입력가능 상태로 나타나게 됩니다. 버튼을 누를 때 일어나야 되는 일이므로 이 부분은 'handle_user_command' 이벤트 핸들러 메서드 내부에 코딩합니다.

입력 가능 필드를 포함한 새로운 라인 추가

```
gs_zscarr-style = lt_edit.
APPEND gs_zscarr TO gt_zscarr.
```

추가로 변경된 ALV Grid 리스트를 갱신해 주는 'refresh_table_display' 메서드를 호출합니다.

ALV Grid 리스트 갱신하기

```
CALL METHOD g_grid->refresh_table_display.
```

이제 끝났을까요? 실행을 한번 해 보세요. 아무 변화가 없을 것입니다. 마지막으로 해야 할 일을 하지 않았습니다. 'set_table_for_first_display' 메서드의 파라미터에 값을 지정하지 않았습니다.

'set_table_for_first_display' 메서드에 'ls_layout' 파라미터 반영

```
CALL METHOD g_grid->set_table_for_first_display
  EXPORTING
    i_structure_name = 'zscarr'
    is_layout        = ls_layout
  CHANGING
    it_fieldcatalog  = gt_fieldcat
    it_outtab        = gt_zscarr[].
```

다시 프로그램을 수행합니다.

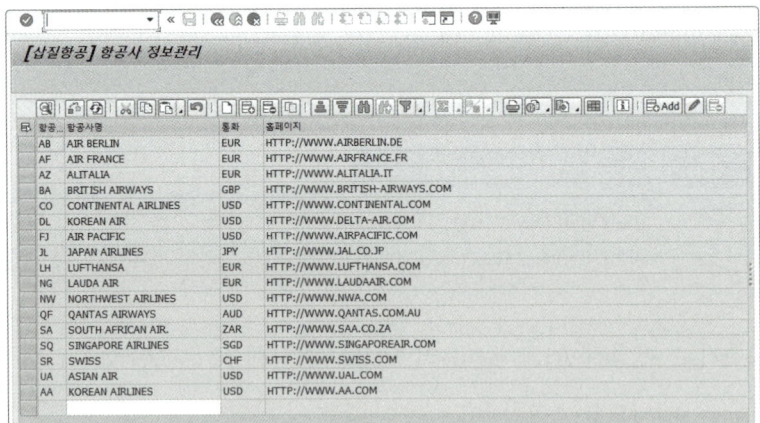

이번에는 '항공사명(CARRNAME)' 필드가 수정 가능하게 열려 있음을 확인할 수 있습니다. 새로운 값을 입력하려면 전체 필드가 모두 입력 가능해야 항공사 정보를 제대로 넣을 수 있습니다. 4개 필드가 모두 입력 가능하게 해주기 위해 나머지 세 필드도 다음과 같이 설정을 해주겠습니다.

전체 필드 수정(Editable) 모드 처리

```abap
CLEAR ls_edit.
ls_edit-fieldname = 'CARRID'.
ls_edit-style = cl_gui_alv_grid=>mc_style_enabled.
APPEND ls_edit TO lt_edit.

CLEAR ls_edit.
ls_edit-fieldname = 'CARRNAME'.
ls_edit-style = cl_gui_alv_grid=>mc_style_enabled.
APPEND ls_edit TO lt_edit.

CLEAR ls_edit.
ls_edit-fieldname = 'CURRCODE'.
ls_edit-style = cl_gui_alv_grid=>mc_style_enabled.
APPEND ls_edit TO lt_edit.

CLEAR ls_edit.
ls_edit-fieldname = 'URL'.
ls_edit-style = cl_gui_alv_grid=>mc_style_enabled.
APPEND ls_edit TO lt_edit.
```

다시 프로그램을 실행해 보면 4개 필드가 모두 입력가능 상태로 바뀌었음을 확인할 수 있습니다. 험한 길을 건너온 것 같지만 이제 겨우 버튼 하나를 구현했을 뿐입니다.

b 변경 버튼 구현하기

두 번째인 데이터 '변경(CHG, ✐)' 버튼을 구현해 보죠. 변경은 기본적인 메커니즘이 '추가(ADD, 🗐Add)' 버튼과 동일합니다.

CARRID	CARRNAME	CURRCODE	URL	STYLE
AA	American Airline	USD	http://www....	
AB	Air Berlin	EUR	http://www....	
AF	Air France	EUR	http://www....	

단지 한 가지 차이점은 추가의 경우 데이터의 가장 아래에 입력 가능한 새로운 라인을 추가하는 것이지만, 변경은 변경을 원하는 데이터의 라인을 선택해 수정할 필드를 입력 가능하게 해 줘야 하는 점이 다를 뿐입니다. 따라서 로직이 추가되어야 할 부분도 제한적입니다. 이벤트 핸들러 메서드 'handle_user_command'의 '변경(CHG, ✐)' 버튼 수행 로직만 추가해 주고 필요한 변수만 선언해 주면 됩니다. 그러려면 선택된 라인을 식별해야 합니다. 'cl_gui_alv_grid' 테이블에서 'get_selected_rows' 메서드를 찾아봅니다.

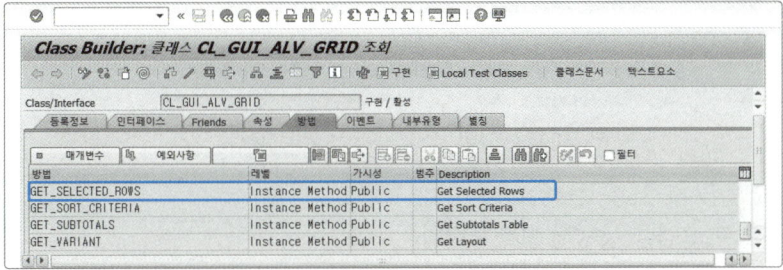

매개변수(Parameter)를 확인해 봅니다. 2개의 매개변수가 보입니다. 둘 중에서 우리가 필요한 것은 'et_index_rows'입니다.

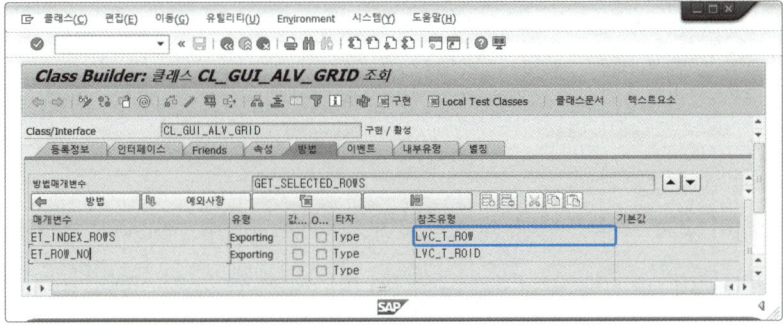

참조 유형이 'lvc_t_row'입니다. 임시 저장소인 내부 테이블(Internal table)과 구조체(Structure)를 선언해야겠지요.

선택된 라인 정보 가져오기

```
DATA: lt_selected_rows TYPE lvc_t_row,
      ls_selected_rows TYPE lvc_s_row.
```

'get_selected_rows' 메서드를 호출합니다.

선택된 라인 정보 가져오기

```
CALL METHOD g_grid->get_selected_rows
  IMPORTING
    et_index_rows = lt_selected_rows.
```

프로그램을 실행해 보겠습니다.

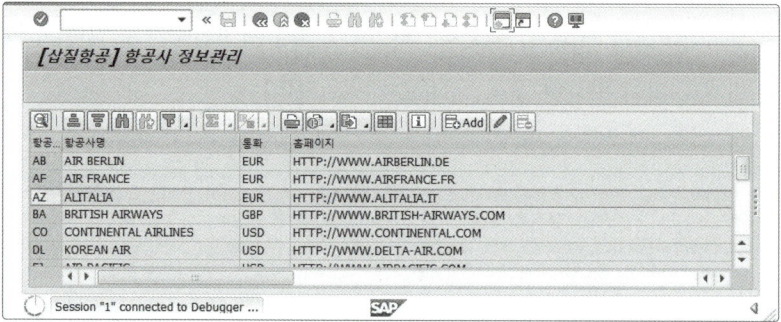

디버깅 모드에서 실행 결과를 보면 'lt_selected_rows-index' 값에 선택 라인이 몇 번째 줄인지를 보여 줍니다. 세 번째 줄을 선택했으므로 '0000000003'이 표시됩니다.

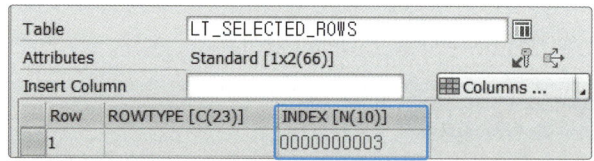

지금은 라인이 하나씩만 선택되실 겁니다. 그런데 여러 라인을 한꺼번에 수정하고 싶을 때가 있습니다. 그때 라인을 하나 잡아서 입력 가능하

게 만든 후 수정하고, 다시 다른 라인을 수정하는 일을 반복한다면 짜
증나겠죠. 그래서 여러 라인을 한꺼번에 선택할 수 있는 옵션이 'layout'
에 있습니다. 마지막 줄에 다음과 같이 한 줄을 추가해주세요.

선택된 라인 정보 가져오기

```
DATA : ls_layout    TYPE lvc_s_layo.
ls_layout-stylefname = 'STYLE'.
ls_layout-sel_mode = 'A'.
```

실행해 보면 가장 왼쪽에 선택 탭(Selection tab)이 나타났을 겁니다. 그
리고 여러 라인을 한꺼번에 선택할 수 있습니다. [Ctrl]을 누르고 선택하
면 연속되지 않은 라인도 한꺼번에 지정할 수 있습니다.

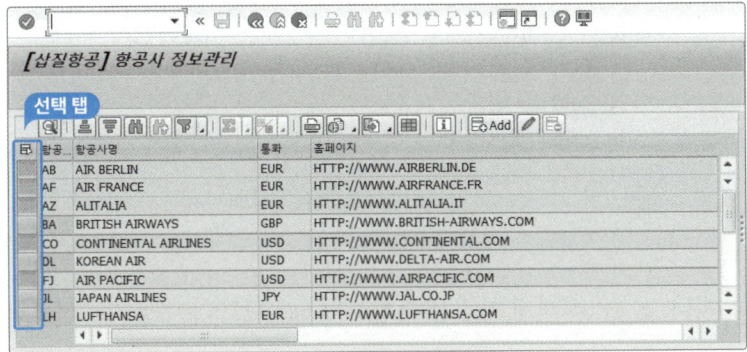

다섯 개의 라인을 한꺼번에 지정했습니다. 디버깅 모드에서 다시 결과
를 보겠습니다. 여러 라인을 선택한 상태에서 [변경(CHG, ✎)] 버튼을
클릭합니다.

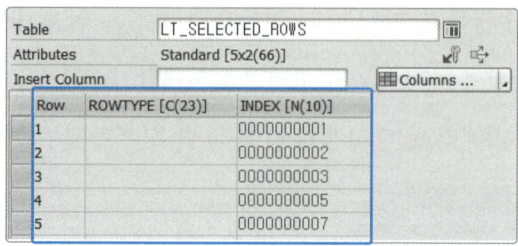

'lt_selected_rows' 테이블에 다섯 라인이 보입니다. 이제 남은 일은 지정된 라인을 'style' 필드를 이용해 입력 가능한 상태로 바꾸기만 하면 됩니다. 루프(Loop)를 돌리면서 한 라인씩 'style' 필드 값을 바꿔 주면 됩니다.

선택된 복수 라인을 입력 가능 상태로 변경

```
LOOP AT lt_selected_rows INTO ls_selected_rows.
    READ TABLE gt_zscarr ASSIGNING FIELD-SYMBOL(<fs_zscarr>)
                         INDEX ls_selected_rows-index.
    IF sy-subrc = 0.
      <fs_zscarr>-style = lt_edit.
    ENDIF.
ENDLOOP.
```

혹시나 'g_grid' 객체 자체가 수정(Editable) 모드가 아닐 수 있습니다. 로직으로 체크해 아니면 수정(Editable) 모드로 바꿔 주고 이미 수정 모드이면 'refresh_table_display' 메서드를 호출해 ALV Grid 리스트를 갱신해 줍니다. [변경(CHG, ✐)] 버튼 기능 구현을 위한 전체 코딩은 다음과 같습니다.

[변경] 버튼 전체 로직

```abap
WHEN 'CHG'.
  CALL METHOD g_grid->get_selected_rows
    IMPORTING
      et_index_rows = lt_selected_rows.
  LOOP AT lt_selected_rows INTO ls_selected_rows.
    READ TABLE gt_zscarr ASSIGNING FIELD-SYMBOL(<fs_zscarr>)
    INDEX ls_selected_rows-index.
    IF sy-subrc = 0.
      <fs_zscarr>-style = lt_edit.
    ENDIF.
  ENDLOOP.
  IF g_grid->is_ready_for_input( ) EQ 0.
    CALL METHOD g_grid->set_ready_for_input
      EXPORTING
        i_ready_for_input = 1.
  ELSE.
    CALL METHOD g_grid->refresh_table_display.
  ENDIF.
```

🇨 [삭제] 버튼 구현하기

마지막 버튼입니다. [삭제(DEL, 🗑)] 버튼을 확인해 보니 색깔이 조금 연합니다. 툴바에 버튼을 추가할 때 [삭제(DEL, 🗑)] 버튼은 사용 불가 처리를 했었지요. 먼저 그것부터 주석 처리하겠습니다.

[삭제] 버튼 활성화

```abap
CLEAR ls_toolbar.
ls_toolbar-function  = 'DEL'.
ls_toolbar-icon      = icon_delete_row.
ls_toolbar-quickinfo = 'Delete rows'.
```

```
*ls_toolbar-disabled = 'X'. "사용불가(Deemed) 처리
APPEND ls_toolbar TO e_object->mt_toolbar.
```

삭제는 데이터 변경과 거의 유사합니다. 데이터를 변경할 때 변경하고자 하는 라인 정보를 알아야 하듯이 삭제할 때도 어떤 라인을 삭제할지 알아야 합니다. 따라서 동일하게 'get_selected_rows' 메서드를 호출합니다. 삭제할 내부 테이블(Internal table)의 라인 정보를 알았습니다. 선택된 데이터만 지웁니다. 끝났을까요? 이 상태에서 다시 프로그램을 수행하면 아마도 분명히 지운 데이터가 다시 나타날 겁니다. 내부 테이블(Internal table)인 'gt_zscarr'은 임시 테이블입니다. 실제로 데이터가 저장된 장소는 딕셔너리 안에 있는 'zscarr' 테이블입니다. 그래서 삭제를 두 번 해줘야 합니다. 이렇게 해 주면 실제로 데이터는 삭제됩니다. 그런데 실제로 우리가 보고 있는 ALV Grid 리스트에 착시 현상이 생깁니다. 실제 데이터는 날아갔지만 리스트를 갱신해 주지 않으면 마치 데이터가 그대로 살아 있는 것처럼 보입니다. 'refresh_table_display' 메서드를 한번 호출해 줘서 보이는 화면에서도 지워진 데이터를 확인할 수 있도록 합니다.

[삭제] 버튼 전체 로직

```
WHEN 'DEL'.
  CALL METHOD g_grid->get_selected_rows
    IMPORTING
      et_index_rows = lt_selected_rows.

LOOP AT lt_selected_rows INTO ls_selected_rows.
```

```
READ TABLE gt_zscarr INTO DATA(ls_zscarr)
                     INDEX ls_selected_rows-index.
IF sy-subrc = 0.
  DELETE FROM zscarr WHERE carrid = ls_zscarr-carrid. "DB삭제
ENDIF.
  DELETE gt_zscarr INDEX ls_selected_rows-index. "ALV 화면 삭제
ENDLOOP.

CALL METHOD g_grid->refresh_table_display.
```

큰 틀에서 3개의 버튼 기능을 구현하는 것은 다 했습니다. 그런데 문제가 좀 있습니다. 여러 라인을 선택하고 [삭제] 버튼을 누르면, 라인번호 순서대로 1라인씩 삭제를 하도록 소스코드를 구현하였습니다. 예를들어 아래와 같이 10개의 라인이 있고 그중에서 4, 6, 7번 라인을 선택하고 [삭제] 버튼을 누르면, 4, 6, 7번 라인을 순서대로 삭제합니다.

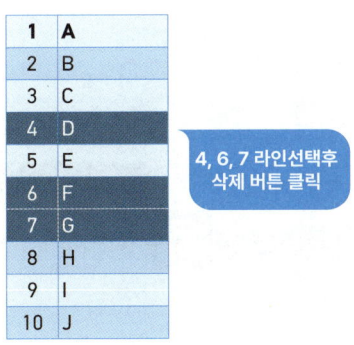

그러면 아래와 같이 처음에 4번째 라인을 삭제합니다. 그 이후에 6번 라인을 삭제하려고 하면, 4번 라인이 삭제되었기 때문에 7번 라인이 6번 라인으로 내려와서, 우리가 원했던 6번 라인의 F값이 아니라 7번 라인

127

의 G값이 삭제됩니다. 다음 7열도 마찬가지입니다.

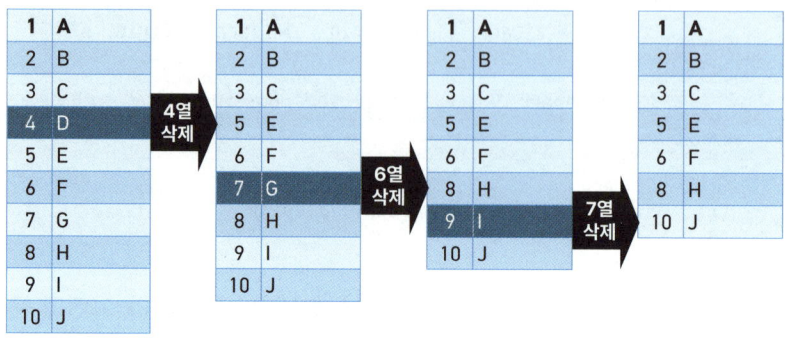

이 문제를 해결하기 위해선 선택된 라인을 역순으로 정렬한 다음 가장 마지막 라인부터 삭제를 해야 됩니다. 7번 라인을 먼저 삭제하면 4, 6번 라인은 영향을 받지 않습니다. 그리고 6번 라인을 삭제하면 4번 라인은 영향을 받지 않습니다. 그리고 4번 라인을 삭제합니다.

아래와 같이 선택된 라인을 역으로 정렬하는 문장을 추가해 로직을 완성했습니다.

[삭제] 버튼 전체 로직

```
WHEN 'DEL'.
 CALL METHOD g_grid->get_selected_rows
   IMPORTING
     et_index_rows = lt_selected_rows.

 SORT lt_selected_rows BY index DESCENDING.
 LOOP AT lt_selected_rows INTO ls_selected_rows.
   READ TABLE gt_zscarr INTO DATA(ls_zscarr)
                        INDEX ls_selected_rows-index.
   IF sy-subrc = 0.
     DELETE FROM zscarr WHERE carrid = ls_zscarr-carrid. "DB삭제
   ENDIF.
   DELETE gt_zscarr INDEX ls_selected_rows-index. "ALV 화면 삭제
 ENDLOOP.

 CALL METHOD g_grid->refresh_table_display.
```

d [저장] 버튼 만들기

각 버튼을 클릭해 데이터를 추가, 변경, 삭제를 해보세요. 삭제는 즉각 반영이 되는데 추가와 변경은 열심히 하고 나갔다 들어오면 다시 그대로입니다. 언제 추가와 변경이 끝나는지 알 수 없기 때문에 저장을 버튼 기능 안에 넣을 수 없기 때문입니다. 그래서 추가로 '저장(SAVE, 🖫)'을 만들어야 합니다. [저장(SAVE, 🖫)] 버튼은 표준 툴바에 있는 것을 활성화해 사용하겠습니다. GUI 상태(GUI Status)에서 저장 버튼을 활성화해

주겠습니다. 전생에 했던 일인가 싶으시죠?

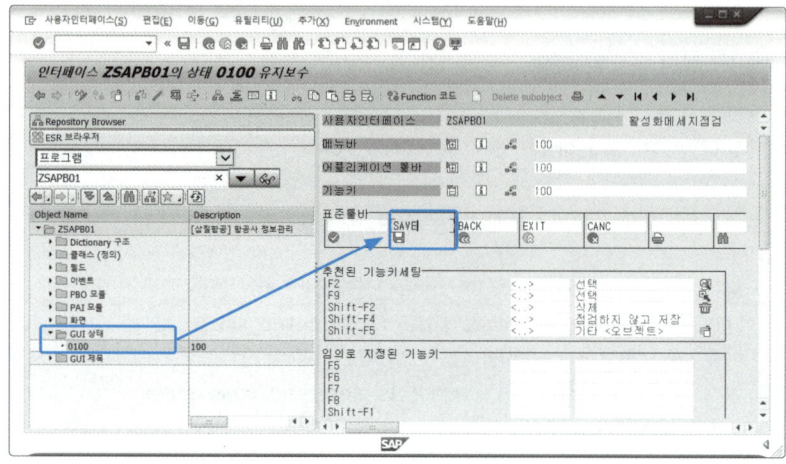

GUI 상태(GUI Status) '0100'을 더블클릭해 나타난 화면에서 표준 툴바의 🖫 버튼에 "SAVE"를 입력합니다. 버튼을 활성화했으니 해당 버튼을 클릭할 때 수행할 로직을 정의해야 합니다. 저장이라는 행위는 언제 일어나야 하나요? 결과 화면에 ALV Grid 리스트가 나타나고 추가나 변경을 한 이후에 합니다. 결과 화면인 '100'번 스크린의 PAI에 로직이 들어가야 하겠죠. 이 말이 이해가 안 가신다면 ABAP 1권을 다시 읽어야 합니다. PAI로 갑니다.

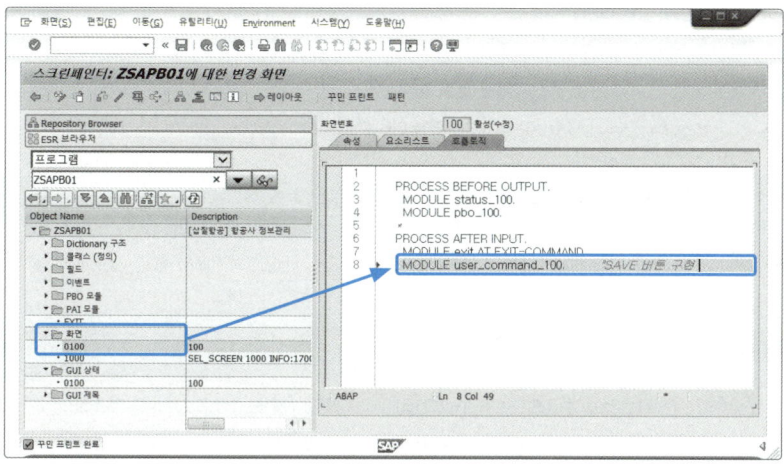

스크린 '100'의 표준 툴바에 있는 버튼 기능을 구현하는 부분이니 'user_command_100'으로 모듈명을 지었습니다. 더블클릭해 'user_command_100' 모듈을 생성합니다. 로직은 간단합니다. [저장(SAVE, 🖫)] 버튼을 클릭하는 순간 추가되거나 변경된 라인의 데이터를 모두 찾습니다. 뭘 찾으면 될까요? 일단 수정이 있는 라인은 'check_changed_data' 메서드를 이용해 체크합니다. 이에 더해서 바뀐 데이터는 모두 입력 가능한 상태일 것입니다. 그 말은 곧 'style' 필드가 비어 있지 않다는 의미입니다. 'style'에 값이 있는 라인만 찾아서 선별적으로 옮긴 다음 테이블에 'modify' 합니다. 마지막으로 'refresh_table_display'를 호출해 ALV Grid 리스트를 갱신하면 됩니다.

[저장] 버튼 로직

```
MODULE user_command_100 INPUT.
  CASE sy-ucomm.
```

```
    WHEN 'SAVE'.
      DATA : lt_zs TYPE TABLE OF zscarr,
             ls_zs TYPE zscarr.
      CALL METHOD g_grid->check_changed_data.

      LOOP AT gt_zscarr ASSIGNING FIELD-SYMBOL(<fs>)
                        WHERE style IS NOT INITIAL.
        MOVE-CORRESPONDING <fs> TO ls_zs.
        APPEND ls_zs TO lt_zs.
        CLEAR : <fs>-style[].
      ENDLOOP.
      IF lt_zs[] IS NOT INITIAL.
        MODIFY zscarr FROM TABLE lt_zs.
        CALL METHOD g_grid->refresh_table_display.
      ENDIF.
    ENDCASE.
  ENDMODULE.
```

초보 삽질 기술자 시절에는 이런 스킬을 몰라, 모든 데이터를 삭제하고 업데이트하는 무식한 프로그램을 짜기도 했습니다. 아마 누군가 욕하면서 수정했겠죠.

프로그램을 수행해서 3개 버튼을 테스트해 보세요. [저장] 버튼까지 누르고 다시 돌아와 결과가 반영되어 있으면 프로그램이 제대로 구동되는 겁니다. 마지막으로 화룡점정을 해보겠습니다. [추가(ADD, Add)] 버튼에 텍스트가 더해져 있어 조금 이질적입니다. 텍스트를 빼주세요. 그리고 버튼을 누르면 ALV Grid 객체가 수정(Editable) 모드로 바뀌고 상단의 툴바에 있는 버튼이 늘어납니다. 버튼들을 자세히 보면 중복되는 버튼이 있습니다.

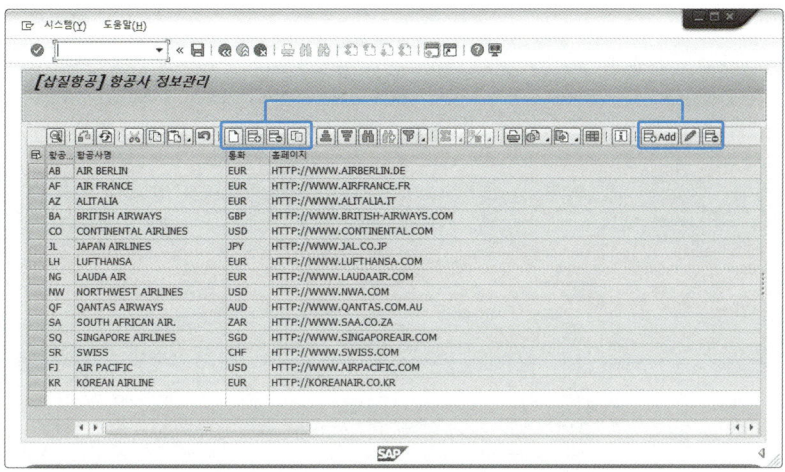

ALV Grid 객체가 수정(Editable) 모드일 때, SAP는 기본적으로 추가,
삽입, 삭제, 복제 기능을 가진 4개의 버튼을 제공합니다. 하지만 구현 로
직은 사용자가 넣어 줘야 합니다. 그래서 우리는 우리 스스로 버튼을 추
가하고 기능을 넣어 줬습니다. 그러니 SAP 표준이 제공하는 4개의 필드
는 제대로 작동하지 않는 상태인 거죠. 그래서 4개의 버튼을 제거하겠
습니다. 뭐해야 되는지 아시죠?

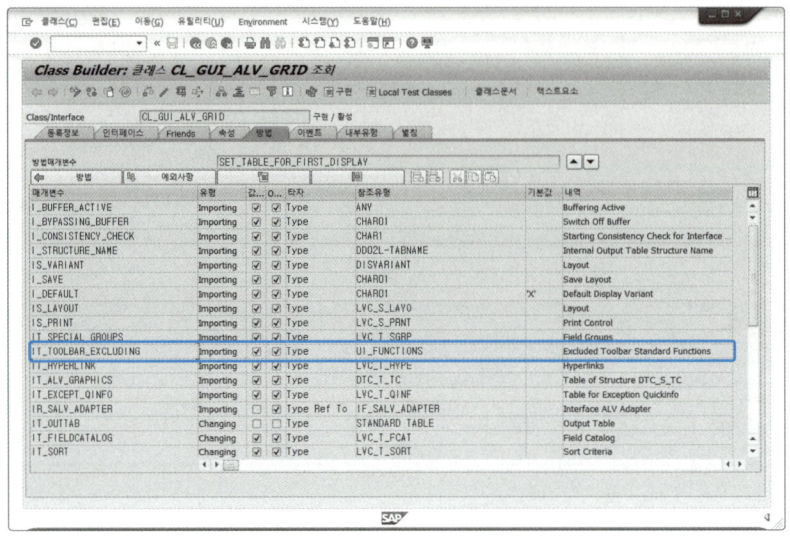

'set_table_for_first_display' 메서드에서 적절한 파라미터를 찾아봅니다. 'it_toolbar_excluding' 파라미터가 보이네요. 참조 유형을 확인해야겠지요. 'ui_functions' 유형으로 변수를 선언합니다. 거기에 제거할 버튼의 속성을 넣어 주고 마지막으로 'set_table_for_first_display' 메서드의 파라미터에 반영해 주면 됩니다. 순서대로 정리하면 다음과 같습니다.

첫째, 변수 선언하기

```
DATA: ls_excl TYPE ui_func,
      lt_excl TYPE ui_functions.
```

둘째, 'lt_excl'에 제거할 버튼 리스트 넣어 주기

```
CLEAR ls_excl.
ls_excl = cl_gui_alv_grid=>mc_fc_loc_append_row.
```

```abap
APPEND ls_excl TO lt_excl.

CLEAR ls_excl.
ls_excl = cl_gui_alv_grid=>mc_fc_loc_copy_row.
APPEND ls_excl TO lt_excl.

CLEAR ls_excl.
ls_excl = cl_gui_alv_grid=>mc_fc_loc_insert_row.
APPEND ls_excl TO lt_excl.

CLEAR ls_excl.
ls_excl = cl_gui_alv_grid=>mc_fc_loc_delete_row.
APPEND ls_excl TO lt_excl.
```

셋째, 파라미터 반영하기

```abap
CALL METHOD g_grid->set_table_for_first_display
  EXPORTING
    i_structure_name     = 'zscarr'
    is_layout            = ls_layout
    it_toolbar_excluding = lt_excl
  CHANGING
    it_fieldcatalog      = gt_fieldcat
    it_outtab            = gt_zscarr[].
```

쉽지 않은 길을 다 헤쳐왔습니다. 아마도 이 코딩을 어떤 부분에 넣어야 할지 헷갈리는 분들이 많으실 겁니다. 이상한 것 아닙니다. 외워서 해결된 문제도 아닙니다. 여러 번 반복해서 감으로 느끼셔야 합니다. 전체 소스코드를 공유하겠습니다.

3 전체 구조와 소스코드 다시 보기

이 정도되면 포기하라는 거죠? 이런 볼멘소리가 들리는 듯합니다. 그런데 어쩌죠. 뒤는 더 어려운데요. 정신없이 따라오셨을 거 같아, 지금까지 여정을 한 장의 지도로 요약해 봤습니다.

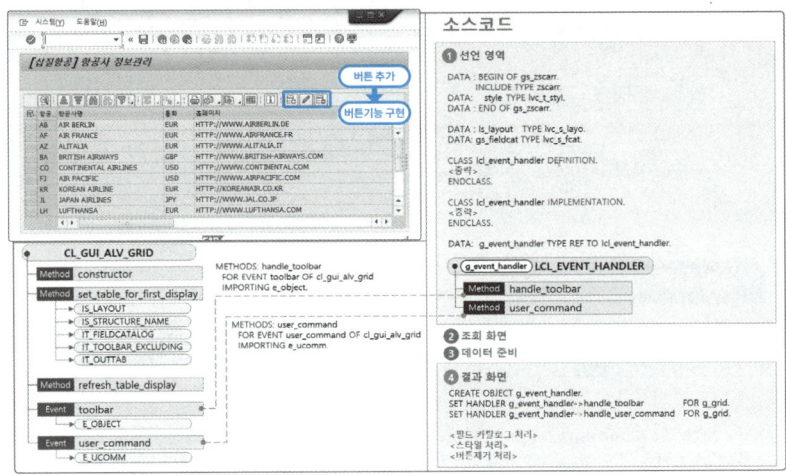

글로벌 클래스에서 사용되는 메서드와 이벤트, 우리가 직접 구현한 로컬 클래스의 구성과 이벤트 핸들러 메서드, 그리고 그 둘 사이의 메시지 교환을 ABAP T코스의 첫 번째 스텝인 선언 영역에서 해줬고요. 마지막 네번째 스텝에서는 이벤트 핸들러를 선언하고 추가적으로 필드 카탈로그 처리, 스타일 처리, 불필요한 버튼 제거 처리까지 해줬습니다. 이 모든 내용을 포함한 웅장한 소스코드는 다음과 같습니다.

ZSAPB02 소스코드

```
*&---------------------------------------------------------------*
*& Report ZSAPB02
*&---------------------------------------------------------------*
*&
*&---------------------------------------------------------------*
REPORT zsapb02.


*&---------------------------------------------------------------*
*& Step 1 : 선언 영역
*&---------------------------------------------------------------*
*** 테이블 선언
TABLES : zscarr.

*** 객체 선언
DATA: g_docking TYPE REF TO cl_gui_docking_container,
      g_grid    TYPE REF TO cl_gui_alv_grid.

*** 일반변수, 내부테이블, 구조체 선언
DATA : BEGIN OF gs_zscarr.
         INCLUDE TYPE zscarr.
DATA : style TYPE lvc_t_styl.
DATA : END OF gs_zscarr.

DATA : gt_zscarr LIKE TABLE OF gs_zscarr.

*** Field catalog
DATA: gs_fieldcat TYPE lvc_s_fcat,
      gt_fieldcat TYPE lvc_t_fcat.

*** Layout
DATA : ls_layout   TYPE lvc_s_layo.
ls_layout-stylefname = 'STYLE'.
ls_layout-sel_mode = 'A'.
```

```abap
*** Toolbar 버튼 제거
DATA: ls_excl TYPE ui_func,
      lt_excl TYPE ui_functions.

DATA : ls_edit TYPE lvc_s_styl,
        lt_edit LIKE TABLE OF ls_edit.
*DATA : lt_append LIKE lt_edit.

*** 로컬 클래스
CLASS lcl_event_handler DEFINITION.
  PUBLIC SECTION.
    METHODS : handle_toolbar
      FOR EVENT toolbar OF cl_gui_alv_grid
      IMPORTING e_object.

    METHODS : handle_user_command
      FOR EVENT user_command OF cl_gui_alv_grid
      IMPORTING e_ucomm.
ENDCLASS.

CLASS lcl_event_handler IMPLEMENTATION.
  METHOD : handle_toolbar.
    DATA: ls_toolbar  TYPE stb_button.

    CLEAR ls_toolbar.
    ls_toolbar-function  = 'SEP'.
    ls_toolbar-butn_type = '3'. " 분리자
    APPEND ls_toolbar TO e_object->mt_toolbar.

    CLEAR ls_toolbar.
    ls_toolbar-function  = 'ADD'.
    ls_toolbar-butn_type = '0'.
    ls_toolbar-icon      = icon_insert_row. " Icon ID 사용
    ls_toolbar-quickinfo = 'Add rows'.
*   ls_toolbar-text      = 'Add'.
    APPEND ls_toolbar   TO e_object->mt_toolbar.
```

```
      CLEAR ls_toolbar.
      ls_toolbar-function  = 'CHG'.
      ls_toolbar-icon       = icon_change.
      ls_toolbar-quickinfo = 'Change'.
      APPEND ls_toolbar    TO e_object->mt_toolbar.

      CLEAR ls_toolbar.
      ls_toolbar-function  = 'DEL'.
      ls_toolbar-icon       = icon_delete_row.
      ls_toolbar-quickinfo = 'Delete rows'.
*     ls_toolbar-disabled  = 'X'. " 사용불가(Deemed) 처리
      APPEND ls_toolbar    TO e_object->mt_toolbar.

  ENDMETHOD.    "handle_toolbar

  METHOD handle_user_command.
    DATA: lt_selected_rows TYPE lvc_t_row,
          ls_selected_rows TYPE lvc_s_row.

    CASE e_ucomm.
      WHEN 'ADD'.
*** ALV Grid 객체 전체를 조회 모드에서 편집 모드(Editable)로 전환
        IF g_grid->is_ready_for_input( ) EQ 0.
          CALL METHOD g_grid->set_ready_for_input
            EXPORTING
              i_ready_for_input = 1.
        ENDIF.
        gs_zscarr-style = lt_edit.
        APPEND gs_zscarr TO gt_zscarr.
        CALL METHOD g_grid->refresh_table_display.

      WHEN 'CHG'.
        CALL METHOD g_grid->get_selected_rows
          IMPORTING
```

```
      et_index_rows = lt_selected_rows.
  LOOP AT lt_selected_rows INTO ls_selected_rows.
    READ TABLE gt_zscarr
    ASSIGNING FIELD-SYMBOL(<fs_zscarr>)
      INDEX ls_selected_rows-index.
    IF sy-subrc = 0.
      <fs_zscarr>-style = lt_edit.
    ENDIF.
  ENDLOOP.
  IF g_grid->is_ready_for_input( ) EQ 0.
    CALL METHOD g_grid->set_ready_for_input
      EXPORTING
        i_ready_for_input = 1.
  ELSE.
    CALL METHOD g_grid->refresh_table_display.
  ENDIF.

WHEN 'DEL'.
  CALL METHOD g_grid->get_selected_rows
    IMPORTING
      et_index_rows = lt_selected_rows.
  LOOP AT lt_selected_rows INTO ls_selected_rows.
    READ TABLE gt_zscarr INTO DATA(ls_zscarr)
                          INDEX ls_selected_rows-index.
    IF sy-subrc = 0.
      DELETE FROM zscarr
        WHERE carrid = ls_zscarr-carrid. "DB삭제
    ENDIF.
    DELETE gt_zscarr INDEX ls_selected_rows-index.
    "ALV 화면 삭제
  ENDLOOP.

  CALL METHOD g_grid->refresh_table_display.
  ENDCASE.
ENDMETHOD.
```

```abap
ENDCLASS.

*** 이벤트 핸들러 객체 선언
DATA: g_event_handler    TYPE REF TO lcl_event_handler.


*&---------------------------------------------------------------------*
*& Step 2 : 조회 화면
*&---------------------------------------------------------------------*
SELECT-OPTIONS s_carrid FOR zscarr-carrid.


*&---------------------------------------------------------------------*
*& Step 3 : 데이터 준비
*&---------------------------------------------------------------------*
START-OF-SELECTION.
  SELECT *
  FROM zscarr
  WHERE carrid IN @s_carrid
  INTO CORRESPONDING FIELDS OF TABLE @gt_zscarr.


*&---------------------------------------------------------------------*
*& Step 4 : 결과 화면(100)
*&---------------------------------------------------------------------*
END-OF-SELECTION.
  CALL SCREEN 100.
*&---------------------------------------------------------------------*
*& Module STATUS_100 OUTPUT
*&---------------------------------------------------------------------*
*&
*&---------------------------------------------------------------------*
MODULE status_100 OUTPUT.
  SET PF-STATUS '0100'.
  SET TITLEBAR '0100'.
ENDMODULE.


*&---------------------------------------------------------------------*
```

```
*& Module PBO_100 OUTPUT
*&-------------------------------------------------------------------*
*&
*&-------------------------------------------------------------------*
MODULE pbo_100 OUTPUT.
  IF g_docking IS INITIAL.
*** 클래스 생성
    CREATE OBJECT g_docking
      EXPORTING
        repid     = sy-repid
        dynnr     = sy-dynnr
        side      = g_docking->dock_at_left
        extension = 3000.
    CREATE OBJECT g_grid
      EXPORTING
        i_parent = g_docking.

    CREATE OBJECT g_event_handler.
*** 이벤트 핸들러 등록
    SET HANDLER g_event_handler->handle_toolbar      FOR g_grid.
    SET HANDLER g_event_handler->handle_user_command FOR g_grid.

*** 필드 카탈로그 정의
    CLEAR gs_fieldcat.
    gs_fieldcat-fieldname = 'CARRID'.
    gs_fieldcat-coltext   = '항공사'.
    APPEND gs_fieldcat TO gt_fieldcat.

    CLEAR gs_fieldcat.
    gs_fieldcat-fieldname = 'CARRNAME'.
    gs_fieldcat-coltext   = '항공사명'.
    APPEND gs_fieldcat TO gt_fieldcat.

    CLEAR gs_fieldcat.
    gs_fieldcat-fieldname = 'CURRCODE'.
```

```
    gs_fieldcat-coltext   = '통화'.
    APPEND gs_fieldcat TO gt_fieldcat.

    CLEAR gs_fieldcat.
    gs_fieldcat-fieldname = 'URL'.
    gs_fieldcat-coltext   = '홈페이지'.
    APPEND gs_fieldcat TO gt_fieldcat.

*** Edit 모드 처리
    CLEAR ls_edit.
    ls_edit-fieldname = 'CARRID'.
    ls_edit-style = cl_gui_alv_grid=>mc_style_enabled.
    APPEND ls_edit TO lt_edit.

    CLEAR ls_edit.
    ls_edit-fieldname = 'CARRNAME'.
    ls_edit-style = cl_gui_alv_grid=>mc_style_enabled.
    APPEND ls_edit TO lt_edit.

    CLEAR ls_edit.
    ls_edit-fieldname = 'CURRCODE'.
    ls_edit-style = cl_gui_alv_grid=>mc_style_enabled.
    APPEND ls_edit TO lt_edit.

    CLEAR ls_edit.
    ls_edit-fieldname = 'URL'.
    ls_edit-style = cl_gui_alv_grid=>mc_style_enabled.
    APPEND ls_edit TO lt_edit.

*** 필요 없는 버튼 제거
    CLEAR ls_excl.
    ls_excl = cl_gui_alv_grid=>mc_fc_loc_append_row.
    APPEND ls_excl TO lt_excl.

    CLEAR ls_excl.
```

```
      ls_excl = cl_gui_alv_grid=>mc_fc_loc_copy_row.
      APPEND ls_excl TO lt_excl.

      CLEAR ls_excl.
      ls_excl = cl_gui_alv_grid=>mc_fc_loc_insert_row.
      APPEND ls_excl TO lt_excl.

      CLEAR ls_excl.
      ls_excl = cl_gui_alv_grid=>mc_fc_loc_delete_row.
      APPEND ls_excl TO lt_excl.

*** Display 메서드 호출
      CALL METHOD g_grid->set_table_for_first_display
        EXPORTING
          i_structure_name    = 'zscarr'
          is_layout           = ls_layout
          it_toolbar_excluding = lt_excl
        CHANGING
          it_fieldcatalog     = gt_fieldcat
          it_outtab           = gt_zscarr[].
  ENDIF.
ENDMODULE.
*&---------------------------------------------------------------------*
*&      Module  EXIT  INPUT
*&---------------------------------------------------------------------*
*       text
*----------------------------------------------------------------------*
MODULE exit INPUT.
  LEAVE TO SCREEN 0.
ENDMODULE.
*&---------------------------------------------------------------------*
*&      Module  USER_COMMAND_100  INPUT
*&---------------------------------------------------------------------*
*       text
*----------------------------------------------------------------------*
```

```
MODULE user_command_100 INPUT.
  CASE sy-ucomm.
    WHEN 'SAVE'.
      DATA: lt_zs TYPE TABLE OF zscarr,
            ls_zs TYPE zscarr.
      CALL METHOD g_grid->check_changed_data. "변경된 데이터 체크

      LOOP AT gt_zscarr ASSIGNING FIELD-SYMBOL(<fs>)
                          WHERE style IS NOT INITIAL.
        MOVE-CORRESPONDING <fs> TO ls_zs.
        APPEND ls_zs TO lt_zs.
        CLEAR : <fs>-style[].
      ENDLOOP.
      IF lt_zs[] IS NOT INITIAL.
        MODIFY zscarr FROM TABLE lt_zs.
        CALL METHOD g_grid->refresh_table_display.
      ENDIF.
  ENDCASE.
ENDMODULE.
```

조금 더
파보자

데이터 요리는 루프에서

　　프로그램에서 아밥퍼가 하는 일의 대부분은 '데이터
를 요리'하는 일입니다. 그건 마치 쉐프가 식자재 창고에서 필요한 재료
를 가져와 조리대 위의 용기에 준비해서 놓고 하나하나 꺼내 도마에서
칼질한 다음 프라이팬에 넣고 조리하는 것과 비슷합니다. 식자재 창고
를 테이블(Table)에 비유한다면, 조리대 위에 용기는 내부 테이블(Internal
table), 도마는 작업 영역(Work Area)에 해당합니다.

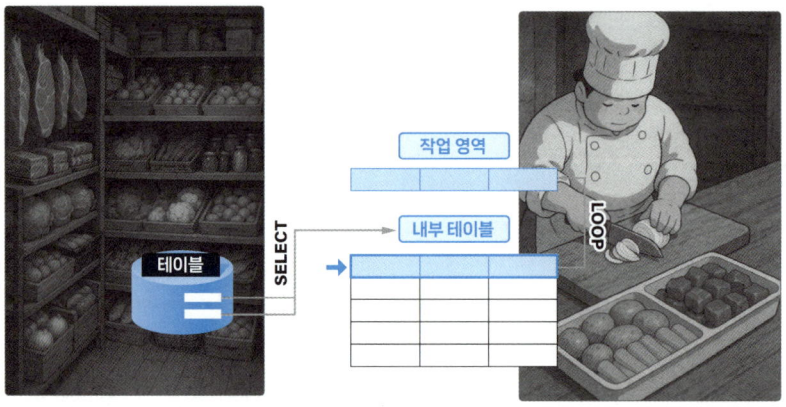

　　식자재 창고에는 수많은 재료가 보관되어 있겠죠. 그 중에 내가 필요
한 재료만, 필요한 양만큼 추출해 가져오는 것은 앞에서 배웠습니다.
'SELECT'로 시작하는 쿼리문으로 가져왔죠. 그런데 그 재료를 적절하게 자르고 조리해야만 요리가 됩니다. 그걸 하기 위해서는 임시로 조리대 위에 재료를 둘 용기가 필요합니다. 그 역할을 ABAP에서는 내부 테이블(Internal table)이 합니다. 식자재 창고에서 1차 손질해서 용기에 넣어둔 재료는 요리에 바로 넣기에는 너무 크거나 손질이 더 필요한 생태입니다. 세세한 손질은 도마에서 해야겠지요. 도마는 좁으니 감자 10개를 한꺼번에 올려두고 자르기는 어렵습니다. 그래서 LOOP 문이라는 것을 이용해 감자를 하나씩 도마에 올려 작업을 합니다. 이때 감자를 하나씩 도마에 올리는 역할을 'LOOP 문'이 합니다. 도마는 ABAP에서 작업 영역(Work Area)이라 생각하시면 됩니다.

실제 데이터를 대입해 보겠습니다. 창고는 테이블 'zscarr', 용기는 내부 테이블 'gt_zscarr', 도마는 작업 영역 'gs_zscarr'에 대입하겠습니다. 테이블부터 확인하기 위해 T-Code 'SE11'로 들어가서 'zscarr'을 조회합니다. 제가 실습하고 있는 환경에서 'zscarr'에는 17개 항공사 데이터가 들어 있고 다음과 같습니다.

MANDT	CARRID	CARRNAME	CURRCODE	URL
100	AA	AMERICAN AIRLINES	USD	http://www.aa.com
100	AB	AIR BERLIN	EUR	http://www.airberlin.de
100	AC	AIR CANADA	CAD	http://www.aircanada.ca
100	AF	AIR FRANCE	EUR	http://www.airfrance.fr
100	AZ	ALITALIA	EUR	http://www.alitalia.it
100	BA	BRITISH AIRWAYS	GBP	http://www.british-airways.com
100	CO	CONTINENTAL AIRLINES	USD	http://www.continental.com
100	DL	DELTA AIRLINES	USD	http://www.delta-air.com
100	JL	JAPAN AIRLINES	JPY	http://www.jal.co
100	LH	LUFTHANSA	EUR	http://www.lufthansa.com
100	NG	LAUDA AIR	EUR	http://www.laudaair.com
100	NW	NORTHWEST AIRLINES	USD	http://www.nwa.com
100	QF	QANTAS AIRWAYS	AUD	http://www.qantas.com.au
100	SA	SOUTH AFRICAN AIR.	ZAR	http://www.saa.co.za
100	SQ	SINGAPORE AIRLINES	SGD	http://www.singaporeair.com
100	SR	SWISS	CHF	http://www.swiss.com
100	UA	UNITED AIRLINES	USD	http://www.ual.com

여기서 항공사 코드(CARRID)가 'A'로 시작하는 데이터만 추출(WHERE carrid LIKE 'A%')해 용기인 내부 테이블에 넣고 싶습니다. 데이터 추출 부분을 다음과 같이 수정합니다.

항공사 코드가 'A'로 시작하는 데이터만 추출

```
SELECT *
  FROM zscarr
  WHERE carrid LIKE 'A%'
  INTO TABLE @gt_zscarr.
```

쿼리문을 통과하면 제가 테스트하는 시스템 기준으로 5개의 레코드가 추출되어 내부 테이블 'gt_zscarr'에 들어갈 겁니다. 그림으로 표시하면 이런 형태가 됩니다.

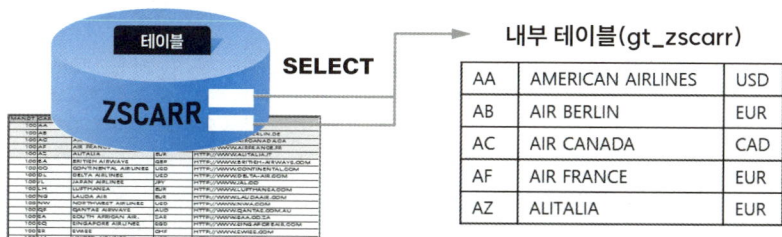

여기까지는 삽질 시리즈를 성실히 학습하셨다면 무리없이 이해하실 겁니다. 루프(loop) 문은 이렇게 추출해 가져온 데이터를 하나하나 체크하거나 가공하고 싶을 때 사용하는 문법입니다. 마치 도마에 감자를 하나씩 꺼내 올리는 것처럼요. 'SELECT 문' 바로 밑에 다음 코드를 넣어보세요.

루프 돌리기

```
LOOP AT gt_zscarr.
* 데이터 가공하기
ENDLOOP.
```

내부 테이블 'gt_zscarr'을 루프 돌리면서 데이터를 순서대로 도마에 돌리겠다는 의미입니다. 저장하고 활성화(Activate)해 보세요. 아마 다음 에러가 나올 겁니다.

Type	Line	Description
◯	151	프로그램 ZSAPB05
		The internal table "GT_ZSCARR" does not have a header line. One of the additions "INTO wa", "ASSIGNING", "REFERENCE INTO", or "TRANSPORTING NO FIELDS" must be specified.

Syntax error 1

쉽게 얘기하면 루프를 돌려서 어느 도마에 올릴지를 모르겠다는 뜻입니다. 생각해 보니 루프를 돌려서 지칭된 데이터를 올려둘 작업 영역(Work Area)을 지정해 주지 않았습니다. 코드를 다음과 같이 수정합니다.

루프 돌리기

```
LOOP AT gt_zscarr INTO gs_zscarr.
* 데이터 가공하기
ENDLOOP.
```

루프를 돌리면서 지칭된 데이터 라인을 도마에 해당하는 작업 영역 'gs_zscarr'에 넣으라는 명령을 했습니다. 다시 활성화하면 에러가 사라질 겁니다. 문제는 이 코드만 넣으면 아무런 변화가 없겠죠. 자동차로 치면 그냥 공회전만 하는 겁니다. 눈에는 보이지 않지만 내부적으로는 아래 그림과 같이 5개의 데이터를 순서대로 지칭하게 되겠죠.

중요한 건 루프문 안에서 데이터를 가공하는 거죠. 루프문은 내부 테이블(Internal table)의 각 행(row)을 순차적으로 읽어오는 반복문일 뿐입니다. 루프문 안에서 감자를 잘게 썰거나 모양을 내는 등의 일을 도마(작업 영역)에서 해야 합니다. 간단한 로직을 넣어보겠습니다. 항공사명

(CARRNAME)의 끝에 '(A)'를 추가하는 로직(gs_zscarr-carrname = |(gs_ zscarr-carrname (A)|.)을 주석 처리된 부분에 넣어 보겠습니다.

> **항공사명의 끝에 '(A)'를 추가**

```
LOOP AT gt_zscarr INTO gs_zscarr.
  gs_zscarr-carrname = |{ gs_zscarr-carrname } (A)|.
ENDLOOP.
```

디버깅을 해보세요. 작업 영역 'gs_zscarr'의 값이 순서대로 바뀌는 것을 확인하실 수 있습니다. 첫 번째 라인을 예로 들면, 'AMERICAN AIRLINES'가 'AMERICAN AIRLINES (A)'로 바뀝니다. 지금까지 과정을 도식화하면 다음과 같습니다.

루프문은 데이터 가공에 필수적인 스킬입니다. 꼭 익히고 넘어가세요. 마지막으로 루프문 테스트를 위해 삽입했던 코드를 주석 처리하고 넘어가겠습니다.

4 키필드(Key field) 처리

아직 안 끝났습니다. 악마는 디테일에 있다고 했습니다. 프로그램이 돌아가는데 지장은 없지만, 정말 중요한 처리가 하나 남았습니다. 키필드 처리입니다. 프로그램을 수행하고 [수정] 버튼을 눌러 보세요.

항공사ID는 키필드인데 수정이 가능한 상태로 열립니다. 실수로 키필드를 바꿀 경우 데이터 정합성에 문제가 생기겠죠. 수정할 때 키필드는 변경할 수 없어야 합니다. 키필드는 보호하고 수정 대상인 필드만 수정하려면 어떻게 해야 할까요? 키필드를 제외한 나머지 필드만 수정 모드로 바꾸면 됩니다. 어디를 바꿔 주면 될까요? 스타일 설정을 바꿔 주면 됩니다. 다음과 같이 주석 처리하거나 코드를 삭제하면 되겠죠.

```
*     CLEAR ls_edit.
*     ls_edit-fieldname = 'CARRID'.
*     ls_edit-style = cl_gui_alv_grid=>mc_style_enabled.
*     APPEND ls_edit TO lt_edit.
```

예상보다 일이 쉽게 해결되었습니다. 다 됐을까요? 또 다른 문제가
하나 더 있습니다. 바로 옆에 있는 [추가] 버튼을 클릭해 보세요. 당황
스럽습니다. 정반대의 문제가 벌어졌습니다. 어떻게 해결해야 할까요?
이럴 때는 약간의 잔머리가 필요합니다. 제일 간단한 해결법은 스타
일 설정을 위한 내부 테이블을 이원화하면 됩니다. [수정] 버튼을 누
를 때와 [추가] 버튼을 누를 때 다른 내부 테이블이 적용되면 됩니다.
[수정('CHG')] 버튼은 이미 'lt_edit'가 있으니 그대로 유지하고, [추가
('ADD')] 버튼을 위한 내부 테이블로 'lt_append'를 더해 줍니다. 둘 사이
의 차이는 하나뿐입니다. 키필드 포함 여부입니다. 코드를 정리하면 다
음과 같습니다.

변수 'lt_append' 선언

```
DATA : lt_append LIKE lt_edit.
```

두 개의 각각 내부 테이블에 스타일 설정

```
*** lt_edit(수정)에 대한 스타일 : 키필드 제외
    CLEAR ls_edit.
    ls_edit-fieldname = 'CARRNAME'.
    ls_edit-style = cl_gui_alv_grid=>mc_style_enabled.
    APPEND ls_edit TO lt_edit.
```

```
    CLEAR ls_edit.
    ls_edit-fieldname = 'CURRCODE'.
    ls_edit-style = cl_gui_alv_grid=>mc_style_enabled.
    APPEND ls_edit TO lt_edit.

    CLEAR ls_edit.
    ls_edit-fieldname = 'URL'.
    ls_edit-style = cl_gui_alv_grid=>mc_style_enabled.
    APPEND ls_edit TO lt_edit.

*** lt_append(추가)에 대한 스타일 : 키필드 포함
    CLEAR ls_edit.
    ls_edit-fieldname = 'CARRID'.
    ls_edit-style = cl_gui_alv_grid=>mc_style_enabled.
    APPEND ls_edit TO lt_append.

    CLEAR ls_edit.
    ls_edit-fieldname = 'CARRNAME'.
    ls_edit-style = cl_gui_alv_grid=>mc_style_enabled.
    APPEND ls_edit TO lt_append.

    CLEAR ls_edit.
    ls_edit-fieldname = 'CURRCODE'.
    ls_edit-style = cl_gui_alv_grid=>mc_style_enabled.
    APPEND ls_edit TO lt_append.

    CLEAR ls_edit.
    ls_edit-fieldname = 'URL'.
    ls_edit-style = cl_gui_alv_grid=>mc_style_enabled.
    APPEND ls_edit TO lt_append.
```

수정과 추가의 스타일을 다르게 설정

```abap
CASE e_ucomm.
  WHEN 'ADD'.
*** ALV Grid 객체 전체를 조회 모드에서 편집 모드(Editable)로 전환
    IF g_grid->is_ready_for_input( ) EQ 0.
      CALL METHOD g_grid->set_ready_for_input
        EXPORTING
          i_ready_for_input = 1.
    ENDIF.
    gs_zscarr-style = lt_append.  "add시 lt_append 사용
    APPEND gs_zscarr TO gt_zscarr.
    CALL METHOD g_grid->refresh_table_display.

  WHEN 'CHG'.
    CALL METHOD g_grid->get_selected_rows
      IMPORTING
        et_index_rows = lt_selected_rows.
    LOOP AT lt_selected_rows INTO ls_selected_rows.
      READ TABLE gt_zscarr
        ASSIGNING FIELD-SYMBOL(<fs_zscarr>)
          INDEX ls_selected_rows-index.
      IF sy-subrc = 0.
        <fs_zscarr>-style = lt_edit. "chg시 lt_edit 사용
      ENDIF.
    ENDLOOP.

    IF g_grid->is_ready_for_input( ) EQ 0.
      CALL METHOD g_grid->set_ready_for_input
        EXPORTING
          i_ready_for_input = 1.
    ELSE.
      CALL METHOD g_grid->refresh_table_display.
    ENDIF.
```

프로그램을 다시 실행해서, 수정과 추가 버튼을 번갈아 눌러보세요. 의도한대로 되신다면 진짜 다 됐습니다. 아밥벌이의 장사 밑천을 하나 완성했습니다.

2. 에디터블(Editable) – 표준 버튼 모델

지금까지 만들어 본 'ZSAPB02' 프로그램은 추가, 수정, 삭제 기능을 하나하나 구현해줬습니다. 그런데 잠시 기억을 더듬어 보면 ALV Grid 객체를 수정 모드로 바꾸었을 때 자동으로 생성되는 버튼 중에 추가, 삭제, 복사, 잘라내기 등의 버튼이 이미 있었습니다. 버튼은 있지만 사용자 버튼 모델처럼 모든 버튼의 기능을 하나하나 구현해 줘야 할까요? 그러기엔 버튼의 수가 너무 많아서 다 지우고 싶습니다. 다행히 표준 버튼을 사용할 때 각 버튼의 기능은 SAP가 이미 구현해 놓았습니다. 백마디 말보다 직접 보는게 빠르죠. 에스프레소 프로그램을 복사해서 'ZSAPB03'을 만듭니다.

① 수정 모드 켜기

표준 버튼을 사용해 에디터블(Editable)을 구현하려면 제일 먼저 필드의 속성을 수정 가능하게 바꿔줘야 합니다. 필드에 속성을 주는 것이니 필드 카탈로그(Fieldcatalog)에 정의해야 합니다. 4개의 필드에 'gs_fieldcat-edit = 'X'를 더해 줍니다.

필드에 수정 가능 속성 적용

```abap
CLEAR gs_fieldcat.
gs_fieldcat-fieldname = 'CARRID'.
gs_fieldcat-coltext   = '항공사'.
gs_fieldcat-edit      = 'X'.
APPEND gs_fieldcat TO gt_fieldcat.

CLEAR gs_fieldcat.
gs_fieldcat-fieldname = 'CARRNAME'.
gs_fieldcat-coltext   = '항공사명'.
gs_fieldcat-edit      = 'X'.
APPEND gs_fieldcat TO gt_fieldcat.

CLEAR gs_fieldcat.
gs_fieldcat-fieldname = 'CURRCODE'.
gs_fieldcat-coltext   = '통화'.
gs_fieldcat-edit      = 'X'.
APPEND gs_fieldcat TO gt_fieldcat.

CLEAR gs_fieldcat.
gs_fieldcat-fieldname = 'URL'.
gs_fieldcat-coltext   = '홈페이지'.
gs_fieldcat-edit      = 'X'.
APPEND gs_fieldcat TO gt_fieldcat.
```

프로그램을 수행해 보세요. 겨우 이거 추가했는데 프로그램에 무슨 큰 변화가 있을까요? 있습니다. 그것도 엄청나게…

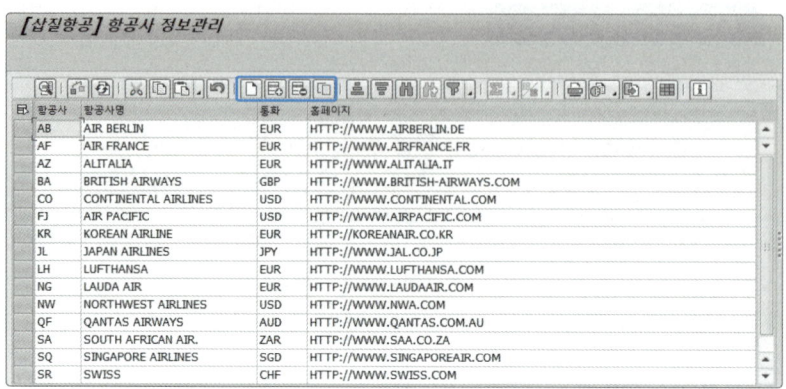

ALV Grid 리스트 전체가 수정(Editable) 모드로 바뀌었습니다. 툴바에는 앞에서 삭제해 줬던 아이콘이 보입니다. 앞에서부터 추가, 삽입, 삭제, 복사 기능을 담당합니다. 아직 버튼에 대해서 아무런 소스 코딩도 하지 않았지만 일단 버튼을 눌러보겠습니다. 당황스럽게 버튼이 작동을 합니다. 표준에서 기본적으로 버튼이 수행하는 기능을 구현해 놓은 것입니다. 그럼 다 자동으로 되는 걸까요? 그랬으면 얼마나 좋겠습니까? 하지만 그렇지는 않습니다. 추가도 해보고, 수정도 한 상태에서 프로그램을 나갔다가 다시 수행해 보세요. 아마도 수정했던 사항이 전혀 반영되지 않았을 겁니다. [저장] 버튼을 구현하지 않았으니 당연히 저장이 되지 않았을 겁니다. 이제 우리가 해야 할 일이 명확해졌습니다. [저장(SAVE, 🖫)] 버튼을 클릭했을 때 화면의 변화 사항을 실제 테이블에 반영하면 되겠죠.

2 필드 카탈로그, 스타일 제대로 설정하기

솔직히 말해서 필드 카탈로그 하나하나 설정하는게 귀찮으셨죠? SAP 엔지니어들도 그렇게 생각했나 봅니다. 한땀한땀 설정하지 않고 통째로 동적으로 설정하는 방법을 만들어 뒀습니다. 그런데 이해하려면 너무 많은 공부를 먼저 해야 합니다. 이 책의 수준을 뛰어넘는 부분이라서 일단 뒤로 미루겠습니다. 뒤에서 인공지능의 도움을 좀 받아보겠습니다. 바로 앞에서 필드 카탈로그에 수정 모드를 적용했던 부분을 주석처리하세요. 그리고 다음과 같은 코드를 입력하시기 바랍니다.

필드 카탈로그 동적 할당 및 스타일 지정하기

```
*** 1. Fieldcat
*** 인터널 테이블 구조의 동적 필드 카탈로그
    DATA: lr_tabdescr TYPE REF TO cl_abap_structdescr,
          lr_data     TYPE REF TO data,
          lt_dfies    TYPE ddfields,
          ls_dfies    TYPE dfies,
          ls_fieldcat TYPE lvc_s_fcat,
          lt_fieldcat TYPE lvc_t_fcat.
    DATA : l_field TYPE string.

    CREATE DATA lr_data LIKE LINE OF gt_zscarr.
    lr_tabdescr ?= cl_abap_structdescr=>describe_by_data_ref( lr_data ).
    lt_dfies = cl_salv_data_descr=>read_structdescr( lr_tabdescr ).
    LOOP AT lt_dfies INTO ls_dfies WHERE fieldname NE 'MANDT'.
      CLEAR ls_fieldcat.
      MOVE-CORRESPONDING ls_dfies TO ls_fieldcat.
      ls_fieldcat-coltext = ls_dfies-fieldtext.
      ls_fieldcat-key = ls_dfies-keyflag.
      ls_fieldcat-edit = 'X'.
      APPEND ls_fieldcat TO lt_fieldcat.
```

```
*** 2. STYLE
*** key필드이면 Style 등록하여 수정안되게 한다.
    IF ls_dfies-keyflag = 'X'.
      lt_edit-fieldname = ls_dfies-fieldname.
      lt_edit-style     = cl_gui_alv_grid=>mc_style_disabled.
      APPEND lt_edit.
    ENDIF.
  ENDLOOP.

  PERFORM set_style.

  FORM set_style .
    LOOP AT gt_zscarr ASSIGNING FIELD-SYMBOL(<fs>).
      <fs>-style = lt_edit[].
    ENDLOOP.
  ENDFORM.
```

3 데이터 준비하기

데이터 준비 영역에서 데이터를 조회하겠습니다. 이번에는 쿼리문을 바로 사용하지 않고 'perform 문'을 사용했습니다.

Perform 문을 사용한 데이터 준비

```
START-OF-SELECTION.
  PERFORM get_data.
END-OF-SELECTION.
```

사용법은 모듈(MODULE) 문과 비슷합니다. 'get_data'를 더블클릭해 새로운 'perform 문'을 만듭니다. 직접 쿼리문을 쓰지 않고 'perform 문' 을 이용하는 이유는 두 가지입니다. 첫 번째로는 프로그램을 구조화해 가독성을 높이기 위함입니다. 두 번째는 동일한 코딩이 반복적으로 사용될 때, 똑같은 소스코드를 다시 작성하는 비효율을 줄이기 위해서입니다. 뒤에서 이 구문을 한번 더 사용하게 됩니다.

'get_data' 소스코드

```
FORM get_data .
  SELECT *
    FROM zscarr
   WHERE carrid IN @s_carrid
    INTO CORRESPONDING FIELDS OF TABLE @gt_zscarr.
ENDFORM.
```

4 [저장] 버튼 구현하기

마지막 단계입니다. 변화를 저장만 잘해주면 됩니다. 추가, 삽입, 삭제, 복사 버튼을 이용해 만들어진 변화를 [저장(SAVE, 🖫)] 버튼에서 어떻게 반영하는지 순차적으로 접근해 보겠습니다. 첫 번째 단계는 변경 전과 변경 후를 비교해야 할 테니 변경 전의 결과 화면에 뿌릴 데이터를 백업해두는 겁니다. 'gt_zscarr'은 이미 있으니, 'gt_zscarr'과 같은 타입으로 'gt_backup'을 선언해 줍니다.

백업 내부 테이블 정의

```
DATA : gt_zscarr LIKE TABLE OF gs_zscarr,
       gt_backup LIKE gt_zscarr.
```

결과를 출력하기 전에 데이터를 복사해 둬야 합니다. 'set_table_for_first_display' 메서드 호출 전에 넣어주면 되겠죠.

데이터 백업

```
*** gt_zscarr 데이터를 gt_backup에 백업함
    gt_backup[] = gt_zscarr[].

    CALL METHOD g_grid->set_table_for_first_display
--- 중략 ---
```

지금 상태에서 프로그램을 한번 수행해 보겠습니다. 결과 화면이 다음과 같이 나올 겁니다. 박스로 표시된 곳을 보니 3개의 Exit 버튼은 색깔이 있는데 우리가 관심있는 [저장] 버튼은 활성화되어 있지 않습니다. 뭘 해줘야 하나요?

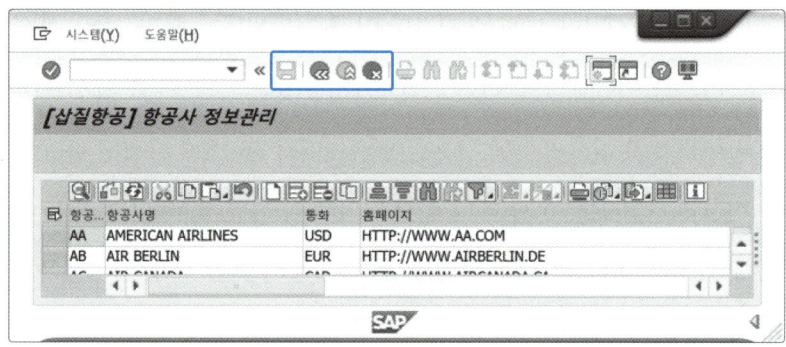

[저장(🖫, SAVE)] 버튼을 표준 툴바에 활성화해 줘야 합니다. GUI 상태로 가서 다음과 같이 설정해 줍니다.

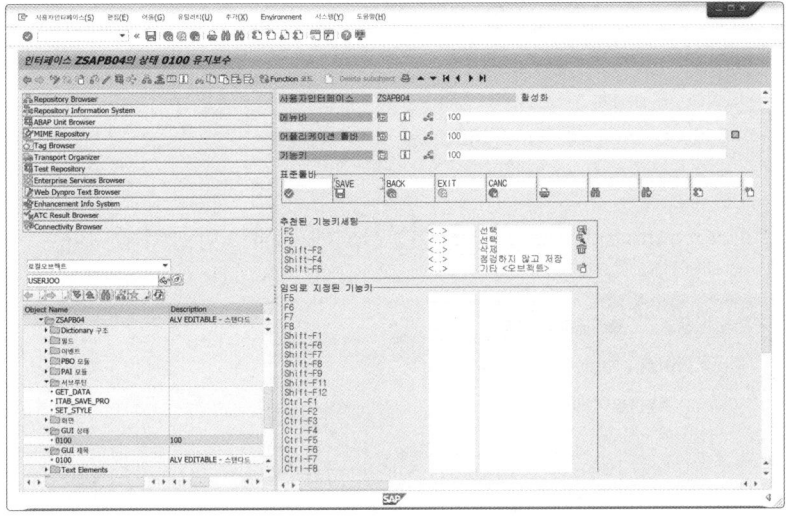

프로그램을 실행해 보면 [저장(🖫 , SAVE)] 버튼이 활성화되었습니다. 그렇다고 아직 어떤 기능을 하지는 않습니다. 뭘 더 해 주면 될까요? 일단 [저장(🖫 , SAVE)] 버튼을 누르는 순간을 캐치해야 합니다. 저장은 언제 이뤄지나요? 조회 조건에 따라 데이터를 준비하는 것은 스크린(100번)에 결과가 나오기 전인 PBO(Process Before Output)에 들어갑니다. 저장은 결과가 나오고 그 결과 리스트를 수정한 결과를 반영하는 거죠. 그래서 PAI(Process After Input)에 넣어 줘야 합니다. 오브젝트 리스트에서 화면 100번을 더블클릭하고 흐름 로직으로 갑니다. 3개의 EXIT 버튼(�⟪ 🔿 🔀)을 구현한 'exit' 모듈 아래에 'user-command_100' 모듈을 추가해 줍니다.

사용자 정의 Module 추가

```
PROCESS AFTER INPUT.
  MODULE exit AT EXIT-COMMAND.
  MODULE user_command_100.
```

'user-command_100' 모듈을 더블클릭해서 새로 만들어 줍니다.

사용자 정의 Module 구현

```
MODULE user_command_100 INPUT.
  CASE sy-ucomm.
    WHEN 'SAVE'.
      CALL METHOD g_grid->check_changed_data.
      PERFORM itab_save_pro.
  ENDCASE.
ENDMODULE.
```

버튼을 인식하기 위해 시스템 필드인 'sy-ucomm'을 활용합니다. 디버깅해서 확인해 보면 [저장(🖫, SAVE)] 버튼을 누르는 순간 'sy-ucomm'의 값이 'SAVE'로 바뀝니다. [저장(🖫, SAVE)] 버튼을 누르면 일단 저장할 데이터가 있는지 확인합니다. 그 말은 곧 변경된 데이터가 있는지 없는지 확인하는 것이죠. 데이터 변경 여부를 체크하는 메서드를 호출해 확인(CALL METHOD g_grid->check_changed_data.)합니다. 바뀐 것이 있으면 변경된 데이터를 저장할 Perform 문(PERFORM itab_save_pro.)을 만듭니다. 차례대로 코딩을 해보겠습니다. 본격적으로 코딩을 하기 전에 로직을 생각해 보겠습니다. 앞에서 저장해 둔, 변경 전(gt_backup)과 변경 후(gt_zscarr) 내부 테이블의 데이터를 비교하면 그림과 같이 4가지 유형이 나옵니다.

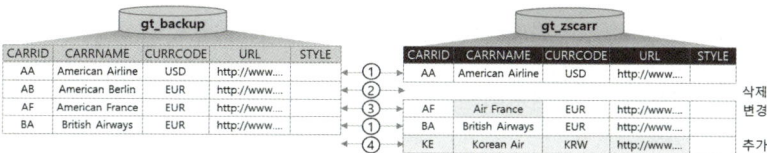

그림의 **1**번 라인은 변경 전과 후가 똑같은 경우입니다. 데이터에 변화가 없던던 경우입니다. **2**번 라인은 결과 화면에서 [삭제] 버튼을 눌러 데이터를 삭제한 경우입니다. 변경 후(gt_zscarr)에는 없지만, 변경 전(gt_backup)에는 데이터가 존재합니다. **3**번은 해당 라인의 데이터 일부를 수정한 경우입니다. 그림에서는 'American France'를 'Air France'로 변경했습니다. 마지막 **4**번은 삽입 버튼을 눌러 새로운 데이터를 만든 케이스입니다. 변경 후(gt_zscarr)에는 있지만, 변경 전(gt_backup)에는 존재하지 않습니다.

이제 우리가 해야 할 일은 4가지 유형을 각각 실제 테이블 'zscarr'에 반영해 주는 것입니다. **1**번은 변화된 게 없으니까 테이블에 변경할 것도 없습니다. **1**번은 'gt_backup'에서 삭제만 해 줍니다. 왜 삭제하는지는 마지막에 자연스럽게 알게 됩니다. **2**번은 삭제한 건이니 'gt_backup'에만 데이터가 있습니다. 삭제하지 않고 그대로 둡니다. **3**번은 둘 다 데이터가 존재하지만 변경 후(gt_zscarr)에 데이터가 변경되었습니다. 이건 어떻게 식별할까요? 'style' 필드를 보면 되겠죠. 수정된 라인은 따로 내부 테이블(Internal table, 'lt_zscarr_m')을 정의해서 저장하고 변경

전(gt_backup)에서는 삭제해 줍니다. ❹번은 추가된 데이터입니다. 마찬가지로 내부 테이블(Internal table, 'lt_zscarr_i')을 하나 정의해서 따로 저장하고 변경 전(gt_backup)에서는 삭제해 줍니다. 모든 작업이 끝나고 각 내부 테이블에 남은 데이터의 결과는 다음과 같습니다.

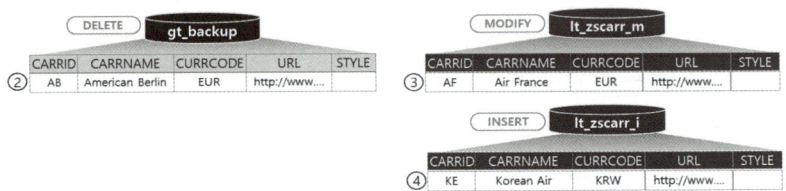

대략 다음이 머리에 그려지죠? 'gt_backup' 내부 테이블에 남은 데이터는 삭제 건이니 'zscarr' 테이블에서 삭제(DELETE)하면 됩니다. 'lt_zscarr_m' 내부 테이블에 들어 있는 데이터는 수정 건이니 'zscarr' 테이블에서 수정(MODIFY)하면 되죠. 마지막으로 'lt_zscarr_i' 내부 테이블에 들어 있는 데이터는 새로 추가한 건입니다. 'zscarr' 테이블에서 추가(INSERT)하면 됩니다. 개념적으로 이해하셨나요? 로직을 그림으로 표현해 보겠습니다.

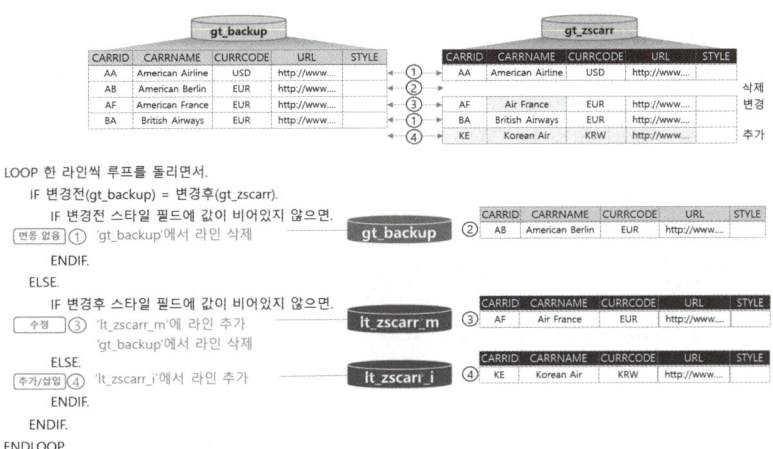

LOOP 한 라인씩 루프를 돌리면서.
　　IF 변경전(gt_backup) = 변경후(gt_zscarr).
　　　　IF 변경전 스타일 필드에 값이 비어있지 않으면.
변동 없음 ① 'gt_backup'에서 라인 삭제
　　　　ENDIF.
　　ELSE.
　　　　IF 변경후 스타일 필드에 값이 비어있지 않으면.
수정 ③ 'lt_zscarr_m'에 라인 추가
　　　　　　　'gt_backup'에서 라인 삭제
　　　　ELSE.
추가/삽입 ④ 'lt_zscarr_i'에서 라인 추가
　　　　ENDIF.
　　ENDIF.
ENDLOOP.

　　두 개의 내부 테이블(gt_backup, gt_zscarr)에는 그림과 같이 데이터가 들어가 있습니다. 두 내부 테이블의 데이터를 각각 비교해 보면 그림에 표시된 ❶부터 ❹처럼 4가지 유형이 있습니다. 변경 전 데이터를 가지고 있는 내부 테이블 'gt_zscarr'을 루프를 돌리면서 변경 후 데이터를 가진 'gt_zscarr'과 비교해 줍니다. 일단 도마에 해당하는 작업 영역(Work Area)에 옮기는 과정은 생략하고 설명하겠습니다. 변경 전(gt_backup)과 변경 후(gt_zscarr)가 같으면 테이블에 반영할 것이 없으므로 'gt_backup'에서 해당 라인을 삭제합니다. ❶ 만약 같지 않다면 처리가 두 가지로 나뉩니다. 스타일 필드에 값이 있는 경우와 없는 경우로 나뉩니다. 만약 스타일 필드에 값이 있다면 해당 라인은 수정에 해당합니다. ❸ 내부 테이블 중에 'lt_zscarr_m'에 라인을 추가합니다. 여기서 한 가지를 더해 줘야 합니다. 'gt_backup'에도 동시에 삭제해 줍니다. 'gt_backup'에는 삭제한 라인에 해당하는 데이터만 남길거거든요. 스타일 필드에 값이 없으

면 라인을 추가하거나 삽입한 경우입니다. 내부 테이블 중에 'lt_zscarr_
i'에 라인을 추가합니다. ❹ 여기까지 하면 그림의 아래쪽 우측에 있는
데이터가 3개의 내부 테이블에 각각 남게 됩니다. 여기까지 로직을 코딩
하면 다음과 같습니다.

데이터 유형별로 각각의 내부 테이블에 넣어 주기

```abap
LOOP AT gt_zscarr INTO gs_zscarr.
  MOVE-CORRESPONDING gs_zscarr TO ls_zscarr.
  READ TABLE gt_backup INTO ls_backup
      WITH KEY carrid = gs_zscarr-carrid.
  IF ls_backup EQ gs_zscarr. "backup과 현재 화면(gs_zscarr)이 다르면
*** 변동없음
    IF ls_backup-style IS NOT INITIAL.
      DELETE TABLE gt_backup FROM ls_backup.
    ENDIF.
  ELSE.
**** 변경
    IF gs_zscarr-style[] IS NOT INITIAL.
      APPEND ls_zscarr TO lt_zscarr_m.
      ADD 1 TO lv_mod_count.
      DELETE gt_backup WHERE carrid = gs_zscarr-carrid.
    ELSE.
*** 생성
      APPEND ls_zscarr TO lt_zscarr_i.
      ADD 1 TO lv_ins_count.
    ENDIF.
  ENDIF.
ENDLOOP.
```

마지막 한 단계가 남았습니다. 세 개의 내부 테이블을 이용해 실제 데
이터베이스인 'zscarr'에 반영하면 됩니다. 수정된 데이터는 'modify', 추

가된 데이터는 'insert', 그리고 삭제된 데이터는 'delete' 해 줍니다.

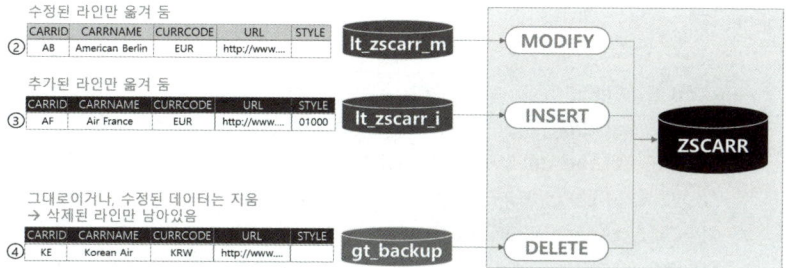

코드는 다음과 같습니다.

내부 테이블에 담긴 데이터를 테이블에 유형별로 반영하기

```
*** TABLE MODIFY
IF lt_zscarr_m[] IS NOT INITIAL.
  MODIFY zscarr FROM TABLE lt_zscarr_m.
  IF sy-subrc = 0.
    MESSAGE 'MODIFY SUCCESS'.
  ELSE.
    ROLLBACK WORK.
    MESSAGE 'MODIFY ERROR'.
    LEAVE TO SCREEN 0.
  ENDIF.
ENDIF.


*** TABLE INSERT
IF lt_zscarr_i[] IS NOT INITIAL.
  INSERT zscarr FROM TABLE lt_zscarr_i ACCEPTING DUPLICATE KEYS.
  IF sy-subrc = 0.
    MESSAGE 'INSERT SUCCESS'.
  ELSE.
    ROLLBACK WORK.
```

```
    MESSAGE 'INSERT ERROR'.
    LEAVE TO SCREEN 0.
  ENDIF.
ENDIF.

*** TABLE DELETE.
IF NOT gt_backup[] IS INITIAL.
  LOOP AT gt_backup INTO ls_backup.
    MOVE-CORRESPONDING ls_backup TO ls_zscarr.
    DELETE zscarr FROM ls_zscarr.
  ENDLOOP.
ENDIF.
```

거의 다 왔습니다. 이제 뭐가 남았을까요? 변경 사항들을 테이블에 반영까지 했습니다. 이제 남은 일은 변경된 데이터를 결과 화면에 다시 뿌려 주는 일입니다. 최종적으로 변경된 결과는 어디에 있나요? 테이블에 반영되어 있습니다. 그렇다면 그 값을 조회해와야 합니다. 다시 데이터를 조회해야 하겠지요. 그래서 앞서 데이터 쿼리문을 바로 쓰지 않고 Perform 문인 'get_data'에 넣은 겁니다. 그리고 스타일을 다시 세팅하고 현재 상태로 백업합니다. 다시 수정을 하고 또 저장할 수도 있으니까요. 마지막으로 데이터를 뿌려 줍니다. 그런데 이번에는 'set_table_for_first_display' 메서드를 사용하지 않습니다. 간단히 리프레시를 하는 'refresh_table_display' 메서드를 호출합니다.

내부 테이블에 담긴 데이터를 테이블에 유형별로 반영하기

```
***  REFRESH
  PERFORM get_data.
  PERFORM set_style.
```

```
gt_backup[] = gt_zscarr[].
CALL METHOD g_grid->refresh_table_display.
```

진짜 다 하셨습니다. 길을 벌써 잃었다고요? 괜찮습니다. 이 프로그램의 난이도는 거의 끝판왕 수준이니 스스로 자책 안 하셔도 됩니다. 변수 선언을 포함해 몇 가지는 여러분의 실력을 인정하여 설명하지 않았습니다. 찾아서 에러가 나지 않게 보완하시기 바랍니다.

 ## 메시지 처리는 고수의 품격

소스코드에 처음 보는 'message'가 있었습니다. 메시지 처리를 위한 문법입니다. 메시지 처리를 얼마나 잘 해주느냐는 프로그래머의 내공입니다. 초보와 고수가 갈리죠. 적절하게 메시지를 띄워주는 게 고수의 품격입니다. ABAP에서 메시지 처리를 하는 방법을 간단히 알아보고 가겠습니다. ABAP에는 다섯 가지(S/I/W/E/X)의 메시지 처리 유형이 있습니다.

유형	결과
MESSAGE '성공' TYPE 'S'.	왼쪽 하단에 녹색 체크박스와 함께 나타납니다. 
MESSAGE '성공' TYPE 'I'.	팝업 창으로 나타납니다.
MESSAGE '경고' TYPE 'W'.	왼쪽 하단에 노란색 경고 창으로 나타납니다. 일부 프로그램에서는 빨간색으로 나타납니다. 프로그램은 종료되지 않습니다.
MESSAGE '에러' TYPE 'E'.	빨간색으로 오류 메시지가 나타나고 프로그램은 종료됩니다.
MESSAGE '덤프' TYPE 'X'.	런타임 에러(덤프)가 발생합니다.

소스코드에 알려 드린 5개의 유형을 넣어보면서 확인해 보세요.

5 조회 프로그램 큰 노력 없이 만들기

프로그램을 한번 수행해 보세요. 수정 가능한 화면이 바로 나올 겁니다. 이 프로그램만 있다면 문제가 좀 있습니다. 이 프로그램에 접속하는 모든 사람이 데이터를 마음대로 바꿀 수 있으니까요. 그래서 조회만 할 수 있는 프로그램을 하나 더 만들고 싶습니다. 새로 프로그램을 짜야 할 까요? 간단한 해결책이 하나 있습니다. 그동안 'SE80'이라는 T-code를 자주 사용했습니다. 프로그램ID를 찾을 필요 없이 T-code를 넣어서 바로 원하는 프로그램을 수행했었죠. 우리도 T-code라는 것을 만들어서 프로그램에 붙여 보겠습니다. 단순히 T-code를 만들어 붙이는 걸 넘어서서 T-code를 이용해 수정 모드와 조회 모드를 큰 노력 없이 만드는 것까지 실습해 볼게요. 각각이 모드에 접근하는 T-code를 각각 만들기 위해 일단 2개의 T-code를 기계적으로 만들겠습니다. 오브젝트 리스트의 프로그램ID를 찍고 마우스 오른쪽 버튼을 누릅니다.

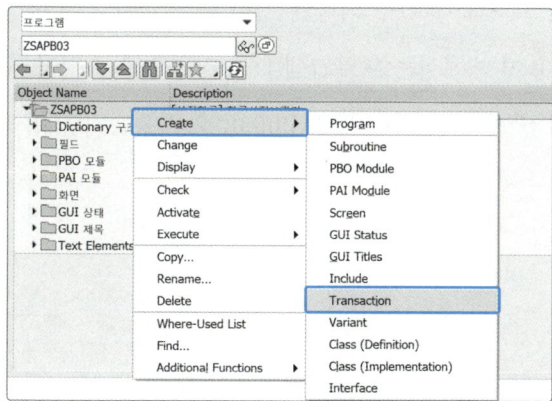

그림과 같이 생성(Create)에서 T-code(Transaction) 항목을 선택하고 클릭합니다. 다음의 팝업 화면이 나오면 트랜잭션 코드와 내역 항목에 그림처럼 입력합니다.

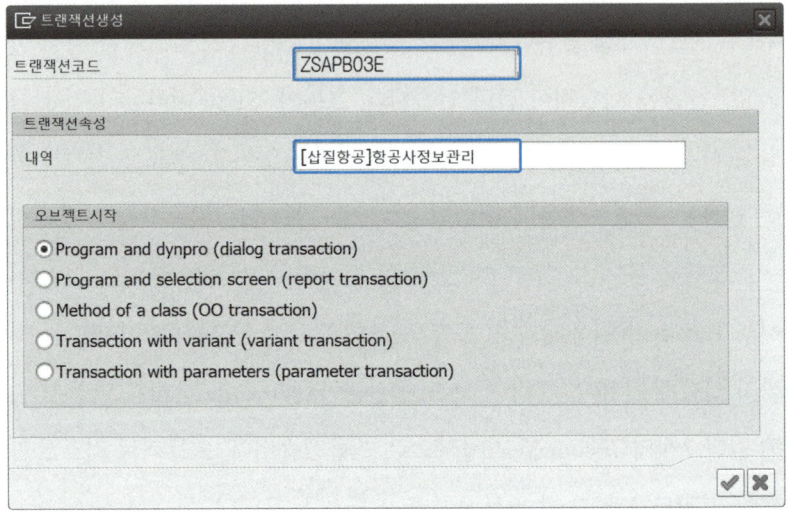

트랜잭션 코드(T-code)는 회사에 따라 네이밍 규칙을 다르게 가져갈 수 있습니다. 이 책에서는 프로그램ID를 바탕으로 수정이 가능한 프로그램이므로 뒤에 'E'를 붙여 'ZSAPB03E'로 정했습니다. 입력을 다했으면 **Enter**를 누릅니다.

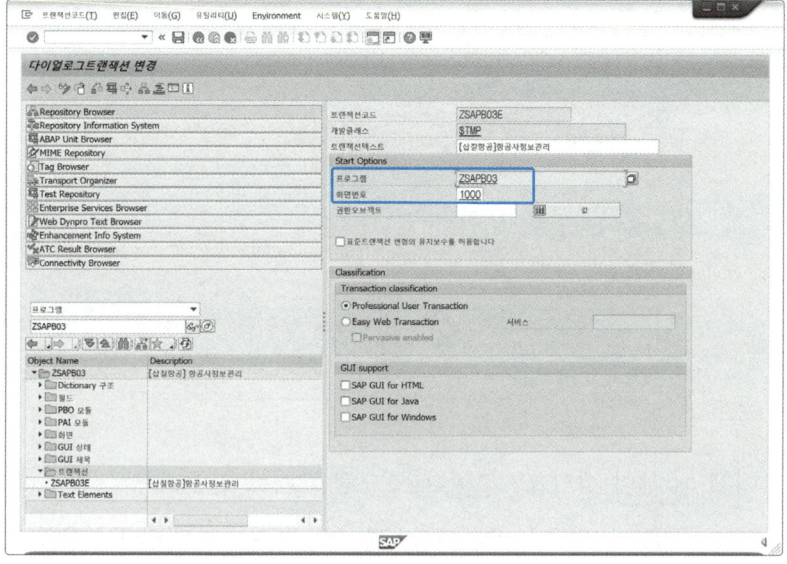

해당 T-code가 어떤 프로그램과 화면을 바로 호출할지 결정을 해 줍니다. 프로그램ID는 아실 것이고, 화면번호에는 뭘 넣어야 할까요? 우리가 만든 화면은 2개가 있습니다. '1000'번과 '100'번입니다. 조회 화면부터 들어가야 되니 "1000"을 입력합니다. 저장하고 나옵니다. 오브젝트 리스트를 다시 보면 없었던 트랜잭션 항목이 보일 겁니다. 조회를 위한 T-code를 하나 더 만들어야 됩니다. 'ZSAPB03D'로 동일하게 만들어 보세요. 다 만들고 나면 다음과 같이 2개의 T-code가 프로그램에 달려 있어야 합니다.

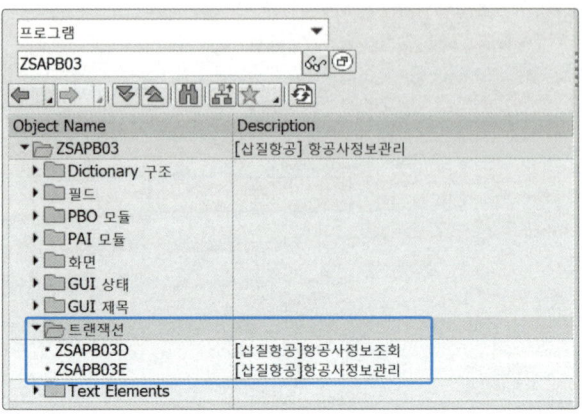

이제 뭘 해야 할까요? 조회 프로그램을 따로 만들지 않고 T-code 'ZSAPB03D'만으로 가능하게 해야 합니다. 소스코드에 해당 로직을 추가합니다. 몇 줄만 추가하면 됩니다. 조회 모드에는 저장 버튼이 필요 없습니다. 버튼을 제외하겠습니다.

[저장] 버튼 없애기

```
MODULE status_100 OUTPUT.
  IF sy-tcode = 'ZSAPB04D'.
    SET PF-STATUS '0100' EXCLUDING 'SAVE'.
  ELSE.
    SET PF-STATUS '0100'.
  ENDIF.

  SET TITLEBAR '0100'.
ENDMODULE.
```

이제 긴 설명은 하지 않겠습니다. 한 군데 더 처리할 곳이 있습니다. 수정 가능하도록 나오는 ALV Grid를 조회모드로 만들어야겠지요.

'set_table_for_first_display' 메서드 뒤에 다음 코드를 추가해 줍니다.

출력 화면 조회 모드로 변경

```
IF sy-tcode = 'ZSAPB04D'.
  CALL METHOD g_grid->set_ready_for_input
    EXPORTING
      i_ready_for_input = 0.
ENDIF.
```

여기까지 잘 따라 오셨습니다. 전체 소스코드는 다음과 같습니다.

ZSAPB03 소스코드

```
*&---------------------------------------------------------------------*
*& Report ZSAPB03
*&---------------------------------------------------------------------*
*&
*&---------------------------------------------------------------------*
REPORT zsapb03.
TABLES : scarr.

DATA: g_docking    TYPE REF TO cl_gui_docking_container,
      g_container  TYPE REF TO cl_gui_container,
      g_grid       TYPE REF TO cl_gui_alv_grid.

DATA : BEGIN OF gs_zscarr.
         INCLUDE TYPE zscarr.
DATA : style TYPE lvc_t_styl.
DATA : END OF gs_zscarr.
DATA : gt_zscarr LIKE TABLE OF gs_zscarr,
       gt_backup LIKE gt_zscarr.
DATA : lt_edit TYPE lvc_s_styl OCCURS 0 WITH HEADER LINE.

SELECT-OPTIONS : s_carrid FOR scarr-carrid.
```

```
START-OF-SELECTION.
  PERFORM get_data.

END-OF-SELECTION.
  CALL SCREEN 100.

FORM get_data .
  SELECT *
    FROM zscarr
   WHERE carrid IN @s_carrid
    INTO CORRESPONDING FIELDS OF TABLE @gt_zscarr.
ENDFORM.

MODULE status_100 OUTPUT.
  IF sy-tcode = 'ZSAPB04D'.
    SET PF-STATUS '0100' EXCLUDING 'SAVE'.
  ELSE.
    SET PF-STATUS '0100'.
  ENDIF.
  SET TITLEBAR '0100'.
ENDMODULE.

MODULE pbo_100 OUTPUT.
  IF g_docking IS INITIAL.
    CREATE OBJECT g_docking
      EXPORTING
        repid     = sy-repid
        dynnr     = sy-dynnr
        side      = 1
        extension = 3000.

    CREATE OBJECT g_grid
      EXPORTING
        i_parent = g_docking.
*** 1. Fieldcat
```

```abap
*** 인터널테이블 구조의 동적 필드 카탈로그
    DATA: lr_tabdescr TYPE REF TO cl_abap_structdescr,
          lr_data     TYPE REF TO data,
          lt_dfies    TYPE ddfields,
          ls_dfies    TYPE dfies,
          ls_fieldcat TYPE lvc_s_fcat,
          lt_fieldcat TYPE lvc_t_fcat.
    DATA : l_field TYPE string.
    CREATE DATA lr_data LIKE LINE OF gt_zscarr.
    lr_tabdescr ?=
      cl_abap_structdescr=>describe_by_data_ref(lr_data).
    lt_dfies = cl_salv_data_descr=>read_structdescr(lr_tabdescr).
    LOOP AT lt_dfies INTO ls_dfies WHERE fieldname NE 'MANDT'.
      CLEAR ls_fieldcat.
      MOVE-CORRESPONDING ls_dfies TO ls_fieldcat.
      ls_fieldcat-coltext = ls_dfies-fieldtext.
      ls_fieldcat-key = ls_dfies-keyflag.
      ls_fieldcat-edit = 'X'.
      APPEND ls_fieldcat TO lt_fieldcat.
*** 2. STYLE
*** key필드이면 Style 등록하여 수정 안되게 한다.
      IF ls_dfies-keyflag = 'X'.
        lt_edit-fieldname = ls_dfies-fieldname.
        lt_edit-style     = cl_gui_alv_grid=>mc_style_disabled.
        APPEND lt_edit.
      ENDIF.
    ENDLOOP.
    PERFORM set_style.


*** 3. LAYOUT-SYTLEFIELD 적용
    DATA : ls_layout  TYPE lvc_s_layo.
    ls_layout-sel_mode = 'D'.
    ls_layout-stylefname = 'STYLE'.

    gt_backup[] = gt_zscarr[].
```

179

```
      CALL METHOD g_grid->set_table_for_first_display
        EXPORTING
          is_layout                      = ls_layout
        CHANGING
          it_fieldcatalog                = lt_fieldcat[]
          it_outtab                      = gt_zscarr[]
        EXCEPTIONS
          invalid_parameter_combination = 1
          program_error                 = 2
          too_many_lines                = 3
          OTHERS                        = 4.
*** {250815 T-CODE에 따른 분기
    IF sy-tcode = 'ZSAPB04D'.
      CALL METHOD g_grid->set_ready_for_input
        EXPORTING
          i_ready_for_input = 0.
    ENDIF.
*** 250815}
  ENDIF.
ENDMODULE.
*&---------------------------------------------------------------------*
*&      Module  EXIT  INPUT
*&---------------------------------------------------------------------*
*       text
*----------------------------------------------------------------------*
MODULE exit INPUT.
  LEAVE TO SCREEN 0.
ENDMODULE.
*&---------------------------------------------------------------------*
*&      Module  USER_COMMAND_100  INPUT
*&---------------------------------------------------------------------*
*       text
*----------------------------------------------------------------------*
MODULE user_command_100 INPUT.
  CASE sy-ucomm.
```

```
    WHEN 'SAVE'.
      CALL METHOD g_grid->check_changed_data.
      PERFORM itab_save_pro.
  ENDCASE.
ENDMODULE.
*&---------------------------------------------------------------------*
*& Form itab_save_pro
*&---------------------------------------------------------------------*
*& text
*&---------------------------------------------------------------------*
*& -->  p1        text
*& <--  p2        text
*&---------------------------------------------------------------------*
FORM itab_save_pro .
  DATA : ls_backup   LIKE LINE OF gt_backup,
         ls_zscarr   TYPE zscarr,
         lt_zscarr_m TYPE TABLE OF zscarr,
         lt_zscarr_i LIKE lt_zscarr_m.
  DATA : lv_mod_count TYPE i,
         lv_ins_count TYPE i,
         lv_del_count TYPE i.
  LOOP AT gt_zscarr INTO gs_zscarr.
    MOVE-CORRESPONDING gs_zscarr TO ls_zscarr.
    READ TABLE gt_backup INTO ls_backup WITH KEY carrid = gs_
    zscarr-carrid.
    IF ls_backup EQ gs_zscarr.
*** 변동없음
      IF ls_backup-style IS NOT INITIAL.
        DELETE TABLE gt_backup FROM ls_backup.
      ENDIF.
    ELSE.
****   변경
      IF gs_zscarr-style[] IS NOT INITIAL.
        APPEND ls_zscarr TO lt_zscarr_m.
        ADD 1 TO lv_mod_count.
```

```abap
        DELETE gt_backup WHERE carrid = gs_zscarr-carrid.
      ELSE.
***   생성
        APPEND ls_zscarr TO lt_zscarr_i.
        ADD 1 TO lv_ins_count.
      ENDIF.
    ENDIF.
  ENDLOOP.

*** TABLE MODIFY
  IF lt_zscarr_m[] IS NOT INITIAL.
    MODIFY zscarr FROM TABLE lt_zscarr_m.
    IF sy-subrc = 0.
      MESSAGE 'MODIFY SUCCESS : ' && lv_mod_count TYPE 'I'.
    ELSE.
      ROLLBACK WORK.
      MESSAGE 'MODIFY ERROR' TYPE 'I'.
      LEAVE TO SCREEN 0.
    ENDIF.
  ENDIF.

***   TABLE INSERT
  IF lt_zscarr_i[] IS NOT INITIAL.
    INSERT zscarr FROM TABLE lt_zscarr_i ACCEPTING DUPLICATE KEYS.
    IF sy-subrc = 0.
      MESSAGE 'INSERT SUCCESS : ' && lv_ins_count TYPE 'I'.
    ELSE.
      ROLLBACK WORK.
      MESSAGE 'INSERT ERROR' TYPE 'I'.
      LEAVE TO SCREEN 0.
    ENDIF.
  ENDIF.

*** TABLE DELETE.
  IF NOT gt_backup[] IS INITIAL.
```

```
     LOOP AT gt_backup INTO ls_backup.
       MOVE-CORRESPONDING ls_backup TO ls_zscarr.
       DELETE zscarr FROM ls_zscarr.
       IF sy-subrc = 0.
         ADD 1 TO lv_del_count.
       ENDIF.
     ENDLOOP.
     IF sy-subrc = 0.
       MESSAGE 'DELETE SUCCESS : ' && lv_del_count TYPE 'I'.
     ENDIF.
   ENDIF.

*** REFRESH
   PERFORM get_data.
   PERFORM set_style.
   gt_backup[] = gt_zscarr[].
   CALL METHOD g_grid->refresh_table_display.
ENDFORM.

FORM set_style .
   LOOP AT gt_zscarr ASSIGNING FIELD-SYMBOL(<fs>).
     <fs>-style = lt_edit[].
   ENDLOOP.
ENDFORM.
```

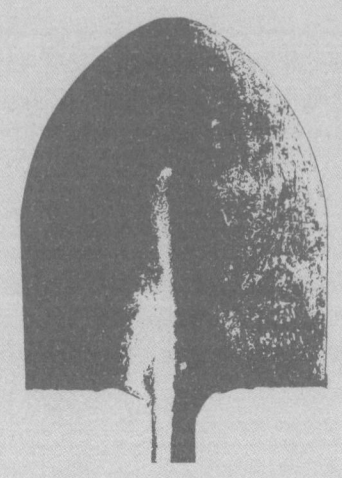

머털도사 기억하시죠? 지금까지 삽질 시리즈를 충실히 따라오셨다면 아마 머리카락을 세울 수 있으실 겁니다. 이젠 머리카락을 뽑아서 도술만 부리면 되죠. 홀로 설 준비가 되었다는 의미입니다.

개인적인 의견으로 ABAP에 대해 이 수준 이상을 책으로 공부한다는 건 의미가 없습니다. ABAP을 포함한 기술이 너무 빨리 변하고 있고 더 큰 이유는 인공지능(AI)의 등장 때문입니다.

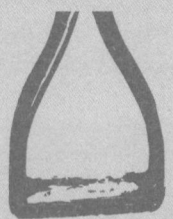

P A R T

2

홀 로 서 기

03

진짜는 지금부터

지금부터는 뭔가 막힐 때마다 책이 아닌 다른 해결책을 찾으며 홀로 헤쳐 나가야 합니다. 완벽한 가이드는 더 이상 없습니다. 하지만 이 길을 먼저 걸어본 선배로서 효율적인 독학 방법 몇 가지는 알려드리겠습니다.

1. 복잡한 조회 조건 만들기

프로젝트 현장에 덜렁 던져졌습니다. 지금까지 만들어본 조회 조건은 기껏해야 항공사ID를 단일 조건이나 복수 조건으로 주는 것이었습니다. 그런데 다음 그림과 같은 리포트를 만들라고 합니다. 공황장애가 오는 것 같습니다. 그래도 정신줄 부여잡고 다시 자세히 보면 4가지 유형이 나옵니다.

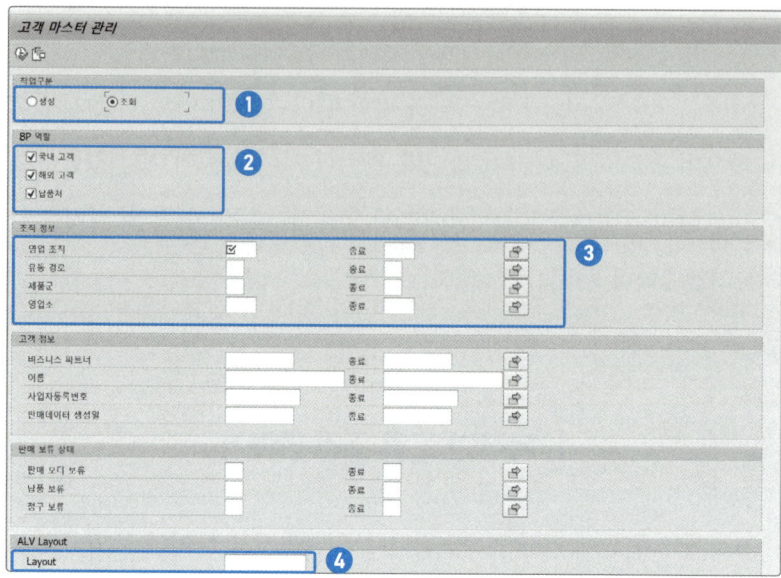

먼저 뭘 해야할지 대략 느낌이 오는 ❸번과 ❹번부터 보겠습니다.

❸번은 'select-options'와 ❹번은 'parameters'를 쓰면 될 것 같습니다.

☐ 1 ABAP 도움말 활용하기

에스프레소 프로그램을 복사하세요. 소스코드로 들어가서 'select-options'에 커서를 두고, **F1** 을 누르세요.

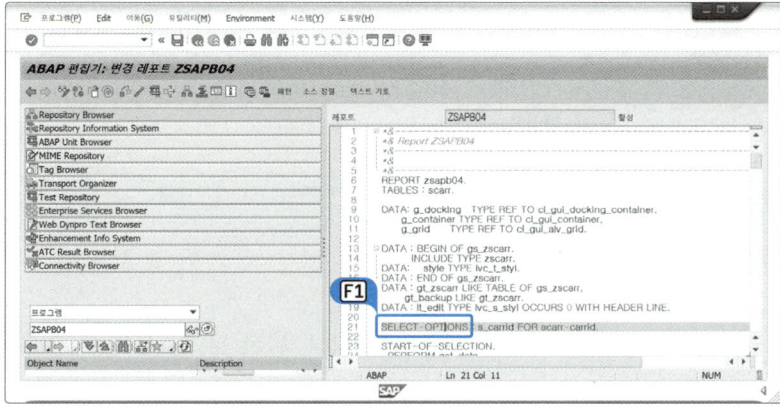

도움말 팝업이 뜰 겁니다. 문제는 제공하는 정보가 모두 영어입니다.

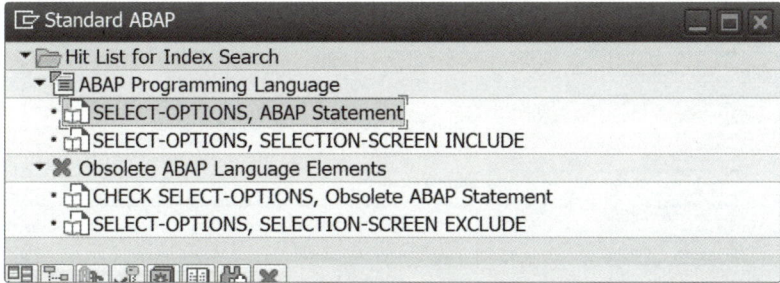

  자세히 보고 싶은 라인을 선택하고 더블클릭합니다. 상세 정보가 나올 겁니다. 절망적이게도 모두 영어입니다. 힘은 들겠지만 세상에서 가장 정확한 SAP ABAP 정보입니다. 영어 실력과 끈기만 있다면 ABAP 마스터가 되는 길은 열려 있습니다.

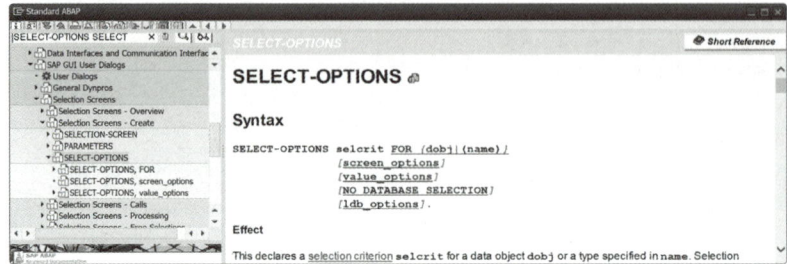

들어온 김에 조금 더 자세히 보겠습니다. 왼쪽 트리를 보면 'select-options'에 대한 정보가 계층 구조 형태로 보입니다. 화살표를 눌러서 제일 아래까지 다 열어 보세요. 제일 하단에 톱니바퀴 모양의 아이콘이 보일 겁니다. 해당 라인을 더블클릭해 주세요.

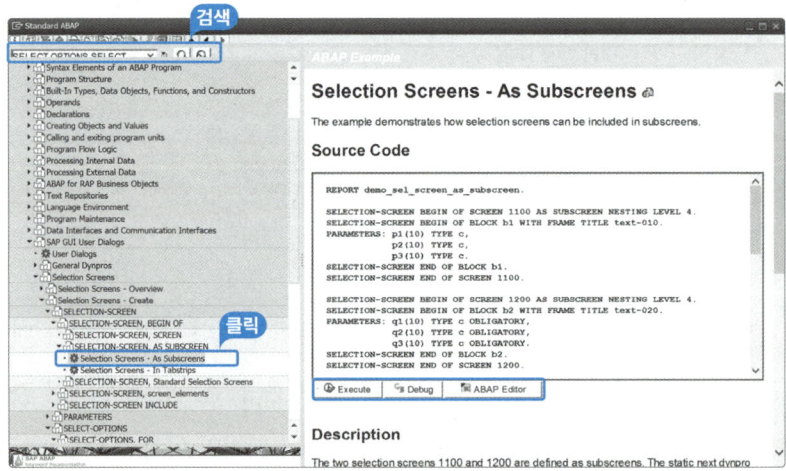

샘플 소스코드가 나오고 해당 화면에서 결과를 보거나 디버깅을 바로 해 볼 수 있습니다. 실행Execute 버튼부터 눌러 보세요. 프로그램 수행

결과가 나올 겁니다. 디버깅Debug 버튼을 누르면 디버깅 모드로 들어가고, ABAP 편집기ABAP Editor 버튼을 누르면 전체 소스코드를 보실 수 있습니다. 코드와 결과를 바로바로 볼 수 있어서 독학할 때 큰 도움이 됩니다. ❶번 라디오 버튼과 ❷번 체크박스는 어쩔까요? 자세히 보니 왼쪽 상단에 키워드 찾기 버튼이 보입니다. 검색 필드에 "radio button"이라 입력하고 [Enter]를 누릅니다. 아까 봤던 작은 팝업이 다시 나올 겁니다.

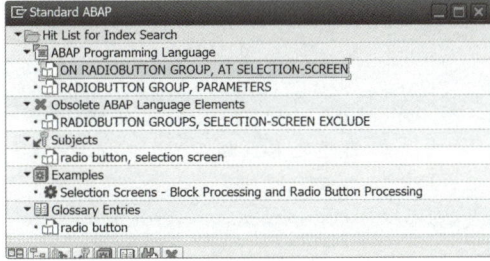

표시된 라인을 선택하고 더블클릭합니다.

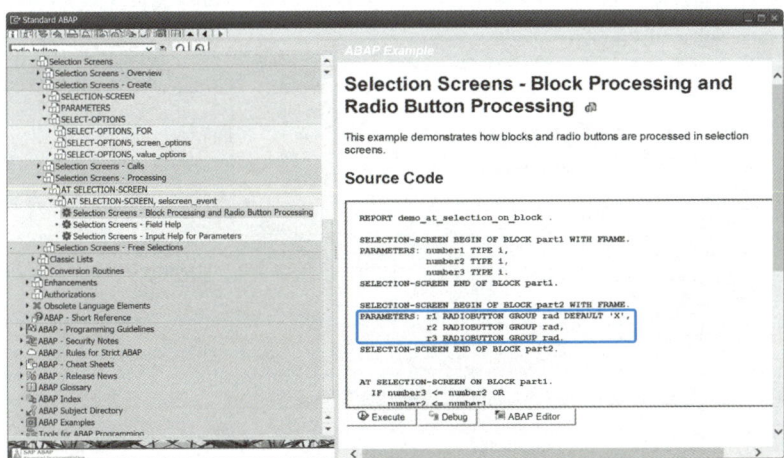

표시된 부분이 라디오 버튼을 구현하는 부분입니다. 테스트를 해보고 싶으시면 해당 부분을 복사하여 에스프레소 프로그램에 붙여넣고 실행해 보면 됩니다. 이렇게 하나하나 습득하시면 되는 겁니다.

가는 길은 달라도…

지금까지 살펴본 도움말의 정식 명칭은 'ABAP - Keyword Documentation'입니다. 이 문서에 접근할 수 있는 방법은 2가지가 더 있습니다. 첫 번째 방법은 T-code로 'abapdocu'를 치는 겁니다.

'ABAP - Keyword Documentation' 전체가 팝업으로 뜨면 검색창에 원하는 것을 입력하고 조회하면 됩니다. 두 번째 방법은 메뉴를 통해 접근하는 방법입니다.

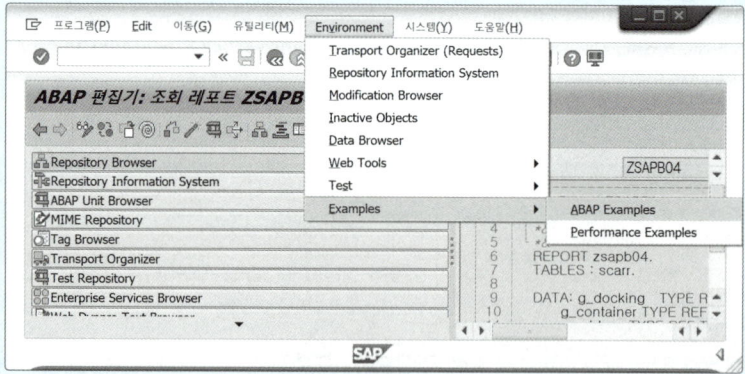

이때는 전체가 보이지 않고 샘플 프로그램만 보여 줍니다.

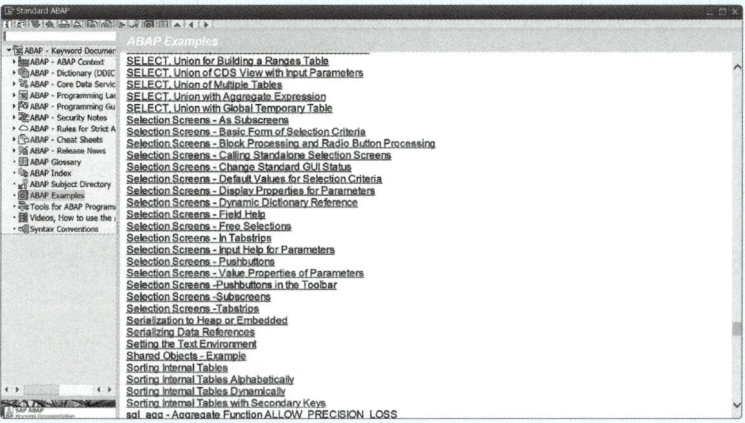

설명을 보기보다 샘플 프로그램을 테스트하면서 학습하시는 것이 편하신 분들은 이쪽이 더 좋습니다.

지금까지 알려드린 독학 방법은 한 가지 치명적인 약점이 있습니다. 영어를 잘해야 한다는 겁니다. 저처럼 영어에 약하고 연배도 있으시다면 익숙한 방법이 있습니다.

2 모든 답은 인터넷에 있고 모든 길은 책에 있다

인터넷을 통해 정보를 수집하는 겁니다. 검색하는 방법은 잘 아실테니 삽질 시리즈1에서 정리해 드렸던 참고할 만한 사이트를 알려드리겠습니다.

이름	URL	구분	특징
SAP 한국 커뮤니티	http://sapjoy.co.kr/	웹사이트	국내 최대
Discovering ABAP	https://discoveringabap.com/	웹사이트	체계적임
SAP TABLE	https://erp-top.com/	웹사이트	테이블 정보
SAP 단톡방 1	https://open.kakao.com/o/g0Mf8Dvb	카카오톡	업계 정보
SAP 단톡방 2	https://open.kakao.com/o/gL7wgZgf	카카오톡	업계 정보
SAP JOY	https://band.us/@sapjoy	밴드	구인/구직
패스트레인	https://blog.naver.com/dodododo0_	공인기관	
로그원코리아	https://blog.naver.com/sapelearning	공인기관	
SAP 교육사업본부	https://blog.naver.com/sapedu_korea	공인기관	
곰선비	https://blog.naver.com/howwithus	블로그	좋은 자료
김박사 LAB	https://blog.naver.com/x2bar	블로그	좋은 자료
율밥퍼	https://blog.naver.com/yury223	블로그	좋은 자료
호빵맨	https://blog.naver.com/silercan	블로그	좋은 자료
반집	https://blog.naver.com/softwon1	블로그	
현자의 MZ세대 SAP	https://blog.naver.com/showconcerto	블로그	
둘영하나	https://blog.naver.com/l_yh6	블로그	

kikura915	https://blog.naver.com/kikura915	블로그	SYNC 과정
코딩돌잔치	https://blog.naver.com/zero_it	블로그	
boy0	https://boy0.tistory.com/181	블로그	
ABAP Developer Hwii	https://blog.naver.com/tlsdnjs025	블로그	
플로라젠	https://blog.naver.com/abapsap	블로그	
호두호두함	https://blog.naver.com/dlehdgml2018	블로그	
SAP HANA 이야기	https://blog.naver.com/euiman_kim	블로그	HANA DB
스티붕리	https://blog.naver.com/dandyrak	블로그	
나한선	https://brunch.co.kr/@lifeisex/	브런치	깊이 있음

인터넷마저 눈이 침침해서 못 보시겠다면 책을 참고하시면 됩니다. 삽질 시리즈로 학습하시면서 모르는 개념에 대해 자세히 찾아볼 수 있는 사전식의 교재를 옆에 두시고 보시면 됩니다. 경쟁사 추천하는 것 같아서 주저되지만 'Easy ABAP'을 추천합니다.

3 인공지능에 첫 질문

지금까지는 ABAP을 독학할 방법이 이런 것밖에 없었지만 지금은 강력한 결론이 있습니다. 인공지능(AI)의 도움을 받는 겁니다. 파이썬이나 Java는 바이브 코딩이라는 용어가 만들어질 만큼 인공지능이 소스 코딩을 마구 해대고 있습니다. 불행인지 다행인지 ABAP은 몇 가지 제약이 있어 변화의 파도를 약간 비켜나 있는 상태입니다.

하지만 시간문제일뿐 AI라는 큰 파도를 피할 수는 없을 것 같습니다. 직접 코딩을 지시하지는 못하지만 독학 도우미로 활용하기에는 이미 충분합니다. 우리가 적절한 질문만 던질 수 있다면요.

제가 사용하고 있는 인공지능 환경은 유료 챗GPT와 유료 제미나이입니다. 그리고 두 녀석에서 삽질 시리즈 전체 원고와 작업 정보를 모두 학습시킨 상태입니다. 말귀를 잘 알아먹습니다.

인공지능 활용법에 대한 자세한 사항은 뒤에서 조금 더 다뤄보겠습니다. 따라서 여러분이 사용하시는 환경의 인공지능과 답이 다를 수 있습니다. 조회 조건으로 다시 돌아가겠습니다. 화면에서 표시된 부분을 구현하는 방법을 인공지능에게 물어보겠습니다. 프롬프트(인공지능에게 하는 질문)를 어떻게 던져야 할까요? 쉽게 안 떠오르시죠? 지금까지 삽질 시리즈를 공부한 이유가 이겁니다. 제대로 된 질문을 던지기 위해서는 기본적인 ABAP 지식이 있어야 하니까요.

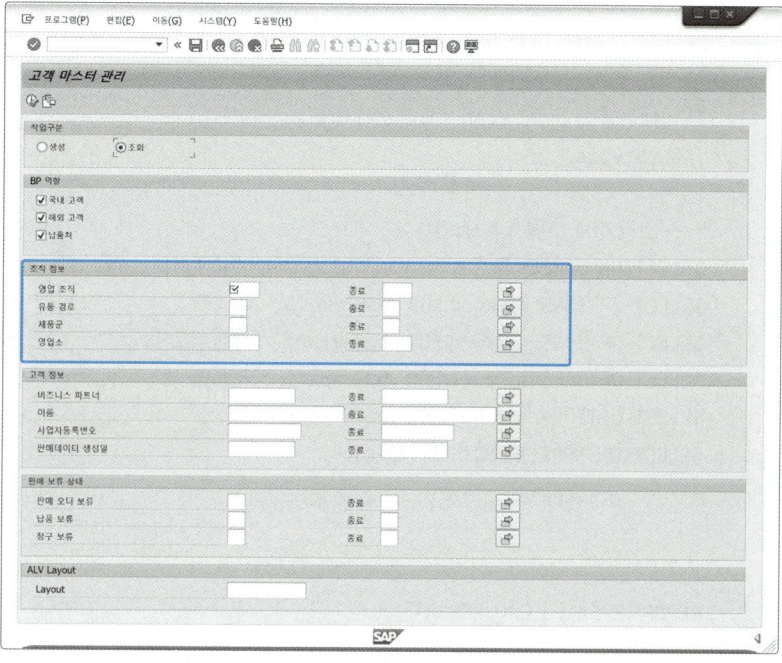

표시된 영역을 구현하는 방법을 테스트하고 싶습니다. 먼저 준비해야 할 것은 'se80'에서 프로그램을 하나 만들어 두는 거죠. 저는 'ZSAPBT1' 으로 빈 프로그램을 하나 생성했습니다.

SAP ABAP으로 조회 조건 구성을 하고 싶어. 조직 정보라는 그룹으로 영업조 직, 유통경로, 제품군, 영업소를 다중 선택 조건으로 만들어 줘.

GPT

```
REPORT zsales_org_select.

*--- 테이블 선언 (예: VBAK = 판매문서 Header 테이블)
TABLES: vbak.

*--- 조직 정보 그룹 조회 조건
SELECTION-SCREEN BEGIN OF BLOCK b1 WITH FRAME TITLE text-t01.
SELECT-OPTIONS: s_vkorg FOR vbak-vkorg.  "영업조직
SELECT-OPTIONS: s_vtweg FOR vbak-vtweg.  "유통경로
SELECT-OPTIONS: s_spart FOR vbak-spart.  "제품군
SELECT-OPTIONS: s_vkbur FOR vbak-vkbur.  "영업소
SELECTION-SCREEN END OF BLOCK b1.
----------- 중략 -----------
```

Gemini

```
REPORT Z_SALES_ORG_REPORT.

TABLES: ZSALES_ORG. "가상의 테이블

*&-------------------------------------------------------------*
*& Step 2 : 조회 화면(1000)
*&-------------------------------------------------------------*
SELECTION-SCREEN BEGIN OF BLOCK ORG WITH FRAME TITLE TEXT-001.

  SELECT-OPTIONS: S_VKORG FOR ZSALES_ORG-VKORG, "영업조직
          S_VTWEG FOR ZSALES_ORG-VTWEG, "유통경로
          S_SPART FOR ZSALES_ORG-SPART, "제품군
          S_VKBUR FOR ZSALES_ORG-VKBUR. "영업소

  SELECTION-SCREEN END OF BLOCK ORG.
  ----------- 중략 -----------
```

솔직히 돌려보고 깜짝 놀랐습니다. 영업(SD)관련 테이블까지 찾아서
만들어줬습니다. 확인을 한번 해 봐야겠지요. 미리 만들어둔 빈 프로
그램에 프로그램명을 제외하고 복사해 붙여 넣기 하고 돌려봅니다. 챗
GPT의 답은 그대로 에러없이 돌아갑니다. 제미나이 답은 약간 문제가
있습니다. 테이블 선언부에 'ZSALES_ORG'라는 가상의 테이블을 붙여
뒀습니다. 바로 수정하지 말고 제미나이에게 다시 명령을 내립니다.

ZSALES_ORG를 영업(SD)의 테이블을 찾아서 대체해 줘.

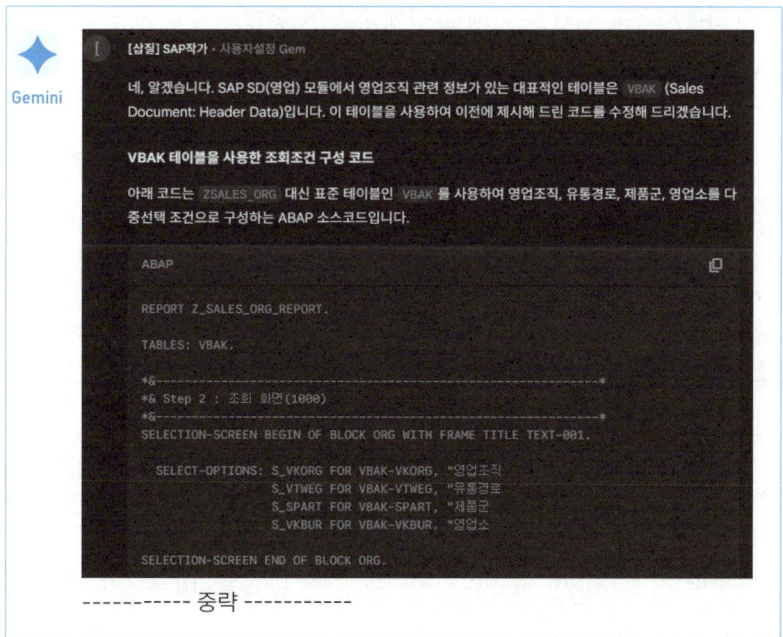

받은 결과를 다시 프로그램에 반영합니다.

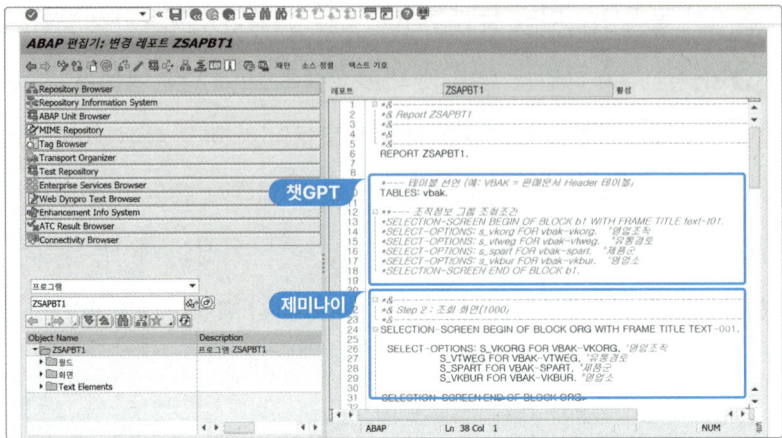

두 인공지능의 대답을 차례로 실행해 보면 동일한 결과를 얻을 수 있습니다.

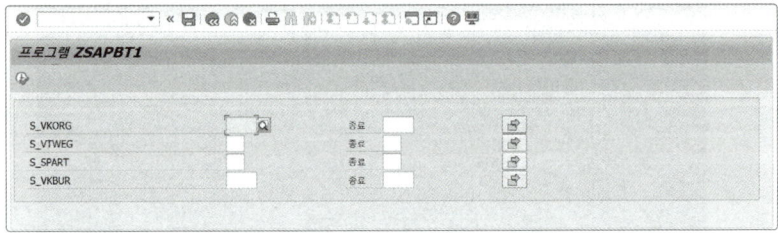

조회 조건의 텍스트가 제대로 안 들어간 이유는 잘 아시죠? 이런 문제 때문에 아직 ABAP이 바이브 코딩에서 약간 벗어나 있습니다. 여러분은 어떻게 처리해야 하는지 아실 겁니다. 'TEXT-001'을 더블클릭해 텍스트 오브젝트를 만들어 주면 됩니다.

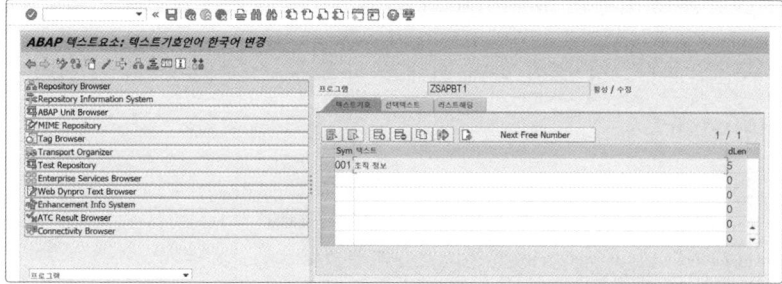

바로 옆 탭인 '선택텍스트'를 클릭해 나머지 텍스트도 정의해 줍니다.

결과는 다음과 같습니다.

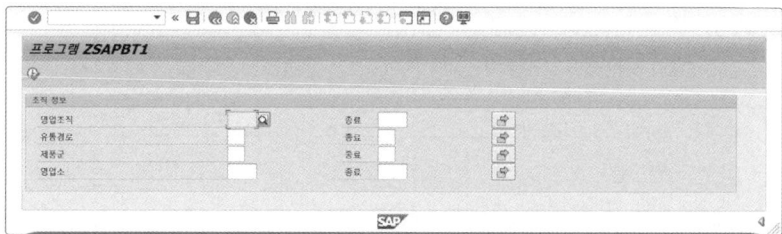

조금 억울하지 않으세요? 저는 좀 그랬습니다. 그런데 이 정도에서 억

울하면 안됩니다. 더 큰 충격은 다음입니다. 굳이 이렇게 길게 설명을 안 해도 됩니다. 그냥 조회 화면 전체를 직접 주고 그대로 만들어 달라고 하면 됩니다.

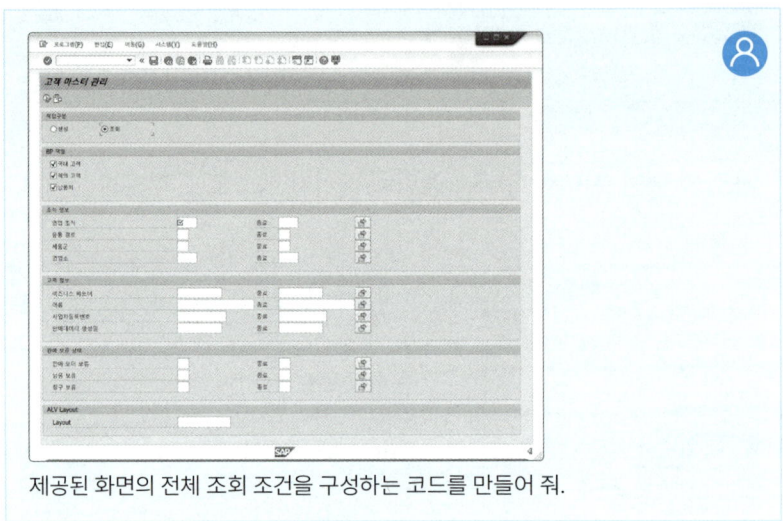

제공된 화면의 전체 조회 조건을 구성하는 코드를 만들어 줘.

답이 조금 더 정확한 '챗GPT'에게만 물었습니다.

```
REPORT zcust_master_sel.

TABLES: kna1.  "고객 마스터 (예시)


*------------------------------------------------------------------*
* 작업구분
*------------------------------------------------------------------*
SELECTION-SCREEN BEGIN OF BLOCK b0 WITH FRAME TITLE text-t00.
PARAMETERS: p_create RADIOBUTTON GROUP g1
```

```
DEFAULT 'X' USER-COMMAND rad,  "생성
      p_disp   RADIOBUTTON GROUP g1. "조회
SELECTION-SCREEN END OF BLOCK b0.
*----------------------------------------------------------------*
* BP 역할
*----------------------------------------------------------------*
SELECTION-SCREEN BEGIN OF BLOCK b01 WITH FRAME TITLE text-t01.
PARAMETERS: p_dom  AS CHECKBOX DEFAULT 'X'. "국내 고객
PARAMETERS: p_intl AS CHECKBOX DEFAULT 'X'. "해외 고객
PARAMETERS: p_supp AS CHECKBOX.          "납품처
SELECTION-SCREEN END OF BLOCK b01.


*----------------------------------------------------------------*
* 조직 정보
*----------------------------------------------------------------*
SELECTION-SCREEN BEGIN OF BLOCK b1 WITH FRAME TITLE text-t02.
SELECT-OPTIONS: s_vkorg FOR kna1-vkorg.  "영업조직
SELECT-OPTIONS: s_vtweg FOR kna1-vtweg.  "유통경로
SELECT-OPTIONS: s_spart FOR kna1-spart.  "제품군
SELECT-OPTIONS: s_vkbur FOR kna1-vkbur.  "영업소
SELECTION-SCREEN END OF BLOCK b1.


*----------------------------------------------------------------*
* 고객 정보
*----------------------------------------------------------------*
SELECTION-SCREEN BEGIN OF BLOCK b2 WITH FRAME TITLE text-t03.
SELECT-OPTIONS: s_partner FOR kna1-kunnr. "비즈니스 파트너
SELECT-OPTIONS: s_name1  FOR kna1-name1. "이름
SELECT-OPTIONS: s_stcd1  FOR kna1-stcd1. "사업자등록번호
SELECT-OPTIONS: s_erdat  FOR kna1-erdat. "판매데이터 생성일
SELECTION-SCREEN END OF BLOCK b2.
```

```
*--------------------------------------------------------------*
* 판매 보류 상태
*--------------------------------------------------------------*


SELECTION-SCREEN BEGIN OF BLOCK b3 WITH FRAME TITLE text-t04.
SELECT-OPTIONS: s_ordbl  FOR kna1-zzordbl.  "판매 오더 보류 (예: Z
필드)
SELECT-OPTIONS: s_dlvbl FOR kna1-zzdlvbl.  "납품 보류
SELECT-OPTIONS: s_invbl FOR kna1-zzinvbl.  "청구 보류
SELECTION-SCREEN END OF BLOCK b3.


*--------------------------------------------------------------*
* ALV Layout
*--------------------------------------------------------------*
SELECTION-SCREEN BEGIN OF BLOCK b4 WITH FRAME TITLE text-t05.
PARAMETERS: p_layout TYPE disvariant-variant.  "Layout
SELECTION-SCREEN END OF BLOCK b4.
----------- 중략 -----------
```

이번에는 좀 에러가 나왔습니다. 당황하지 않으셔도 됩니다. 우리 팀
장한테 내가 당하듯이 똑같이 돌려주면 됩니다. 에러 메시지를 쓱 긁어
서 대충 발라줍니다.

> The data object "KNA1" does not have a component called "VKORG".
> 에러 메시지 해결해 줘.

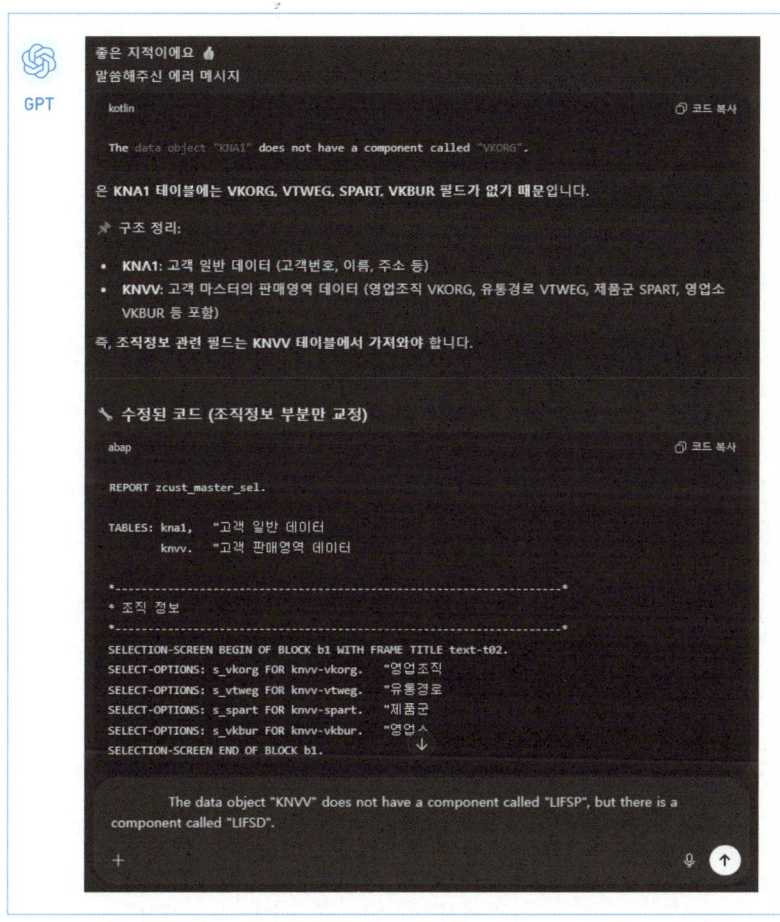

아부까지 떨면서 수정해야 할 부분을 지정해 만들어주기까지 합니다.
이런 과정을 몇 번 거치고 실행하니 돌아갑니다. 약간 소름 돋았습니다.
결과는 다음과 같습니다.

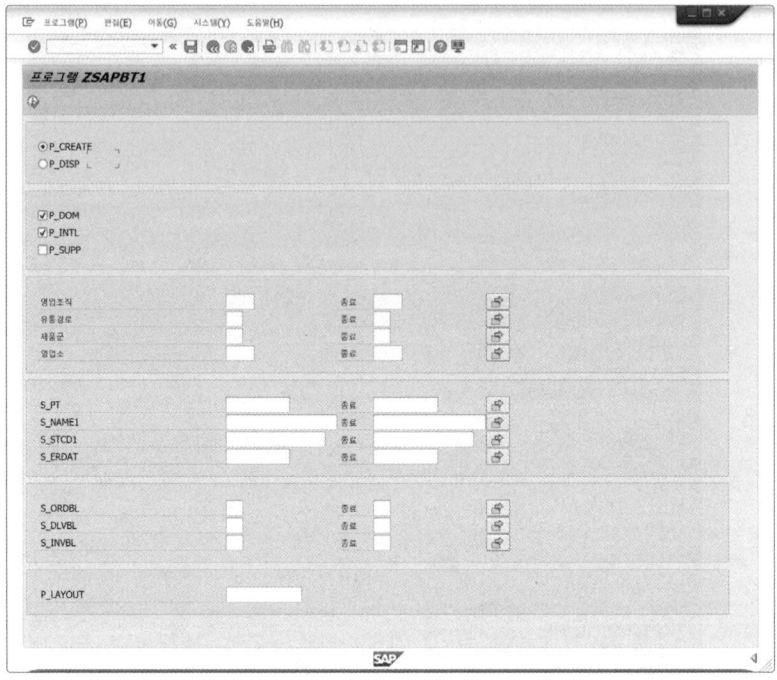

  어떤 부분을 추가적으로 해줘야 하는지 아실 겁니다. 수정해보시
고 결과는 직접 확인하시기 바랍니다. 인공지능이 만들어준 코드를 조
금씩 수정하시면서 조회 조건을 만드는 문법도 하나씩 확인하시면 됩
니다.

2. 드롭다운 리스트 적용하기

조회 조건을 구성하는 것은 비교적 간단해서 혼자 공부하는 게 그렇게 어렵지는 않았습니다. 이번에는 조금 더 어려운 과제에 도전해 보겠습니다. Part1에서 만들었던 에디터블Editable 프로그램에 드롭다운 리스트를 하나 만들어 보겠습니다.

1 샘플 프로그램 모음집

무슨 프로그램 언어이든 독학할 때 가장 좋은 학습자료는 좋은 샘플 프로그램이죠. SAP가 그런 측면에서는 아주 모범적인 회사입니다. 샘플 프로그램만 모아놓은 패키지Package가 있습니다. 거기서 드롭다운 리스트Dropdown list가 구현된 프로그램을 찾아 보겠습니다. 'se80'으로 가서 패키지Package를 선택하고 이름에 "slis"를 입력합니다.

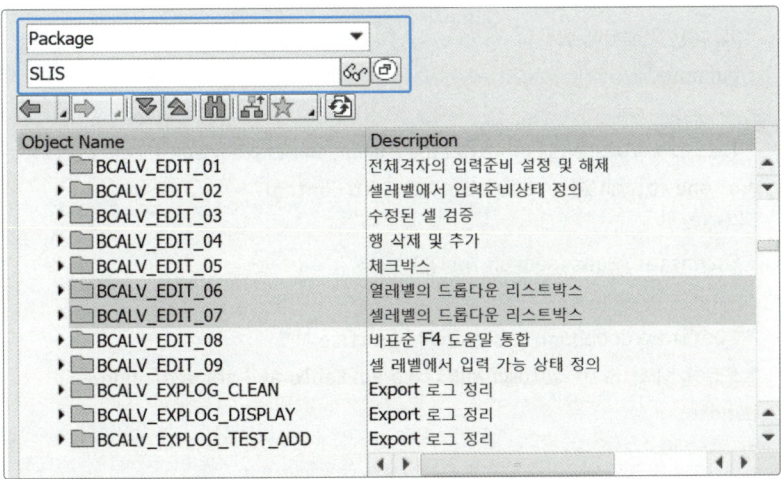

그림과 같이 드롭다운 리스트를 구현한 프로그램을 찾습니다.
'BCALV_EDIT_06' 프로그램을 열어보겠습니다.

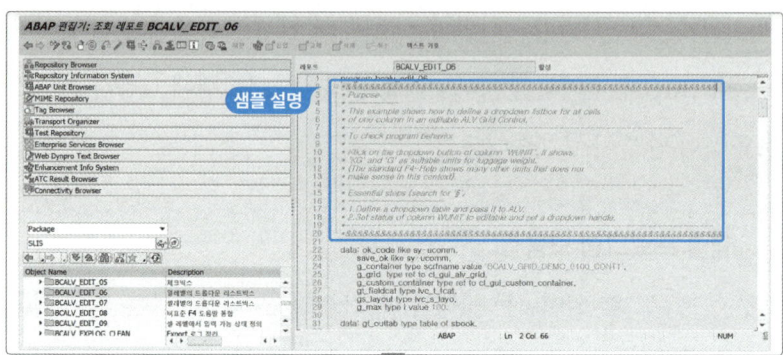

프로그램 상단에 주석으로 표시된 부분이 샘플에 대한 설명입니다.
과거에는 읽을 생각도 안했지만 지금 우리에게는 인공지능 친구가 있습
니다. 영어로 된 설명 부분을 다 긁어서 해석해 달라고 부탁합니다.

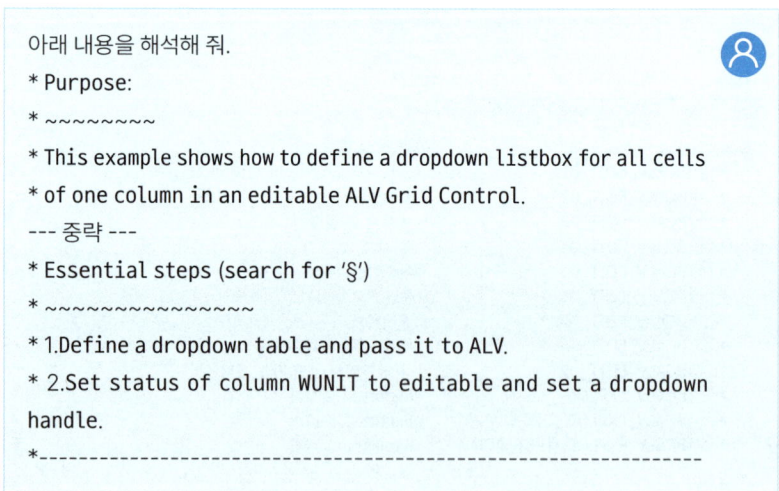

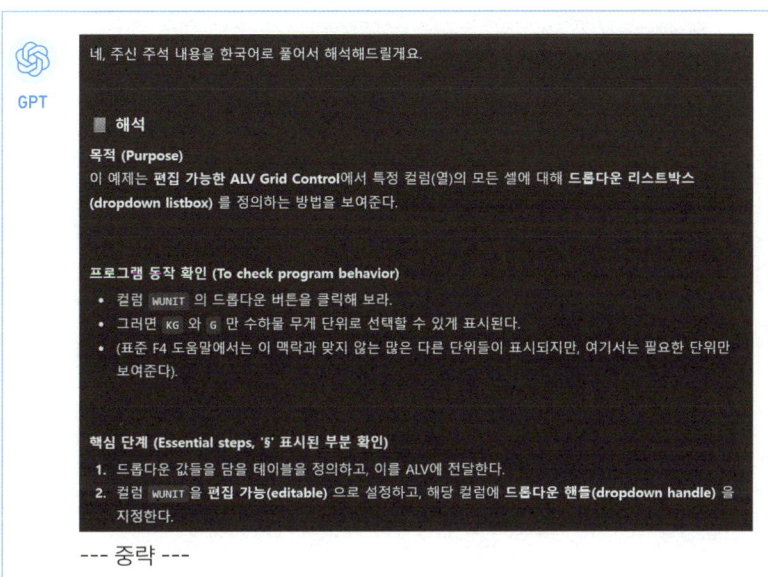

--- 중략 ---

처음 ABAP 공부할 때 사전 찾아가면서 더듬더듬 해석했던 것과 너무 대비됩니다. 지금은 의지만 있으면 독학이 쉬운 환경인 것 같습니다. 해석을 보면 대략의 내용은 파악이 될 겁니다. 긴 소스코드 중에서 내가 관심이 있는 드롭다운 리스트를 구현하는 부분만 보고 싶습니다. 그럴 때는 제일 하단에 있는 '핵심 단계'만 찾아 보면 됩니다. 친절하게 '§' 표시가 된 부분만 찾으라고 합니다. 소스코드에서 찾기(🔍)로 '§'를 찾습니다.

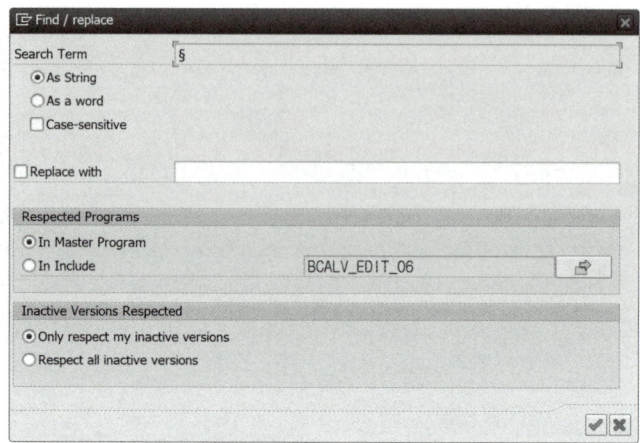

[**Enter**]를 누르면 소스코드에서 2곳이 조회됩니다.

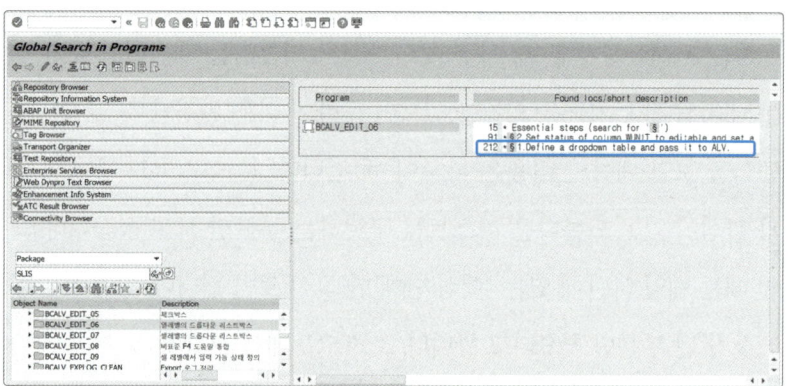

표시한 곳을 더블클릭해 해당 소스코드로 이동합니다.

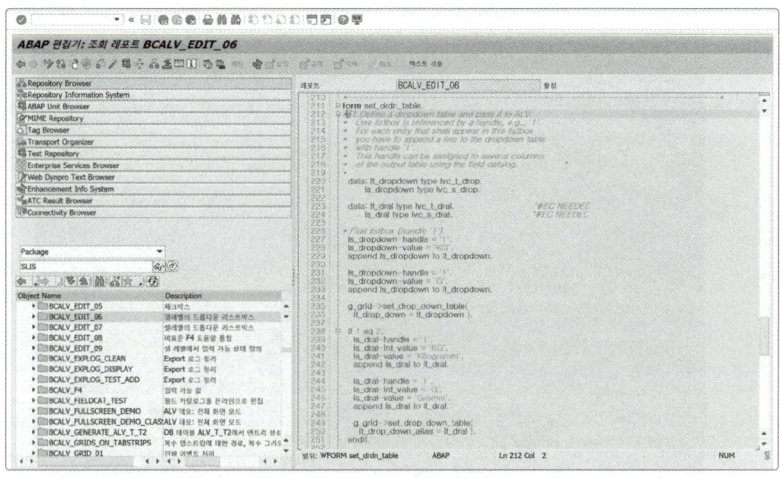

상단에 소스코드에 대한 설명이 다시 나옵니다. 인공지능에 동일하게 해석해 달라고 하면 됩니다. 이번에는 한 발 더 나가서 소스코드 자체를 설명해달라고 해보겠습니다. 관련 소스코드 전체를 긁어서 아래와 같이 프롬프트를 작성합니다.

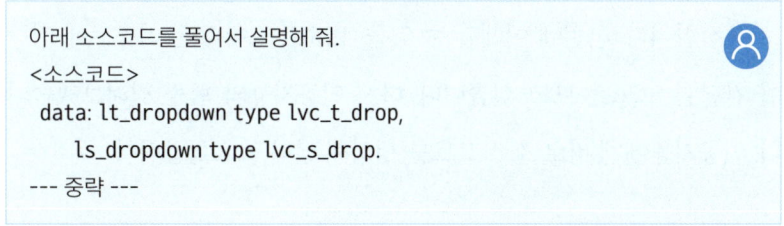

인공지능이 다음과 같이 순차적으로 소스코드를 해석해 줍니다. 완전 신세계입니다.

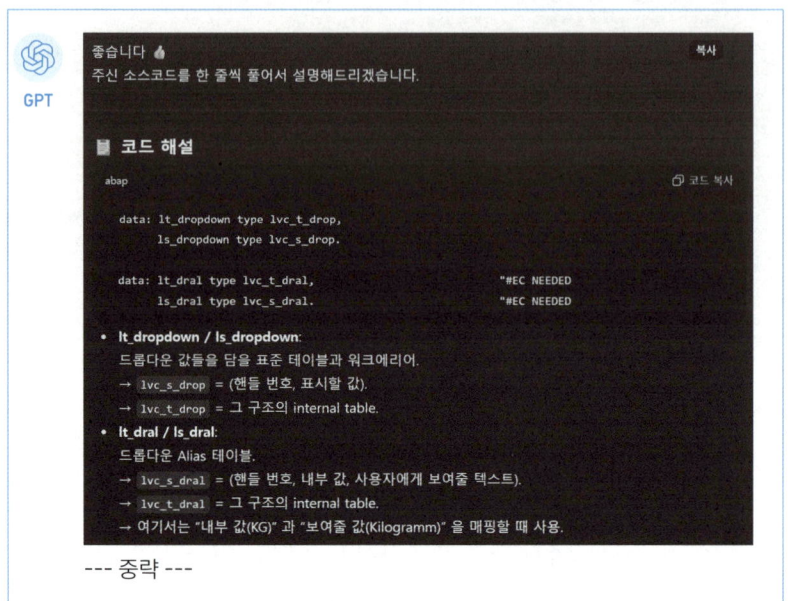

2 인공지능에게 코드 작성 요청하기

SAP가 아무리 정성을 다해 만든 샘플 프로그램이라고 해도 너무 길고 복잡합니다. 한번에 이해할 수 있을 정도로 드롭다운 리스트에 집중한 간단한 코드를 보고 싶습니다. 다시 인공지능의 힘을 빌려보겠습니다. 인공지능에게 바로 소스코드를 생성해 달라고 요청합니다.

ALV 기능 중 드롭다운 리스트를 구현한 간단한 샘플을 만들어 줘. **ABAP** 초급 자가 이해할 수 있도록 쉽고 간단하게 만들어 줘.

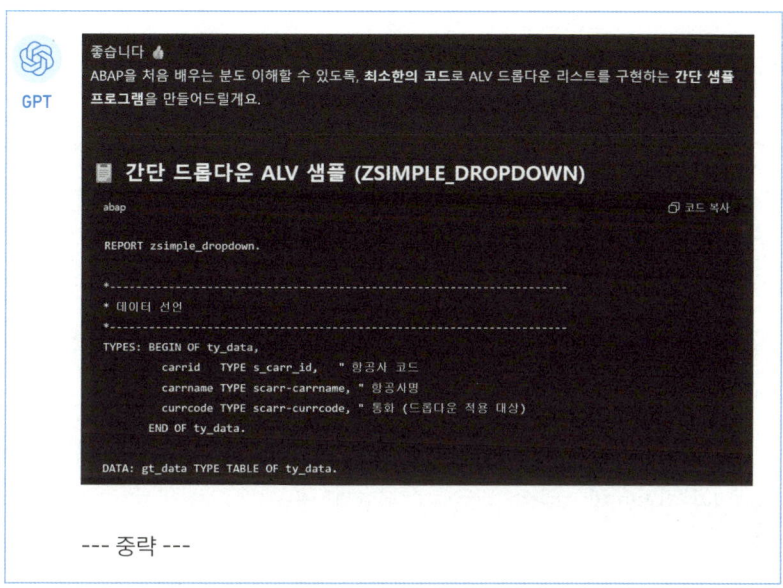

--- 중략 ---

    프로그램명은 간단Simple이지만, 여전히 이해하기 어렵습니다. 게다가 인공지능이 만들어준 소스를 복사해 붙이면 에러가 나거나 덤프가 떨어집니다. 소스코드 자체의 오류도 있지만, 스크린이나 GUI Status/Title 등의 오브젝트는 자동으로 만들어지지 않기 때문입니다. 아직 초보를 벗어나지 못한 아밥퍼ABAPer에게 이런 문제를 해결하는 건 쉽지 않습니다. 가장 이해하기 쉬운 소스코드는 뭘까요? 지금까지 공부하면서 내 손으로 코딩해 둔 소스코드가 아닐까요? 그 프로그램에 드롭다운 리스트 기능만 더해진다면 이해하기가 훨씬 수월할 겁니다. 일단 Part1에서 실습했던 에디터블Editable 프로그램을 복사해 새로운 프로그램을 하나 만들어 둡니다. 그리고 새로 만든 프로그램의 소스코드 전체를 복사합니다. 이제 인공지능을 부를 차례입니다.

소스코드를 하나 줄게. 제공된 소스코드에서 드롭다운 리스트를 구현해 줘.
[조건]
1. 구현대상 : 통화필드
2. 선택조건 : USD EUR CAD GBP USD AUD ZAR SGD CHF JPY
3. 제공한 소스코드를 최대한 그대로 사용하고, 드롭다운리스트 구현을 위해
추가된 부분은 주석에 [추가영역]이라고 표시해 줘.

<소스코드>
```
REPORT zsapb04.
 TABLES : scarr.
 DATA: g_docking TYPE REF TO cl_gui_docking_container,
 g_container TYPE REF TO cl_gui_container, g_grid TYPE REF TO
cl_gui_alv_grid.
--- 중략 ---
```

드롭다운 리스트를 적용할 필드는 '통화' 필드로 하고, 드롭다운 리스트에 포함될 통화의 리스트를 제공했습니다. 그리고 마지막에 공부하기 쉽도록 원래 소스코드를 최대한 손대지 말고, 추가된 부분에 대해 표시를 해달라고 했습니다. 너무 무리한 요구 아닌가요? 그런데 결과를 보고 너무 놀랐습니다. (전체 소스는 부록을 참고하세요.)

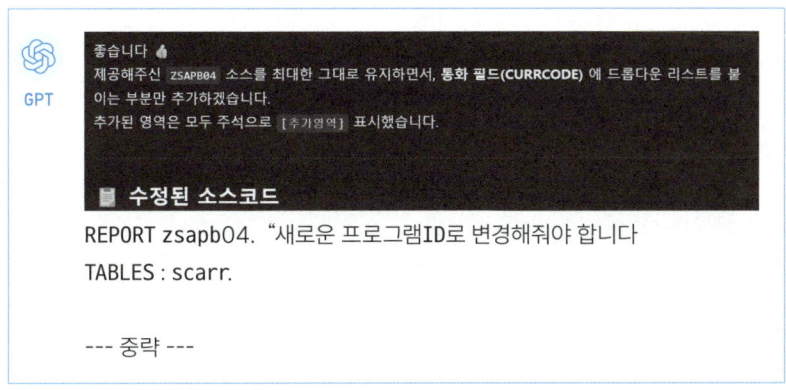

챗GPT가 제공한 소스코드를 복사해서 그대로 복사한 프로그램에
붙여 넣었습니다. 프로그램ID를 새로운 ID로 변경하고 모든 오브젝트
를 활성화했습니다. 에러가 전혀 나지 않았습니다. 프로그램을 실행해
보았습니다.

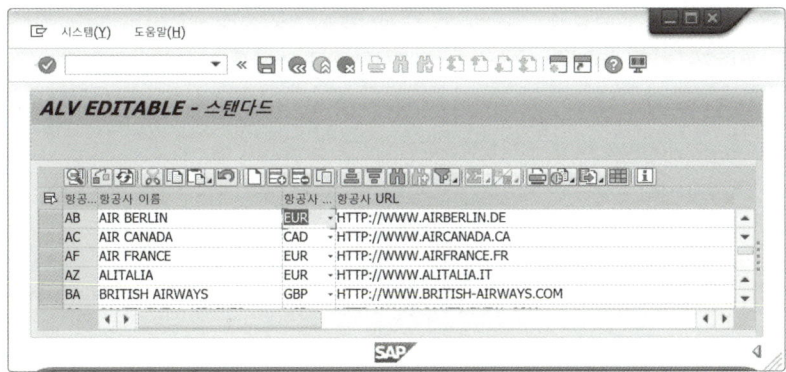

항공사 현지통화 필드가 드롭다운 리스트 형태로 바뀐 것을 알 수 있
습니다. 클릭해 보면 입력 가능한 통화가 리스트로 나옵니다. 소스코드

에서 주석으로 인공지능이 표시해 둔 [추가영역]만 찾아서 공부하면 되는 거죠. 다른 기능들도 이런 식으로 하나씩 테스트해 보면 공부하기가 훨씬 수월할 것 같습니다.

 **추가로 고쳐야 할 것들**

일단 드롭다운 리스트는 잘 구현되었지만 잘 생각해 보면 수정해 줘야 할 것들이 몇 가지 있습니다. 첫째, 복사한 프로그램을 사용한다면 프로그램ID는 내가 만든 것으로 항상 변경해 줘야 합니다. 둘째, T-code가 연결되어 있거나 관련된 로직이 있다면, T-code도 새로 만들어 주고 관련 로직도 수정해 줘야 합니다. 셋째, 이름과 관련된 프로그램명, GUI Title과 같은 것들도 변경해 줘야 합니다. 특이하게 제가 테스트한 프로그램에서는 저장 로직이 길어서였는지 'itab_save_pro' Perform 문을 구현하지 않고 '(원본 소스 그대로 유지)'라는 주석을 달아놨습니다. 그래서 복사해 온 프로그램에서 그 부분만 복사해 붙였습니다. 인공지능으로 가끔 이런 짓을 하니 항상 잘 체크해야 합니다.

04

ABAP with AI

타임지를 아십니까? 2010년대까지 지구에서 최고의 공신력을 지녔던 주간지였습니다. 제 젊은 시절에 저의 이미지 세탁용 소품이기도 했고요. 지금은 그 의미가 좀 퇴색되었지만, 타임지에 '올해의 인물'이라는 게 있었습니다. 매년 연말이 되면 누가 타임지의 '올해의 인물'이 되느냐가 큰 관심사였습니다. 수많은 인물 중에 저는 2006년의 '올해의 인물'이 기억에 남습니다. 그해 12월, 타임지의 표지에 요상한 사진이 실렸습니다.

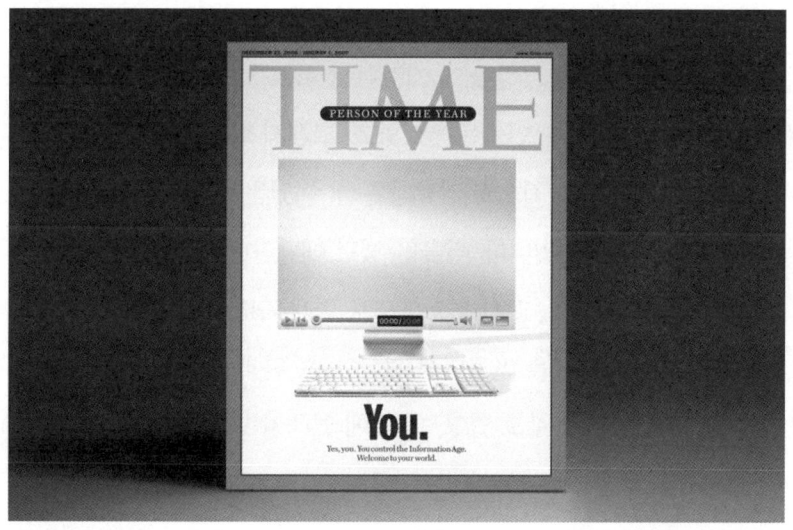

　　사진이라 그 느낌이 살지 않네요. 실제 잡지는 표지에 보이는 모니터가 은박지같은 소재였고 거울처럼 보였습니다. 타임지를 들고 보면 그

속에 내 얼굴이 비치는 구조였죠. '올해의 인물'은 너(You)라는 거죠. '올해의 인물'을 뽑으면 그 사람에 대한 특별 기사가 길게 특집으로 들어갔습니다. 2006년 특집 기사의 핵심은 이랬습니다.

'기술을 발전하게 하는 것은 과학자도, 우수한 엔지니어도 아니다. 컴맹인 바로 당신이다.'

컴퓨터 기술을 발전시킨 건 아이러니하게도 전문 기술이 전혀 없는 일반 사람들이었다는 겁니다. 당시 컴퓨터를 그렇게 싫어하던 저도 지금은 하루 종일 컴퓨터로 일을 하고 있습니다. 지금 이 글도 컴퓨터 모니터에 쓰고 있죠.

왜 그때는 그렇게 싫었을까? 일단 어려웠습니다. 검은 화면에 명령어를 외워서 파일을 열고, 만들고, 저장하곤 했죠. 그래서 너드(nerd)들이 좋아했습니다. 저 같은 인싸는 별로였죠. 그래서 마우스가 나왔고 윈도우가 출시됩니다. 직관적으로 컴퓨터를 쓸 수 있는 환경이 갖춰진 거죠.

겉모습도 마찬가지입니다. 건물만 했던 애니악(최초의 컴퓨터)에서 책상 위의 데스크톱으로, 다시 노트북으로 변해 가방 속에 들어갔다가 스티브잡스가 스마트폰을 만들면서 지금은 손 위에 있죠. 그리고 미래에는 귀 속으로 들어갈 수도 있고, 뇌 속에 있을 수도 있습니다. 사람들이 언제나 쉽게 휴대할 수 있는 형태로 변해 온 겁니다.

그때도 지금처럼 사람들은 불안해 했습니다. 새로운 기술에 대한 막연한 공포와 불안감이 있었죠. 뒤처지면 안된다는 절박함도 있었고요. 딱 지금처럼요. 새로운 기술이 나타나면 인간은 세 가지 유형으로 대응

한답니다. 직접 만드는 천재, 그걸 이용해 돈 버는 통찰력 있는 인간, 마지막은 그냥 사용자. 비율은 대충 아시죠? 0.01%, 1%, 99% 정도 될 겁니다. 대부분은 그냥 사용자라는 겁니다. 그래서 힘의 추는 사용자에게 있습니다.

그렇게 불안해하실 필요가 없다는 겁니다. 물론 야망이 있으시다면 적어도 1%에 들어야 하니 마음이 급하고 불안하셔야 합니다. 그런데 저는 그 쪽은 아니라서 마음이 편합니다. 수많은 기술이 나올 거고 내가 잘 쓸 수 있는 수준까지 만들어지지 않는다면 어차피 그 기술은 사라질 테니 알 필요가 없습니다.

결국 주인공은 2006년처럼 바로 '당신'입니다. 모든 사람이 오픈AI의 샘 올트먼, 구글의 데미스 허사비스와 같이 직접 AI(LLM)를 개발해야 되는 것은 아닙니다. AI를 고객으로서 이용하고, 또 AI와 협력해 자신의 일을 효율적으로 하는 것만으로 혁신을 꾀할 수 있습니다. 핵심은 개인이든 기업이든 문제를 해결할 수 있는 가장 최적의 지능적 수단을 찾고 활용하는 일입니다.

수십 년 동안 삽질을 제대로 하기 위해서는 컨설턴트, 프로그래머가 기본적으로 필요하고 규모가 커지면 일정과 예산 등을 관리하는 사업 관리자(PMO)가 있어야 했습니다. 그런데 최근 바이브 코딩(자연어로 지시하면 인공지능이 프로그램을 자동으로 구성)이라는 것이 나오면서 기획과 프로그램을 이해하는 능력을 가진 컨설턴트만 있으면 되도록 변하고 있습니다. 이런 변화는 그 일이 새롭게 정의된다는 의미이기도 합니다.

그렇다고 너무 조급해할 필요는 없습니다. 세상에 나오는 모든 AI 기술을 마스터하려 할 필요도 없습니다. 기술은 더 많은 사람들이 원하고 필요한 것을 좀 더 잘 제공하도록 발전할 테니까요.

이 책을 쓰면서 저도 인공지능을 이용해 ABAP 코딩을 처음 해봤습니다. 신기하기도 하고 무섭기도 했습니다. 두 가지 생각이 떠올랐습니다. 이 책 쓰기를 잘했다. 이 책을 쓰면서 기본적인 ABAP 문법과 클래스 개념을 익혔습니다. 만약 그렇지 않았다면 저는 인공지능에게 제대로 된 지시를 내리지 못했을 것입니다.

그리고 그동안 썼던 삽질 시리즈를 학습시킨 후의 결과는 완전히 달랐습니다. 제가 익숙한 형태로 코드를 제공해주니 훨씬 이해하기 쉽고 높은 품질의 답을 했습니다.

또 하나의 생각은 얼마 지나지 않아 SAP관련 산업에 큰 변화가 있겠구나 하는 것입니다. 우리가 하고 있는 삽질 자체는 사라지지 않을 것입니다. 하지만 필요로 하는 사람의 수는 드라마틱하게 줄어들 것 같습니다. 업무를 이해하고, ABAP 개념을 이해하는 한 사람이 지금의 5명 이상의 역할을 할 수 있을 것 같습니다.

기술이 세상을 바꾸는 것을 막을 방법은 없습니다. 내가 안 해도 누군가는 할 거니까요. 유일한 방법은 일단 뛰어드는 겁니다. 다행스러운 점은 ABAP은 아직 태풍에서 약간 빗겨나 있고 그래서 우리에게 아직은 약간의 시간이 남아있다는 것입니다.

1. 인공지능이 ABAP을 어려워하는 이유

ABAP은 Python이나 JavaScript 수준으로 바이브 코딩할 수 없었습니다. 왜 그럴까요? 그건 SAP의 폐쇄성과 특별한 구조 때문입니다. Python이나 JavaScript가 사용하는 일반적인 개발 환경에서는 소스코드는 텍스트 파일로 만들고 저장합니다. 그걸 깃(git)으로 버전 관리하고, 누구나 볼 수 있도록 공개합니다. 다양한 편집기(Editor)를 사용할 수도 있죠.

반면 ABAP은 일단 소스 코딩을 하기 위해 여러 단계를 거쳐야 합니다. 제일 먼저, SAP 시스템에 로그인하고, 트랜잭션 코드 'SE80'으로 들어가서 개발 패키지(Package)를 선택하고 프로그램ID 생성까지 아시다시피 한참의 팝업 정글을 건너야 겨우 'Hello world'라도 코딩할 수 있습니다. 그뿐 아니라 버전 관리는 전송 요청(CTS, Transport Request)이라는 것을 통해 합니다. 한 마디로 모든 과정이 SAP 시스템 안에서 일어납니다.

우리가 작성한 코드도 텍스트 파일이 아니라 보안이 강력한 데이터베이스 테이블에 저장됩니다. 또 하나의 문제는 SAP가 ABAP 에디터라는 전용 툴을 가지고 있고, 텍스트 파일 하나로 완성되는 것이 아니라 여러 개의 오브젝트들의 모음으로 이뤄진다는 것이죠. 그래서 3장에서 실습할 때도, 먼저 비슷한 프로그램을 복사해 만들고 인공지능이 만들어준 코드를 필요한 곳에 붙여 넣은 후 몇 가지를 수정해줘야 했죠. 여러 과정 중에서 인공지능이 생성한 소스코드를 복사해 넣는 것만으로 안 되는 부분이 있습니다.

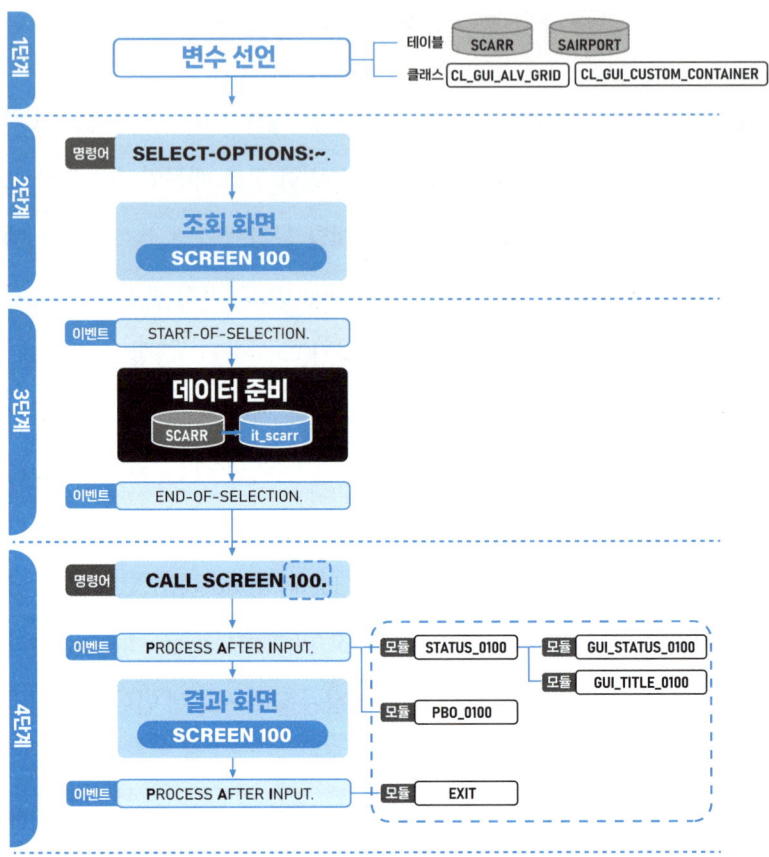

대표적인 것들이 박스로 표시된 부분들입니다. 스크린에서 사용하는 컨테이너에 따라 스크린 페인터(Screen painter)에서 직접 그려 넣기도 했고, PBO에서 상태와 타이틀 설정을 위한 모듈도 추가 설정이 필요합니다. 'EXIT' 모듈도 추가적인 세팅이 있죠. 이런 차이가 인공지능이 ABAP을 어려워하게 합니다.

1 인공지능이 공부할 ABAP 소스코드가 없는 이유

지금은 인공지능은 학습할 데이터의 모델이 크면 클수록 정확해집니다. 학습할 충분한 ABAP 코드가 있다면 ABAP도 바이브 코딩을 못할 이유가 없죠. 그렇다면 전세계에서 가장 많이 사용되는 ERP 패키지인 SAP의 소스코드가 지구 상에 모자라는 걸까요? 글로벌 기업에서 SAP 운영자로 일하는 ABAP 개발자가 이런 말을 했습니다.

"우리 회사 ABAP 코드가 아마 100만 줄은 넘을 거야. 근데 이걸 AI가 볼 수 있나? 절대 보면 안 되지!"

사실 저는 SAP 컨설턴트로만 살아왔기 때문에 Python 같은 오픈소스를 저장하는 방식이 더 생소합니다. 기업의 소스코드는 그 회사 고유의 프로세스를 담고 있고 데이터는 중요한 경영 현황과 결정들이 들어 있어 당연히 공유하면 안된다고 생각했죠. 그런데 오픈소스의 세상은 다르더군요. 2024년에 Python이 JavaScript를 제치고 GitHub에서 가장 인기 있는 언어가 되었고, 누구나 볼 수 있도록 공개되어 있는 저장소(Repository)만 2,400만 개가 넘습니다. 반면 ABAP은 어떨까요? GitHub에서 ABAP을 검색하면 약 1,000여 개의 저장소가 있습니다. 그중 가장 많은 스타를 받은 프로젝트도 1,800개 정도입니다. Python 프로젝트는 수만 개의 스타를 받는 게 흔한데 말이죠. 더 재미있는 건, ABAP 오픈소스 프로젝트 상당 수는 SAP에서 관리하는 프로젝트들이고, 실제 코드보다는 스타일 가이드가 대부분입니다. 인공지능(AI)에게 필요한 건 실제 기업들의 노하우가 담긴 CBO 코드들인데 말이죠.

조금 더
파보자

내가 만든 프로그램은 어디에?

　　ABAP 소스코드는 어디에 있을까요? 이 책에서 만들
었던 프로그램을 한 번 찾아보겠습니다. 'SE11'로 들어갑니다.

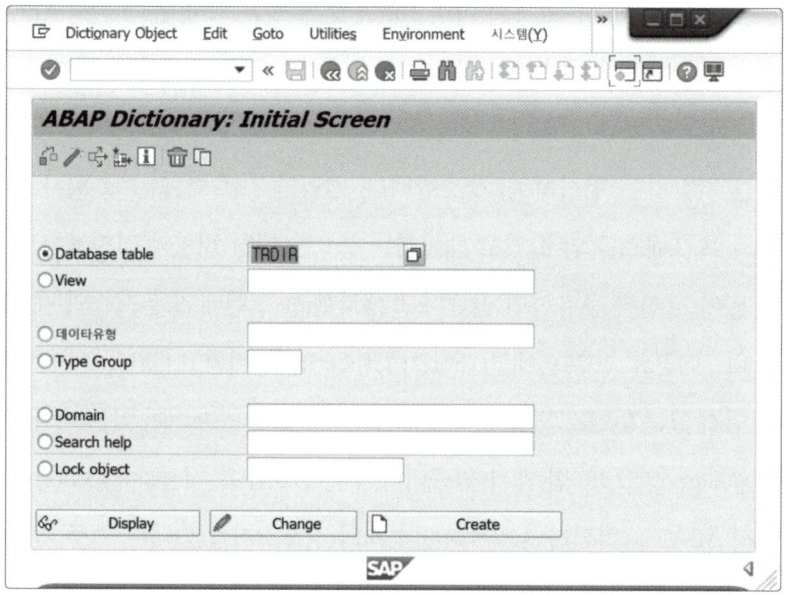

　　데이터베이스 테이블(Database table)에 "TRDIR"을 입력하고 조회
(Display) 버튼을 누릅니다.

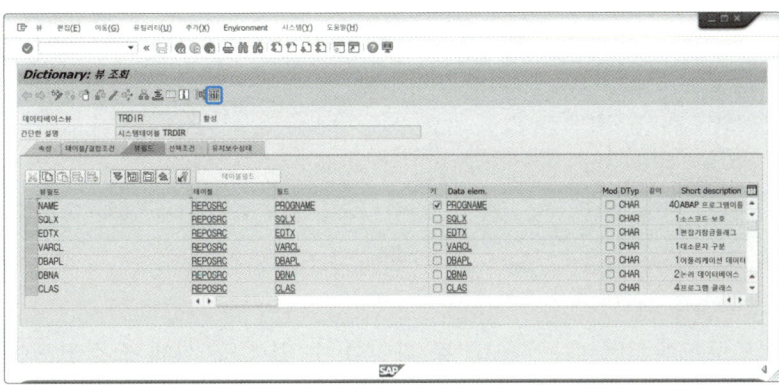

그림에 표시된 내용(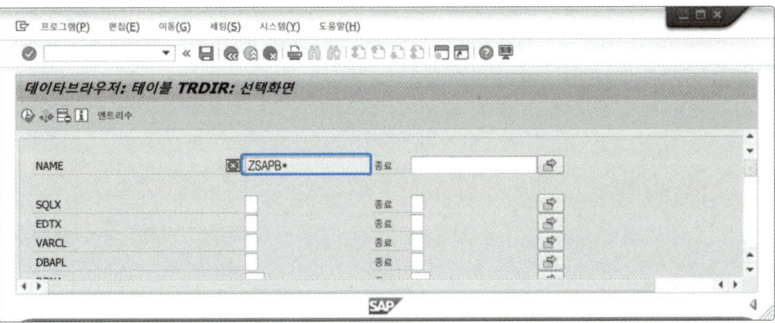) 버튼을 클릭합니다.

NAME 필드에 그림과 같이 "ZSAPB*"를 입력합니다. 이 책에서 다루었던 모든 프로그램이 조회됩니다.

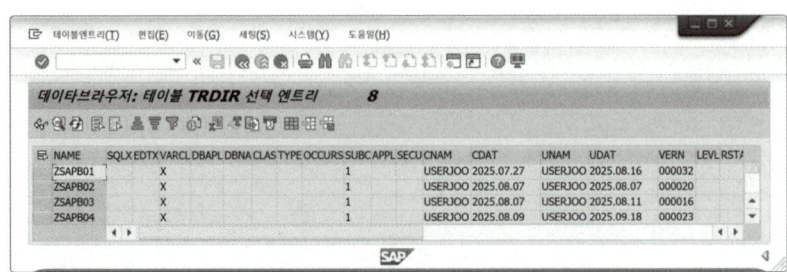

프로그램 리스트는 'trdir'로 확인할 수 있네요. 실제 소스코드는 'reposrc' 테이블을 조회하면 확인할 수 있습니다. 직접 확인해보세요.

2 실행은 되는데 내가 원하는 코드는 아냐

또 다른 문제가 있습니다. 인공지능으로 처음 ABAP 코드를 작성하려고 했을 때 아무런 준비나 설정없이 단도직입적으로 프롬프트를 던졌습니다.

> ABAP으로 판매 오더 조회하는 ALV 리포트 만들어 줘.

```
REPORT Z_SALES_ORDER_REPORT.
--- 중략 ---
MOVE-CORRESPONDING gs_vbak TO gs_output.
ADD 1 TO lv_counter.
MOVE sy-datum TO lv_date.
--- 중략 ---
```

뭔가 어색한 문법이 나옵니다. 오래 전 구식 ABAP 문법이고 지금은 잘 쓰지 않는 패턴입니다. 그렇다면 무조건 최신 문법으로 만들어 달라고 하면 될까요? 그것도 안됩니다. 우리 회사가 쓰고 있는 SAP가 감당하지 못할 수 있거든요. 회사마다 사용하는 SAP의 버전이 다르고 그에 따른 ABAP의 버전도 달라집니다. 흔하지는 않지만 아직 국내에는 ECC 제품을 사용하는 회사도 있습니다.

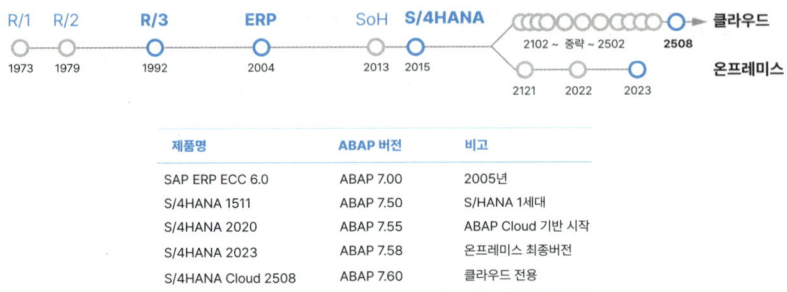

제품명	ABAP 버전	비고
SAP ERP ECC 6.0	ABAP 7.00	2005년
S/4HANA 1511	ABAP 7.50	S/HANA 1세대
S/4HANA 2020	ABAP 7.55	ABAP Cloud 기반 시작
S/4HANA 2023	ABAP 7.58	온프레미스 최종버전
S/4HANA Cloud 2508	ABAP 7.60	클라우드 전용

　　SAP 제품명의 변화와 주요 버전의 변화를 다시 정리해봤습니다. 그
림을 보면 2021년부터 클라우드 제품이 자주 출시되는 것을 알 수 있
습니다. 그에 비해 온프레미스는 년에 한번 출시됩니다. SAP가 클라우
드 우선으로 전환했다는 것을 알 수 있습니다. 상세한 설명은 삽질 시리
즈 1권을 참고하세요. 그 아래 표를 보면 각각의 SAP 버전에 대응되는
ABAP 버전이 있습니다. 가장 최근의 버전은 'ABAP 7.60'이네요. 문제는
내가 사용하는 SAP의 ABAP 솔루션을 알지 못한다는 거죠. 확인할 수
있는 방법이 있습니다.

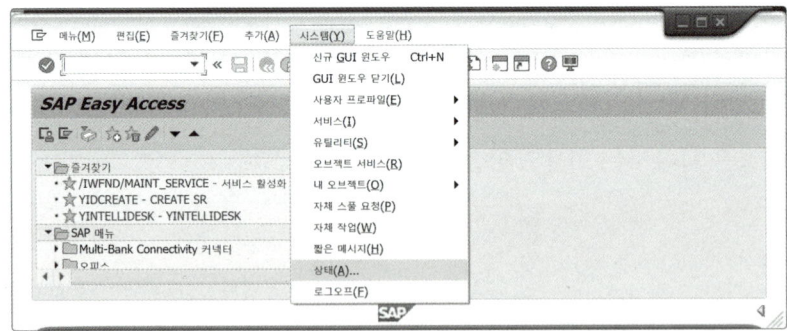

[시스템]에서 [상태]를 선택합니다.

시스템: 상태				✕

사용 데이터

클라이언트	100	이전 로그온	2025.09.20	23:16:02
사용자	USERJ00	로그온	2025.09.21	12:17:33
언어	KO	시스템 시간		12:20:25
비밀번호 로그온 실패 횟수:			0	

SAP 데이터

저장소 데이터

트랜잭션	SESSION_MANAGER		
프로그램(화면)	SAPLSMTR_NAVIGATI_	화면 번호	100
프로그램(GUI)	SAPLSMTR_NAVIGATI_	GUI 상태	SESSION_ADMIN

SAP 시스템 데이터

제품 버전	- 세부사항 보기 -	🔍	
설치 번호	0021241704	라이센스 만료일	9999.12.31
유니코드시스템	예		

호스트 데이터

운영 체제	Linux	서버 이름	vhpncds4ci_DS4_00
시스템 유형	x86_64	플랫폼 ID	390

데이터베이스 데이터

Database System	HDB	릴리스	2.00.086.00.175126
이름	DS4/06	호스트	vhpnchd4db01
스키마	SAPHANADB	사용자	SAPHANADB

✔ 탐색 🖨 ✕

표시된 세부사항 버튼(🔍)을 누릅니다.

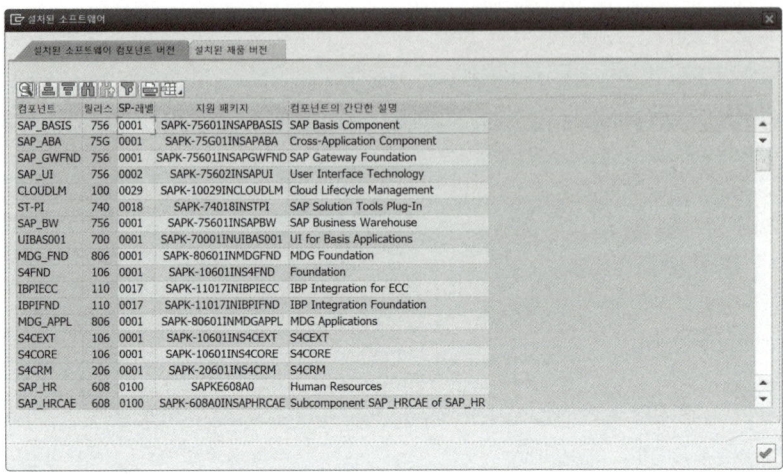

　가장 상단의 라인을 보면 지금 사용하고 있는 ABAP 버전이 7.56임을 알 수 있습니다. 이제 프롬프트에 항상 넣어야 할 고정 문구가 생겼네요. 'ABAP 7.56 버전으로 개발해 줘'. 버전만 고려하면 될까요? 훨씬 더 많은 고려사항이 있을 겁니다. 계속 사용을 하다 보니 반복적으로 사용되는 구문과 패턴이 나옵니다. 제가 테스트하면서 디벨럽한 템플릿을 공유합니다.

기본 템플릿

환경: [SAP 버전] or [ABAP 버전]
목적: [무엇을 하는 프로그램인지]
입력: [어떤 데이터를 받는지]
처리: [어떤 로직이 필요한지]
출력: [결과를 어떻게 보여줄지]
특별 요구사항: [성능, 권한 체크 등]

프롬프트를 제가 드린 템플릿에 맞춰 구성한 다음 인공지능에게 명령을 내려 보세요. 지금까지와는 많이 다른 결과를 줄 겁니다.

2. 맞춤형 인공지능 만들기

3장에서 저와 똑같은 프롬프트를 입력하셨다면 아마도 쌥(SAP)소리가 아니라 진짜 쌉소리하는 인공지능을 보셨을 겁니다. 이 책은 인공지능 책이 아니니까 인공지능이 돌아가는 원리를 설명하지는 않겠습니다. 단지 제대로 된 답을 받는 방법에 대해서만 고민합니다.

앞서 실습을 하실 때 책의 결과와 너무 달라서 당황하셨을 수도 있습니다. 잠깐 언급했지만 저는 유료 서비스를 사용하고 있고 사전에 몇 가지 설정을 했으며, 삽질 시리즈와 그동안 가지고 있던 정제된 ABAP 자료를 인공지능에게 미리 제공했습니다. 지금부터 그 과정에 대해 이야기하겠습니다.

1 유료 서비스 사용은 기본

지금까지 기술 서적을 쓰면서 특정 서비스나 어플 사용을 직접적으로 추천한 적은 거의 없었습니다. 하더라도 우선 무료로 사용하고 익숙해진 후에 유료로 사용하기를 추천드렸습니다.

이번에는 그렇게 조언을 드리지 못할 것 같습니다. 가능하면 바로 챗GPT, 제미나이, 클로드 등의 인공지능 툴들 중에 유료 서비스를 가입하시기 바랍니다. 이렇게 직접적으로 권유 드리는 이유는 두 가지입니다.

첫 번째는 무료 서비스와 유료 서비스의 질의 차이가 너무 크기 때문입니다. 일반적인 경우 무료와 유료를 나누는 형태는 제공하는 서비스가 10개 있으면 절반 정도를 무료로 열어주고 나머지 절반을 사용하려면 유료로 전환해야 하는 구조입니다. 보통 서비스 결과의 저장이나 개인화에 제약을 주는 경우가 많습니다. 그런데 챗GPT를 예로 들면 무료로 쓸 경우 사용할 수 있는 인공지능 모델을 구분합니다. 최신 모델을 사용할 수 없고 그 이전 모델을 사용할 수 있게 합니다. 물론 현상황이 그런 것이고 이 정책 또한 언제나 바뀔 수 있습니다.

두 번째 이유는 우리의 상황입니다. 인공지능을 활용하는 것이 단지 얼리어댑터(Early Adapter, 신기술에 관심이 많고 빨리 체험하고자 하는 성향을 가진 사람들)가 될 것인지, 아닌지의 문제가 아니기 때문입니다. 밥벌이의 문제이고 생존의 문제입니다.

② 챗GPT 가스라이팅하기

이 책을 쓰면서 저도 별 관심이 없던 다양한 인공지능을 직접 체험해 봤습니다. 그중에서 챗GPT와 제미나이를 유료로 신청했고 이 책도 두가지 서비스를 중심으로 쓰고 있습니다. 관련된 실용서도 여러 권을 사서 봤습니다. 그 과정에서 느낀 것이 6개월 전의 책과 지금의 책이 완전히 달라진다는 점이었습니다. 너무 변화속도가 빠르니까요. 그래서 지금부터 제가 설명하는 인공지능을 저의 목적에 맞게 설정하는 과정은 언제든 그 기능이 바뀔 수 있습니다.

제가 주로 사용하고 있는 챗GPT부터 알아보죠. 챗GPT를 가스라이
팅 하는 방법은 두 가지가 있습니다. 경로와 방식은 달라보이지만 결과
는 비슷해보입니다. 챗GPT에 접속합니다.

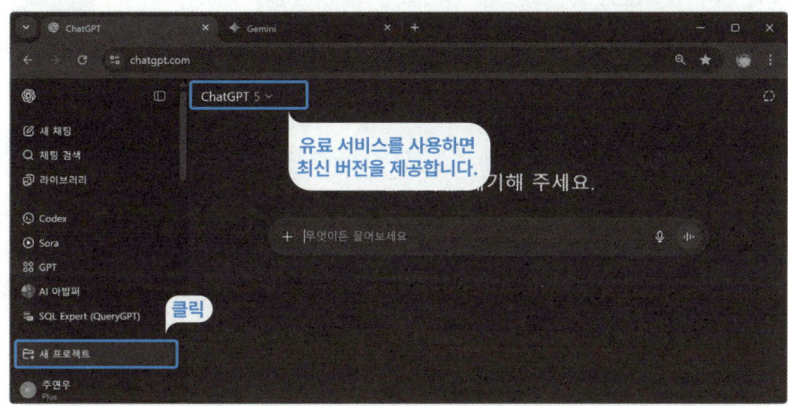

가스라이팅을 하는 첫 번째 방법은 '프로젝트' 기능을 활용하는 것입
니다. 하단에 표시된 '새 프로젝트'를 클릭합니다.

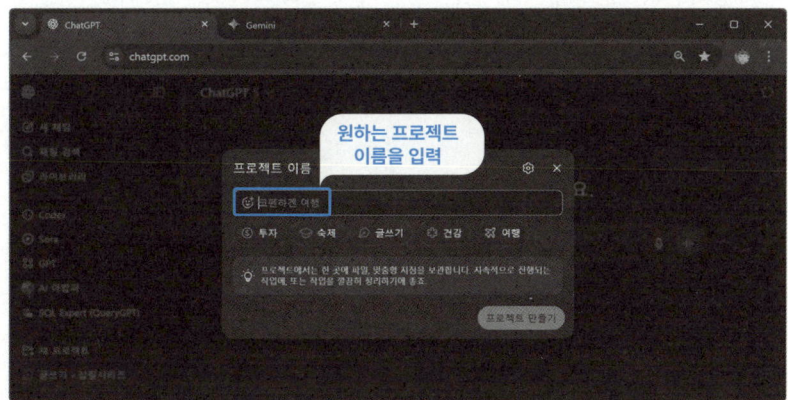

팝업이 나오면 원하는 프로젝트명을 입력하고 하단에 있는 '프로젝트 만들기' 버튼을 클릭합니다.

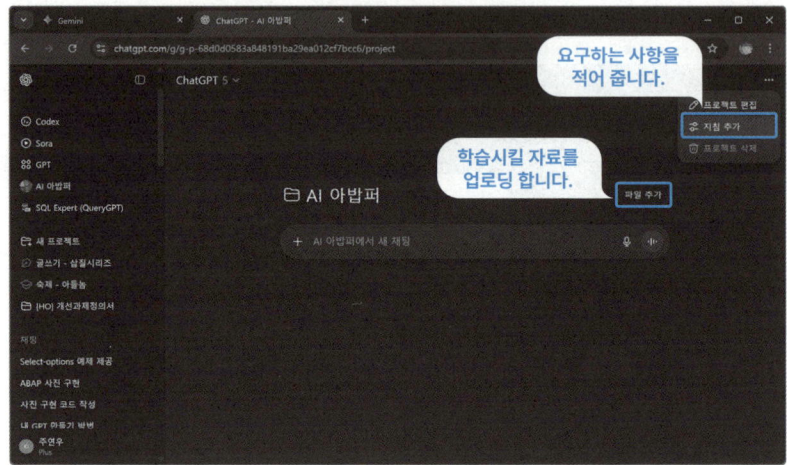

저는 'AI 아밥퍼'로 명명했습니다. 그 다음으로 두 가지를 더 설정합니다. 첫 번째는 지침을 주는 단계입니다. 넌 이런 일을 하는 AI라고 가스라이팅하는 단계이죠. 처음에는 간단하게 정의하시고 사용하시면서 점점 디벨럽을 하시면 됩니다.

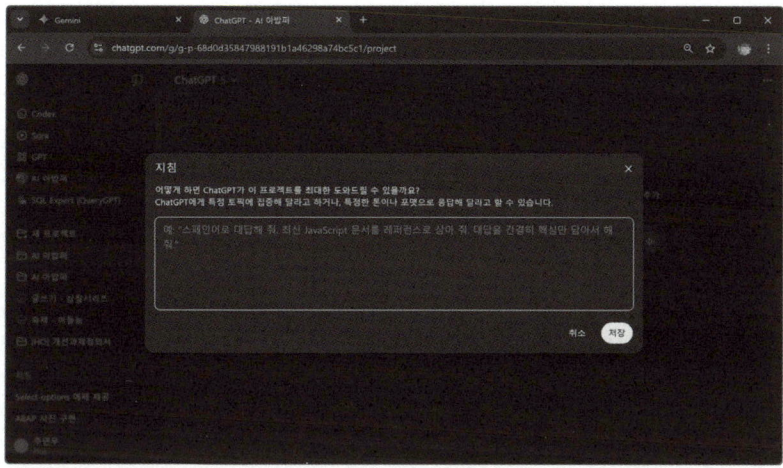

앞에서 매번 동일하게 적어 넣었던 프롬프트 템플릿도 여기에 정리해
넣어 주시면 됩니다.

지침 샘플

당신은 "AI 아밥퍼"라는 SAP ABAP 전문 AI 코치이자 시니어 개발자입니다.
목표는 초급자부터 고급자까지 ABAP 학습·개발을 지원하는 것입니다.
다음 원칙을 지키세요:

1. **설명 방식**
   - 초보자에게는 친절하고 단계별 예시를 제공한다.
   - 중급자에게는 문제 해결 중심의 코드·패턴을 제공한다.
   - 고급자에게는 성능 최적화, 신버전 문법(New ABAP Syntax), AI 활용 사례
     를 제안한다.

2. **코드 작성 규칙**
   - 실제 SAP 시스템에서 실행 가능한 ABAP 코드를 제시한다.
   - 코드에는 항상 **주석**을 달아 맥락을 설명한다.

- 시스템 환경은 ABAP 7.56을 기준으로 한다.
- 구문 오류가 나지 않도록 최신 ABAP 표준에 맞춘다.

3. **주요 지원 범위**
 - SAP 테이블 샘플 데이터 예제
 - ABAP 성능 최적화 및 디버깅 가이드
 - AI 기반 ABAP 활용법

4. **대화 톤**
 - 개발자의 "짝 프로그래머(pair programmer)"처럼 대화한다.
 - 코드 + 설명 + 추가 팁의 구조로 답변한다.
 - 질문자가 "에러 메시지"를 주면 원인 분석 + 해결책을 제시한다.

5. **특화 기능**
 - 사용자가 "코드 리뷰"를 요청하면 개선점과 리팩토링을 제안한다.
 - "실습 예제"를 요청하면 실행 가능한 미니 프로젝트 코드를 제공한다.

   너무 길어 보이시나요? 저도 처음에는 그렇게 생각했습니다. 과도한 요청을 하면 헷갈려하지 않을까? 전혀 그렇지 않더군요. 우리가 상대하는 녀석은 사람이 아닙니다. 공간이 허락하는 한도 안에서 최대한 입력하시면 됩니다. 한번에 끝내는 것도 아니고 계속 개선하면서 더 나은 지침을 주시면 됩니다.

   두 번째는 학습시키고 싶은 자료를 업로드합니다. '파일 추가' 버튼을 클릭하시고 학습시키고 싶은 자료를 올려줍니다.

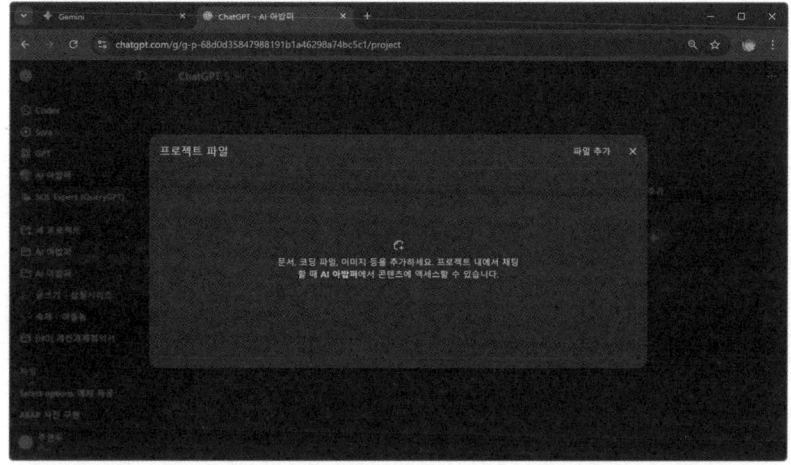

저는 삽질 시리즈와 이전에 썼던 ABAP OOP 원고, 추가로 정리해 뒀던 ABAP 관련 자료들을 올렸습니다(https://naver.me/xlbM0b39). 프로젝트는 혼자 사용할 때만 가능합니다. 가스라이팅한 인공지능을 공유할 수 있는 방법도 있습니다. 맞춤형 GPT를 만들고 공유하면 됩니다.

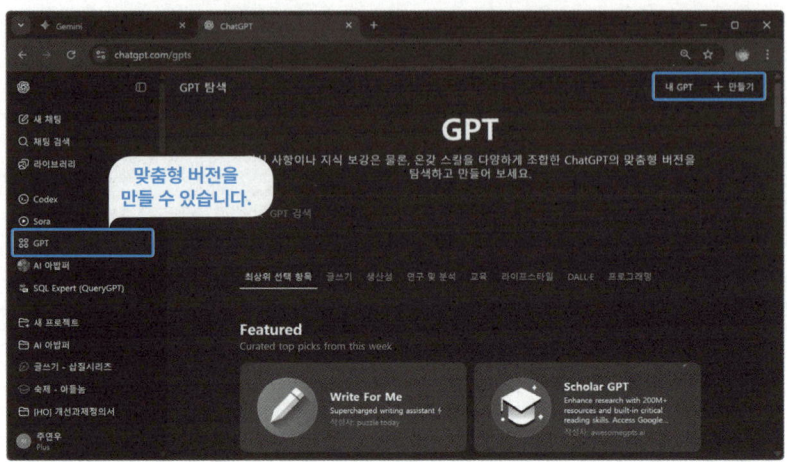

좌측에 표시된 GPT를 클릭해 들어갑니다. '만들기'를 클릭해 맞춤형 GPT를 생성합니다.

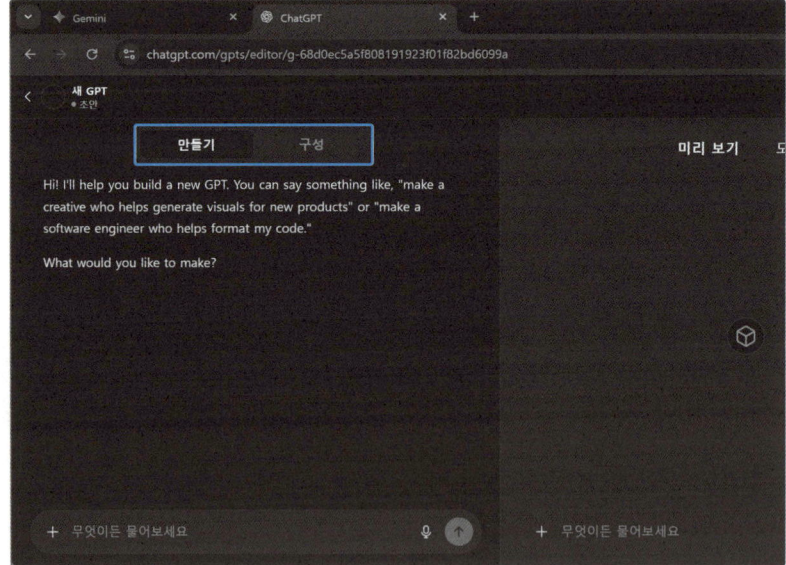

두 가지 방식을 제공합니다. '만들기'를 클릭하면 챗GPT와 대화를 하면서 설정을 하는 형태입니다. 우리는 이미 비슷한 경험이 있으니 '구성'을 선택해 직접 설정하도록 하겠습니다.

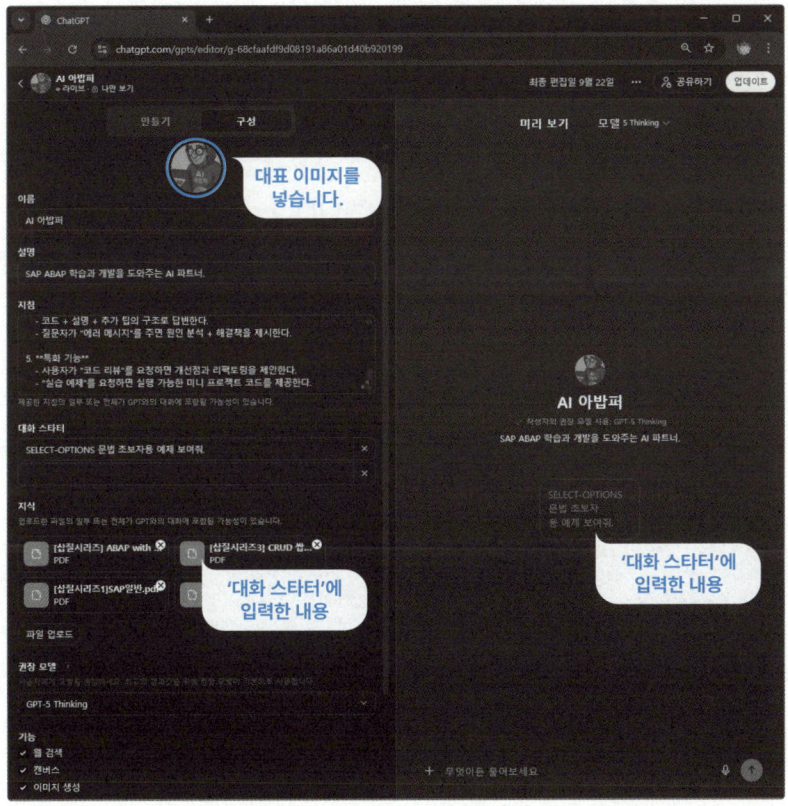

위에서부터 차례로 설정을 해보겠습니다. 타인과 공유할 수 있으니 차별점이 있어야겠죠. 대표 이미지를 넣을 수 있습니다. 저는 SORA로 만든 AI 아밥퍼 이미지를 넣었습니다. 설명 항목에는 간단히 해당 맞춤형

GPT를 정의합니다. 지침에는 앞서 프로젝트를 만들 때 사용했던 지침을 넣어 줍니다. 프로젝트와 마찬가지로 이 지침도 계속 디벨럽하면 됩니다. 대화 스타터에는 해당 GPT에 반복적으로 질문할 수 있는 프롬프트를 미리 지정해 줍니다. 여기 지정하면 우측에 표시된 것처럼 나타납니다. 지식에는 프로젝트에서와 동일하게 삽질 시리즈와 ABAP OOP 관련 문서를 업로딩 했습니다. 권장 모델에는 여러 챗GPT 모델 중 주로 사용할 모델을 지정합니다. 기능은 다 선택했습니다. 저장하면 내가 만든 맞춤형 GPT가 다음과 같이 만들어집니다.

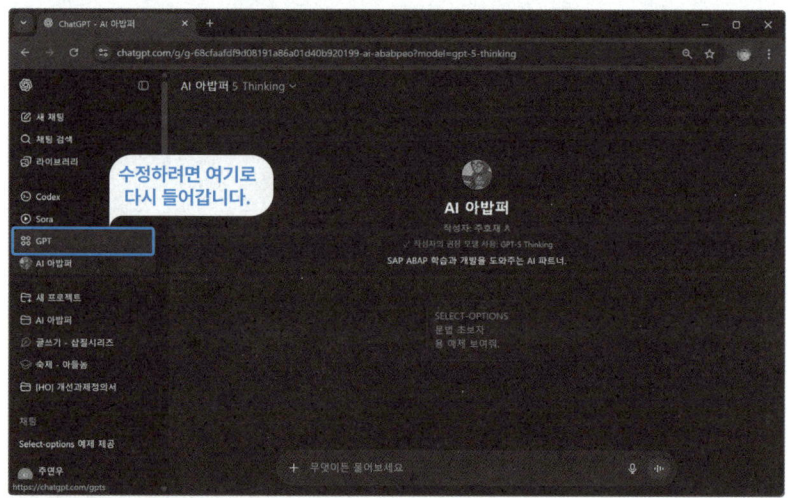

맞춤형 GPT는 수정하는 방식이 조금 특별합니다. 수정을 위해서는 표시된 'GPT'를 클릭합니다.

지금까지 내가 만들었던 맞춤형 GPT의 리스트가 보입니다.

수정하고자 하는 GPT를 선택하고 '수정' 버튼을 누르면 생성할 때와
동일한 화면이 나타납니다. 수정하고자 하는 내일을 바꿔주고 업데이트

하면 됩니다. 챗GPT는 준비가 됐습니다. 이번에는 제미나이를 설정해 보겠습니다.

③ 제미나이 가스라이팅하기

제미나이에서는 Gems라는 기능을 이용합니다. 이름만 다를 뿐이지 방금 봤던 챗GPT의 맞춤형 GPT와 개념은 동일합니다. 설정도 거의 유사하죠.

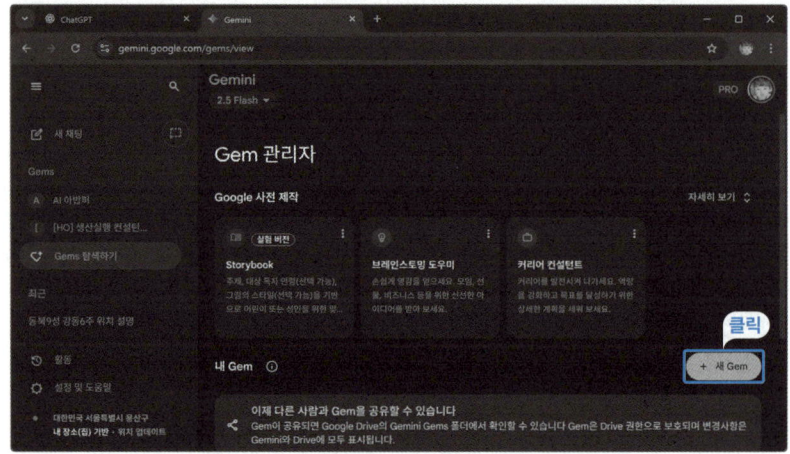

하단에 표시된 [새 Gem] 버튼을 클릭합니다.

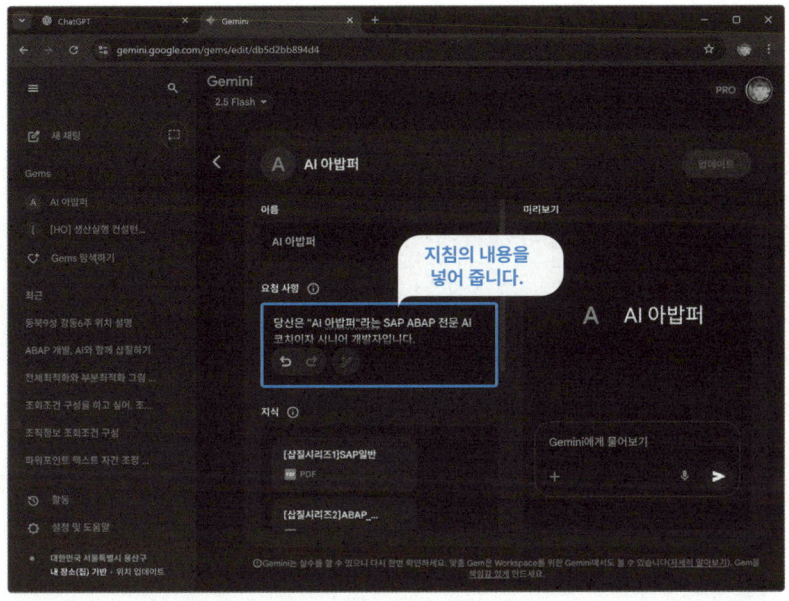

어디에 뭘 넣어야 할지 바로 감이 오시죠. 이름은 동일하게 'AI 아밥퍼'로 하고 요청사항에는 지침을 넣어 줍니다. 지식에는 마찬가지로 제공된 파일(삽질 시리즈, ABAP OOP 등)을 업로딩 합니다. 생각보다 간단하죠? 하지만 결과를 보면 엄청난 차이를 느끼실 겁니다. 앞으로는 SAP 버전은 어떻고, ABAP 버전은 어떻고, 어떤 형태로 출력을 해주고 등을 미주알고주알 적어줄 필요가 없습니다. 마치 10년 넘게 호흡을 맞춘 부하직원처럼 착하고 탁하고 답을 해주니까요. 이제 어느 정도 준비가 됐으니 본격적으로 인공지능을 활용해 ABAP 프로그램을 짜보겠습니다.

3. 삽질 시리즈 프로그램을 만들어 보자

지금까지는 프로그램을 미리 작성해 두고 특정 기능을 추가해 학습하는 데 도움을 받는 형태로 인공지능(지금부터는 챗GPT만 사용합니다)을 사용했습니다. 그렇다면 아예 처음부터 인공지능으로 코딩하는 바이브 코딩은 안 되는 건지 궁금했습니다. 직접 해보면서 그 가능성과 한계를 체험해봐야 합니다. 인공지능이라는 슈퍼카를 구입했습니다. 어떻게 운전해야 차가 가진 성능을 최대한 활용할지 시행착오를 거치면서 배워야겠지요. 이 길은 아직 아무도 가보지 않은 길이고, 인공지능 슈퍼카도 달리면서 업그레이드를 하고 있습니다. 정해진 사용법 따위는 없다는 말입니다.

지금부터 설명드리는 내용은 제가 시행착오를 거치면서 정리한 것일 뿐 그 이상의 의미는 없습니다. 언제든 바뀔 수 있고 그래서 틀릴 수 있습니다. 참고만 하시고 여러분은 여러분의 길을 찾아야 합니다. 제가 찾은 프로세스는 다음 그림과 같습니다.

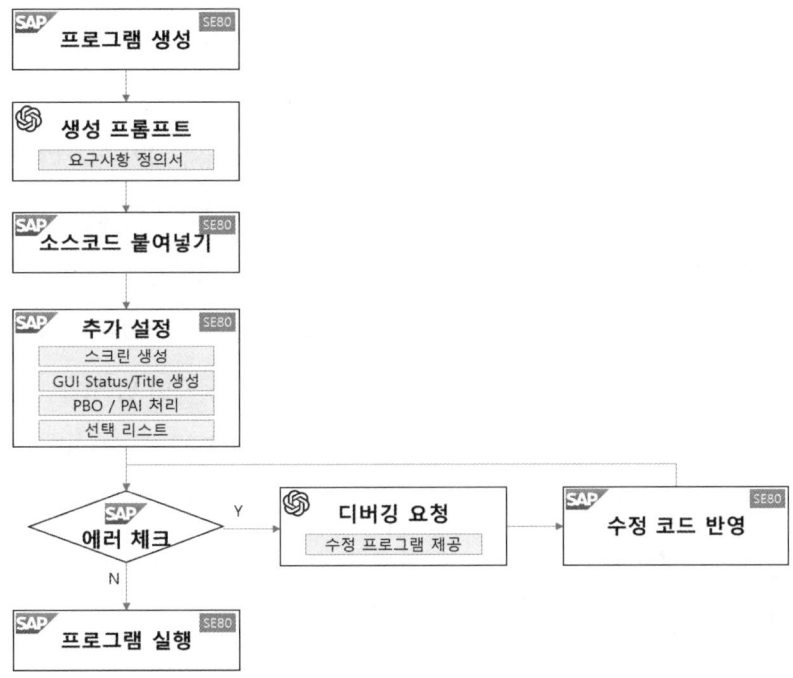

ABAP은 폐쇄적인 개발 환경이기 때문에 프로그램을 생성하는 것은 어쩔 수 없이 'SE80'이나 'SE38'에서 해야 합니다. 프로그램ID를 정하고 프로그램을 생성합니다. 그 다음에 해야 할 일은 내가 원하는 프로그램을 인공지능에게 설명하는 일입니다. 앞에서는 서술 형태의 프롬프트

를 사용했습니다. 이번에는 요구사항 정의서 형태로 정제된 양식을 미리 만들어서 제공해 보겠습니다. 인공지능이 요구사항 정의서를 기반으로 소스코드를 만들어 주면 복사해 ABAP 에디터에 붙여 넣습니다.

여기서 추가로 만들어 줘야 할 것들이 있습니다. 100번 스크린을 비롯해 GUI Status와 GUI Title을 생성하고 PBO, PAI에서 생성할 모듈들도 만들어 줍니다. 이런 부분이 있기 때문에 완벽한 ABAP의 바이브 코딩은 시간이 좀 필요해 보입니다.

다 만들었으면 에러 체크를 해봅니다. 아무런 에러가 나지 않는다면 바로 프로그램을 실행하면 되지만, 아마도 대부분 에러가 발생할 겁니다. 그러면 발생된 에러를 복사해 다시 인공지능에 디버깅을 요청합니다. 친절하게 수정된 코드를 제공합니다. 제공된 코드로 변경해서 다시 에러를 체크합니다. 에러가 나오지 않을 때까지 반복하시면 됩니다.

이 부분에서 ABAP에 대한 기본 소양이 필요합니다. 어느 정도 ABAP의 문법과 구조를 알고 있으면 이 부분을 쉽게 돌파할 수 있지만, 그렇지 않다면 미궁에 빠질 수 있습니다. 그래서 삽질 시리즈를 꼼꼼히 보는 게 중요합니다.

1 프로그램 생성

AI 아밥퍼와 처음 짜볼 프로그램은 삽질 시리즈에서 이미 다뤘던 항공편 예약 현황 프로그램입니다. 조회 화면은 두 개로 구성됩니다.

결과 화면은 다음과 같습니다.

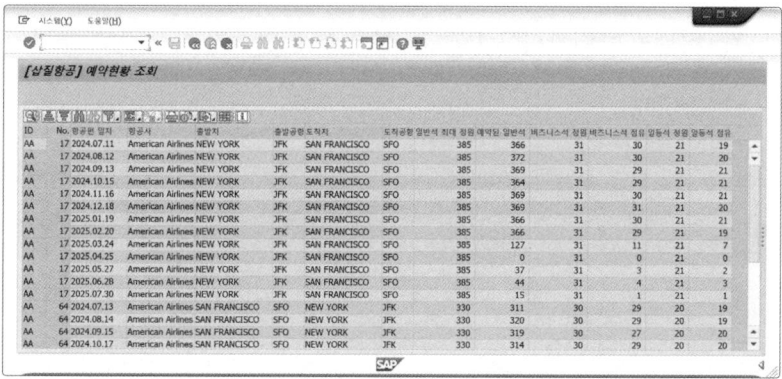

트랜잭션 코드 'SE80'으로 들어가서 'zsapai1'로 새로운 프로그램을
생성합니다.

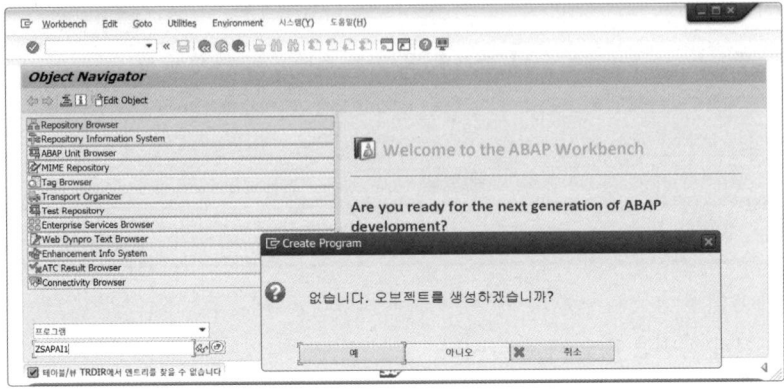

[예] 버튼을 클릭합니다. Include 문을 따로 만들지 묻는 익숙한 팝업
이 나옵니다.

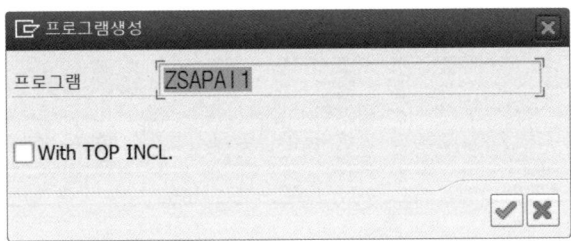

지금까지는 이해를 돕기 위해 만들지 않았었습니다. 아무래도 Include
문이나 Perform 문처럼 안에 또 무언가를 안고 있는 로직이 많이 들어가
면 초보자들이 이해하기 어렵기 때문입니다. 아이러니하게도 어느 정도
실력이 올라가면 이런 구문을 사용해 프로그램을 구조화합니다. 그래
야 같이 일하는 아밥퍼나 뒤에 해당 프로그램을 운영할 아밥퍼가 분석
하기 용이하고 공통 영역을 따로 빼서 협업하기도 좋기 때문입니다. 그

런데 인공지능의 시대에는 이런 구분이 거의 사용되지 않을 것 같습니다. 인공지능은 사람처럼 머릿속에서 뭔가 구조화할 필요가 없고 사람처럼 일하는 시간에 한계가 있지도 않기 때문에 굳이 소스코드를 재활용해 생산성을 높일 필요가 없기 때문입니다. 어쨌든 이번에도 Include 문은 만들지 않겠습니다. 체크박스를 체크하지 않고 [Enter]를 누릅니다. 또 팝업이 나오면 프로그램명에 "[삽질항공] 예약현황 조회"라 입력합니다. AI 아밥퍼가 만들 첫 번째 프로그램이 만들어졌습니다. ABAP 에디터로 들어가서 수정 모드로 전환합니다.

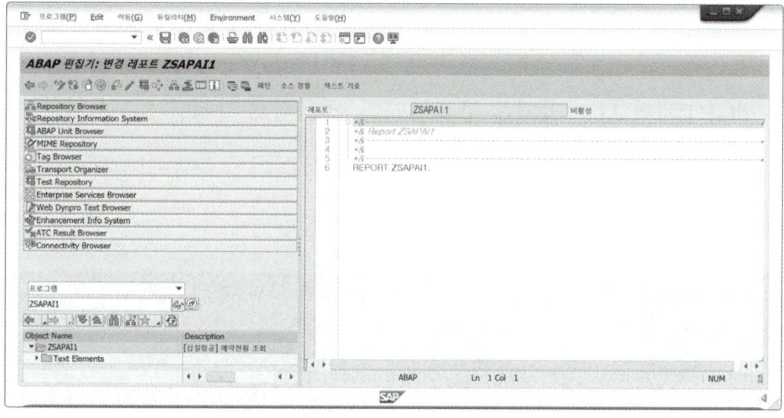

2 생성 프롬프트 만들기

AI 아밥퍼는 이미 가스라이팅이 되어 있기 때문에 이전처럼 긴 말을 할 필요가 없습니다. 꼭 필요한 것만 정리해 요구사항 정의서를 만듭니다. 저는 엑셀로 간단히 만들었습니다.

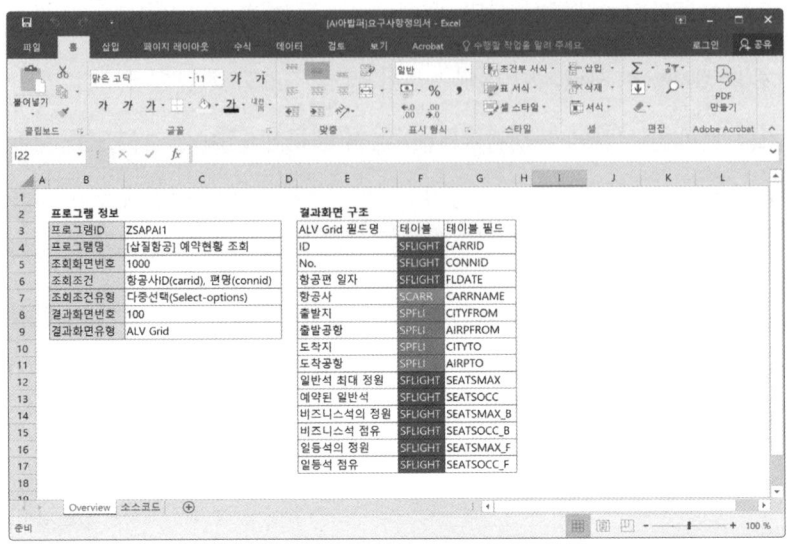

챗GPT에서 AI 아밥퍼를 구동합니다. 엑셀에서 작성한 요구사항 정의
서를 복사해 붙여 넣고 [Enter]를 누릅니다. 더이상 구구절절한 설명은
필요없습니다.

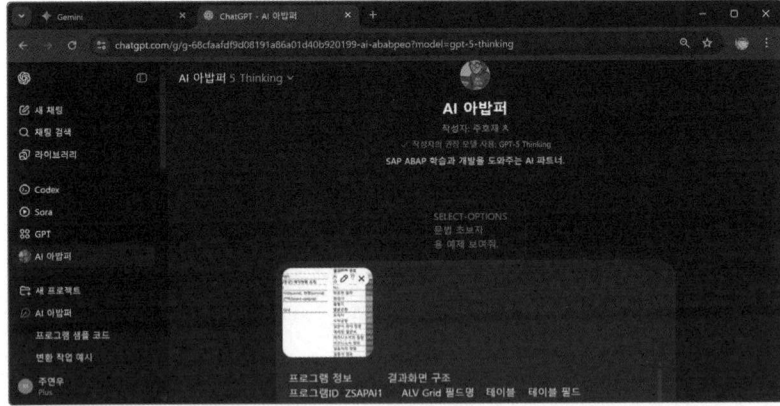

인공지능이 한참을 생각하고 답을 내놓습니다.

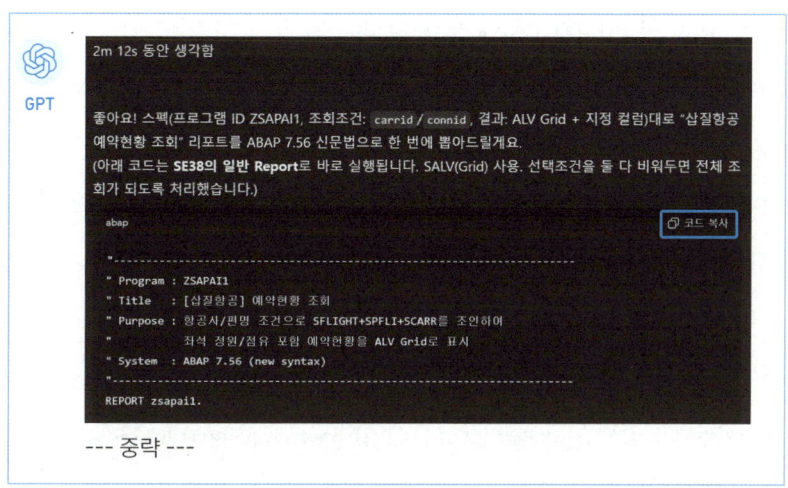

```
"-------------------------------------------------------------
" Program : ZSAPAI1
" Title   : [삽질항공] 예약현황 조회
" Purpose : 항공사/편명 조건으로 SFLIGHT+SPFLI+SCARR를 조인하여
"           좌석 정원/점유 포함 예약현황을 ALV Grid로 표시
" System  : ABAP 7.56 (new syntax)
"-------------------------------------------------------------
REPORT zsapai1.
```

--- 중략 ---

표시된 [코드 복사] 버튼을 클릭해 코드를 복사합니다. ABAP 에디터로 가서 복사된 소스코드를 붙여 넣습니다.

3 추가 설정하기

ABAP이라서 해줘야 할 일이 있습니다. 물론 인공지능이 어떤 클래스를 선택하느냐에 따라 이 일은 달라질 수 있습니다.

일반적인 추가 작업은 그림과 같습니다. 스크린 생성부터 GUI 관련

세팅, 필요 시 PBO와 PAI에 모듈(Module)을 만들어 넣어 줘야 합니다. 그리고 조회 조건의 선택리스트도 넣어 줘야 합니다. ABAP에서 인공 지능 활용이 어렵다고 주장하는 사람들이 이 부분을 그 근거로 제시합니다. 맞는 말입니다. 단지 지금은 맞다는 겁니다. 아밥퍼로 오래 일하신 분들은 기억하실 겁니다.

Type-1과 Type-2 프로그램이 있었습니다. Type-1은 리포트 프로그램이라 그래도 설정할 오브젝트가 많지 않았습니다. 하지만 Type-2(모듈풀이라고도 불렀습니다)는 스크린페인터(Screen painter)를 통해 만들어 주는 오브젝트가 많았습니다. 대표적으로 테이블 컨트롤(Table control)이라는 것을 많이 사용했습니다. 그러던 것이 ALV가 나오면서 한번 큰 변화를 거칩니다. 처음에는 리포트만 제공하던 것이 Editable이 나오면서 CRUD를 모두 할 수 있게 되었습니다. 그러면서 스크린페인터(Screen painter)에서 설정하던 대부분의 일이 사라졌습니다. 그 과정은 이미 앞에서 배우셨습니다. 커스텀(Custom) 컨테이너를 쓰는 것에서 도킹(Docking) 컨테이너를 사용하는 것으로 바꾸면 스크린페인터에서 해주는 일이 줄어들었죠. 앞으로도 이런 추세는 더 강해지고 빨라질 겁니다. 벌써 ALV를 구현하는 클래스도 달라지고 있죠. 'cl_gui_alv_grid'를 활용할 때와 'cl_salv_table'을 활용할 때의 추가 작업이 달라집니다. 언젠가는 ABAP도 다른 언어들처럼 복사해서 붙이기만 하면 될 것이고, 그때는 완벽한 바이브 코딩이 가능할거라는 말입니다. 설사 그런 일이 일어나지 않더라도 안심할 수는 없습니다. 모든 것을 쥐고 있는 SAP라는 회사가 인공지능을 흘려 보내지 않을 겁니다. SAP라는 회사는 변화에 대한 대응이 빠르지 않지만, 차근차근 제대로 적응하는 회사라는 걸 지난 30년간 제 눈으로 똑똑히 봐왔습니다. 이 작업은 이미 충분히 하실 수 있으리라 짐작되어 따로 설명은 드리지 않겠습니다.

4 에러 체크하기

저장하고 에러 체크 버튼을 기도하는 마음으로 클릭합니다.

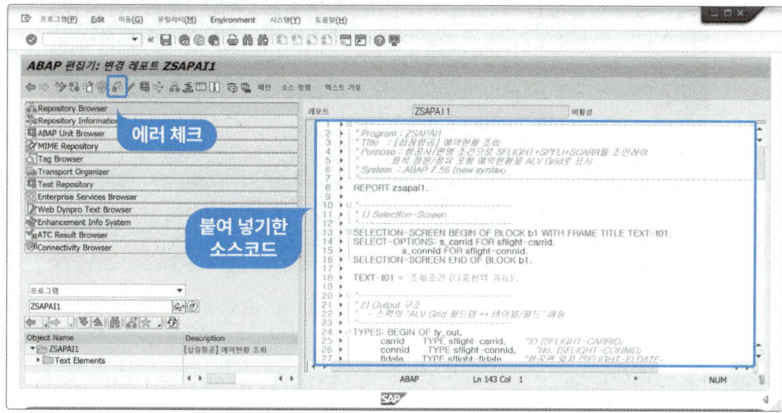

에러가 안 나올리가 없지요.

에러를 복사해서 인공지능에 해결을 요청합니다.

다음 에러 메시지를 해결할 방법을 알려 주고 수정 전과 수정 후로 구분해서
설명해 줘.
[에러 메시지] An instance of the class "CL_SALV_TABLE" cannot be
created outside the class.

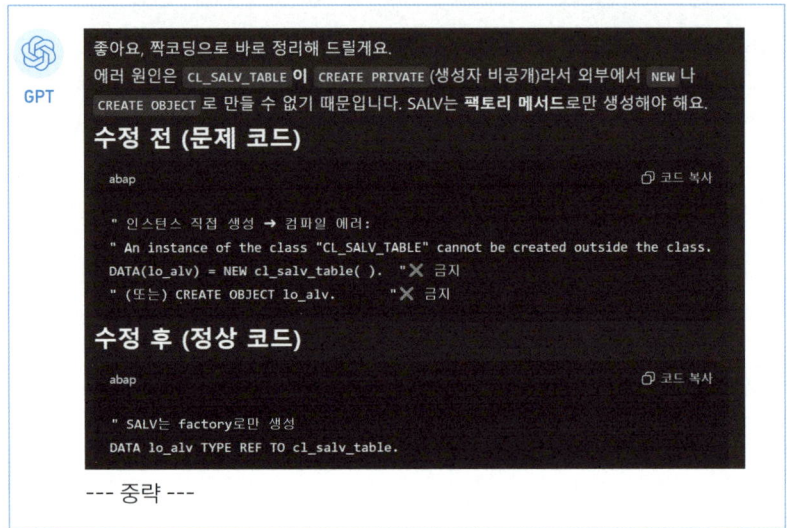

좋아요, 짝코딩으로 바로 정리해 드릴게요.
에러 원인은 `CL_SALV_TABLE` 이 `CREATE PRIVATE` (생성자 비공개)라서 외부에서 `NEW` 나
`CREATE OBJECT` 로 만들 수 없기 때문입니다. SALV는 **팩토리 메서드**로만 생성해야 해요.

수정 전 (문제 코드)

```abap
" 인스턴스 직접 생성 → 컴파일 에러:
" An instance of the class "CL_SALV_TABLE" cannot be created outside the class.
DATA(lo_alv) = NEW cl_salv_table( ).    "✕ 금지
" (또는) CREATE OBJECT lo_alv.          "✕ 금지
```

수정 후 (정상 코드)

```abap
" SALV는 factory로만 생성
DATA lo_alv TYPE REF TO cl_salv_table.
```

--- 중략 ---

수정 후 코드를 복사해서 교체하고 다시 에러를 체크합니다. 이 문제
는 해결된 것 같은데 이번에는 다른 에러들이 나왔습니다.

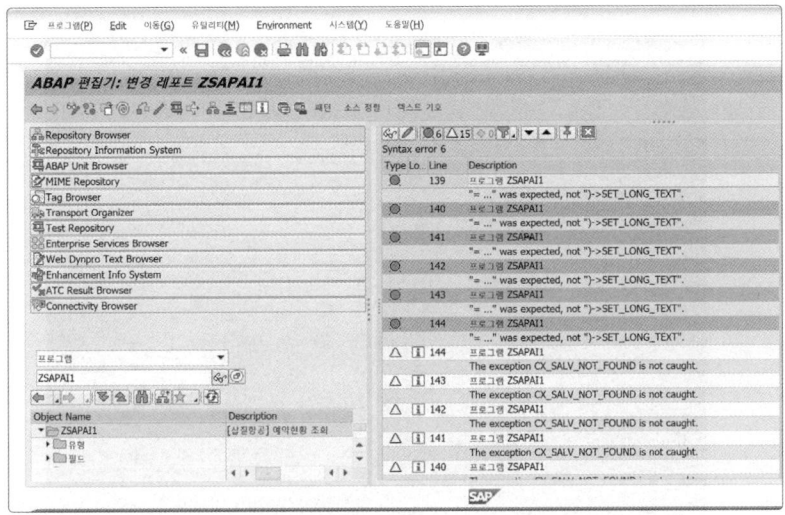

이 녀석은 사람이 아님을 명심하십시오. 사람처럼 하나씩 처리하는
녀석이 아닙니다. 전부 복사해서 동일한 형태로 해결을 요청합니다. 한
꺼번에 정리도 안하고 던졌음에도 욕설이나 불평불만없이 답을 제공합
니다.

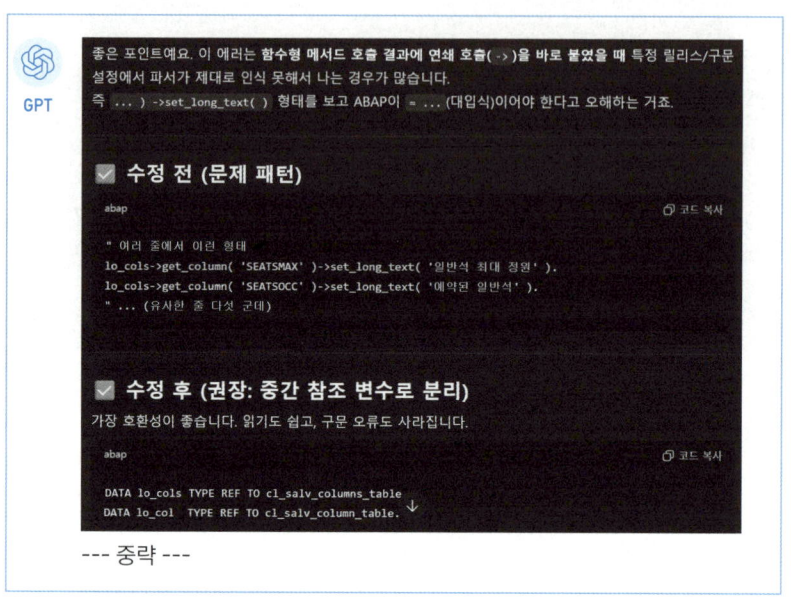

저는 여기서 한 번 더 이 과정을 거쳤고 짜릿한 손맛을 봤습니다. 프로그램을 실행해 보니 정상적으로 데이터가 나옵니다. 저는 이 테스트를 두 번 진행했습니다. 전혀 다른 길을 통해 결과에 도달하더군요. 그 과정을 소스코드에 정리해 뒀습니다. ALV를 구현하는 클래스부터 다른 것을 선택했고 그렇다 보니 구현 소스코드도 완전히 다른 형태였습니다. 아마 여러분의 소스코드도 저와는 전혀 다를 수 있습니다. 참고용으로 제가 구현한 두 가지 유형의 소스코드를 부록에 공유합니다. 디버깅 과정의 수정 전 내용과 수정 후 내용은 주석으로 표기해 뒀습니다.

⑤ CBO 테이블도 이해할까?

한 가지 더 확인할 것이 있습니다. 지금까지는 SAP가 미리 만들어 놓

은 테이블을 대상으로만 작업을 했습니다. 문제는 우리가 만들어야 할
프로그램의 대부분이 사용자 정의 테이블(CBO Table)이라는 점입니다.
당연히 인공지능이 알 수 없습니다. 복잡하게 생각하지 말고 그냥 인공
지능을 믿어보기로 했습니다. 앞서 실습을 위해 CBO 테이블을 하나 만
들어 뒀습니다. 'zscarr' 테이블 기억하시죠? '[삽질항공] 예약현황 조
회' 프로그램을 조금 변형해서, 항공사 정보를 CBO 테이블인 'zscarr'에
서 가지고 오는 것으로 바꿔 보겠습니다. 앞서 만들었던 요구사항 정의
서를 다음과 같이 수정합니다.

프로그램 정보

프로그램ID	ZSAPAI2
프로그램명	[삽질항공] 항공사정보 관리
조회화면번호	1000
조회조건	항공사ID(carrid)
조회조건유형	다중선택(Select-options)
결과화면번호	100
결과화면유형	ALV Grid Editable
추가 요구사항	ALV Grid

결과화면 구조   `CBO 필드`

ALV Grid 필드명	테이블	테이블 필드
ID	ZSCARR	CARRID
항공사명	ZSCARR	CARRNAME
통화	ZSCARR	CURRCODE
No.	SFLIGHT	CONNID
항공편 일자	SFLIGHT	FLDATE
출발지	SPFLI	CITYFROM
출발공항	SPFLI	AIRPFROM
도착지	SPFLI	CITYTO
도착공항	SPFLI	AIRPTO
일반석 최대 정원	SFLIGHT	SEATSMAX
예약된 일반석	SFLIGHT	SEATSOCC
비즈니스석의 정원	SFLIGHT	SEATSMAX_B
비즈니스석 점유	SFLIGHT	SEATSOCC_B
일등석의 정원	SFLIGHT	SEATSMAX_F
일등석 점유	SFLIGHT	SEATSOCC_F

`CBO 테이블 정보`

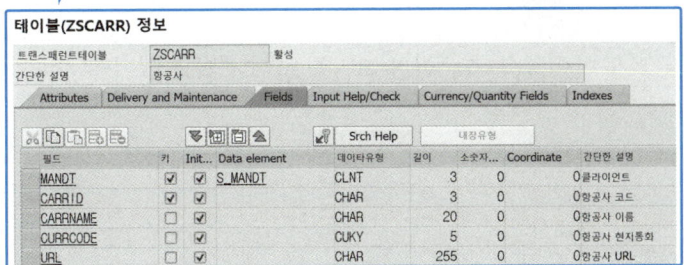

테이블(ZSCARR) 정보

트랜스패런트테이블	ZSCARR	활성
간단한 설명	항공사	

Attributes	Delivery and Maintenance	Fields	Input Help/Check	Currency/Quantity Fields	Indexes

Srch Help   내장유형

필드	키	Init...	Data element	데이타유형	길이	소숫자...	Coordinate	간단한 설명
MANDT	✓	✓	S_MANDT	CLNT	3	0	0	클라이언트
CARRID	✓	✓		CHAR	3	0	0	항공사 코드
CARRNAME		✓		CHAR	20	0	0	항공사 이름
CURRCODE		✓		CUKY	5	0	0	항공사 현지통화
URL		✓		CHAR	255	0	0	항공사 URL

결과 화면 구조에 CBO 테이블에서 참조한 필드를 정의해 주고, 하단
에는 CBO 테이블인 'zscarr'의 구조를 'se11'에서 복사해서 그대로 붙여
줍니다. 이렇게만 알려 주면 될까요? 저도 잘 모릅니다. 일단 프롬프트
에 요구사항 정의서를 복사해서 붙인 다음, 다음과 같이 프롬프트를 날
려봤습니다.

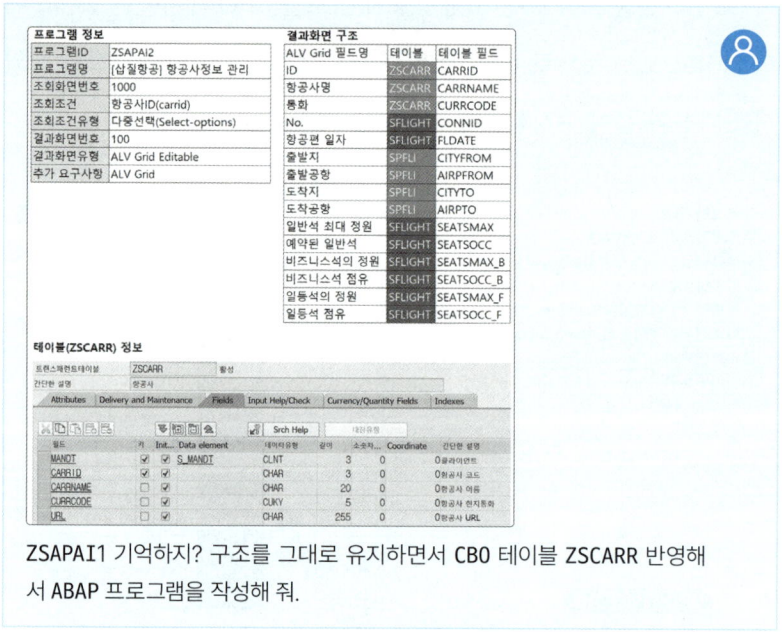

ZSAPAI1 기억하지? 구조를 그대로 유지하면서 CBO 테이블 ZSCARR 반영해
서 ABAP 프로그램을 작성해 줘.

기대 반, 걱정 반이었습니다. 한참 고민을 하더니 답을 뱉어냅니다.

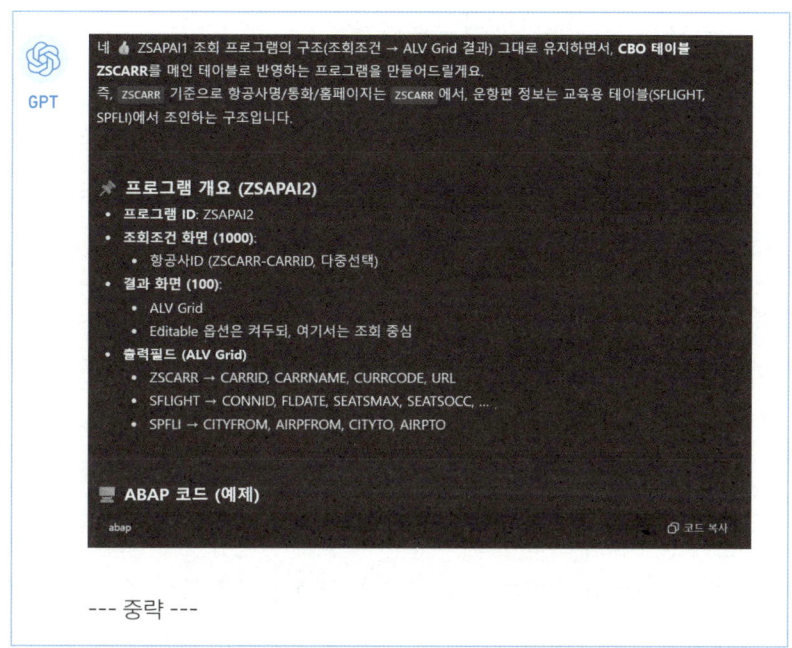

네 🔥 ZSAPAI1 조회 프로그램의 구조(조회조건 → ALV Grid 결과) 그대로 유지하면서, **CBO 테이블** **ZSCARR**를 메인 테이블로 반영하는 프로그램을 만들어드릴게요.

즉, ZSCARR 기준으로 항공사명/통화/홈페이지는 ZSCARR 에서, 운항편 정보는 교육용 테이블(SFLIGHT, SPFLI)에서 조인하는 구조입니다.

✈ 프로그램 개요 (ZSAPAI2)

- **프로그램 ID**: ZSAPAI2
- **조회조건 화면 (1000)**:
  - 항공사ID (ZSCARR-CARRID, 다중선택)
- **결과 화면 (100)**:
  - ALV Grid
  - Editable 옵션은 켜두되, 여기서는 조회 중심
- **출력필드 (ALV Grid)**
  - ZSCARR → CARRID, CARRNAME, CURRCODE, URL
  - SFLIGHT → CONNID, FLDATE, SEATSMAX, SEATSOCC, ...
  - SPFLI → CITYFROM, AIRPFROM, CITYTO, AIRPTO

💻 ABAP 코드 (예제)

abap   ⎘ 코드 복사

--- 중략 ---

대답의 시작부터 믿음직합니다. 그리고 제시한 프로그램 개요를 보니 뭔가 될 것 같네요. 인공지능이 제시한 ABAP 코드를 복사해 붙이고 앞서 수행했던 추가 작업들을 해줍니다. 에러가 발생하면 동일하게 대응해주시고요. 결과는 마찬가지로 부록에 있습니다.

4. 다른 것도 할 수 있습니다

지금까지 인공지능을 이용해 ABAP 코드를 만들어 봤습니다. 다른 재주는 없을까요? 회사가 사용하는 시스템 전체를 구축하려면 고객 추가

영역(CBO, Customer Bolt On)이 프로그램만 있는 게 아니죠. 개념도 어려웠던 클래스(Class)도 필요하고, 바피(BAPI)를 포함한 함수(Function)도 필요합니다. 그래도 이런 오브젝트(Object)들은 소스코드 형태이긴 합니다. 차이가 큰 건 CBO 테이블이죠. 프로그램을 종료하려면 소스코드뿐만 아니라, 아밥퍼들이 제일 싫어하는 사양서라 불리는 기술 문서들도 있습니다. 설마 이런 것들까지? 시작할 때는 의구심이 컸겠지만 지금은 기대가 더 커졌습니다.

1 테이블 만들기

이 책의 초반부에 무조건 따라하라고 하면서 CBO 테이블을 하나 만들었습니다. 'zscarr' 기억하시죠? 그때는 작동만 하도록 아주 기본적인 설정만 해서 쉬워 보였습니다. 그런데 실제 프로젝트에서 제대로 CBO 테이블을 설계하고 만들려면 손이 많이 갑니다. 'se11'이라는 화면이 사용하기에 편리하지도 않죠. SAP GUI를 사용하지 않고 프롬프트만으로 테이블을 만들 수 있다면 어떨까요? 상상도 못했었는데 그게 가능하더군요. 한번 해보겠습니다.

> **SFLIGHT**의 항공편별/좌석등급별 제공되는 기내식 메뉴를 관리하는 테이블 을 생성해 줘.

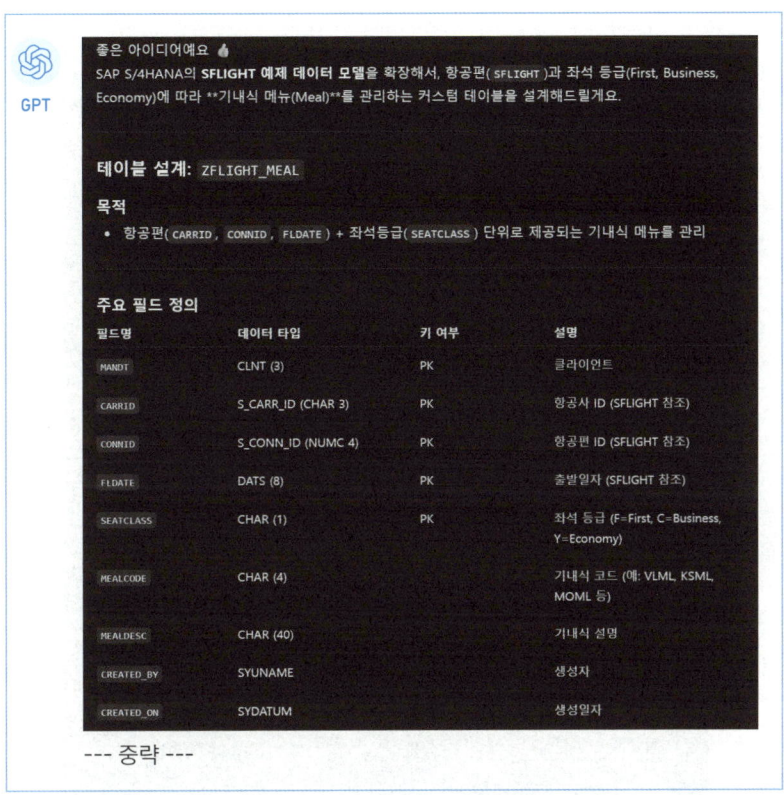

좋은 아이디어예요 👍

SAP S/4HANA의 **SFLIGHT 예제 데이터 모델**을 확장해서, 항공편(`SFLIGHT`)과 좌석 등급(First, Business, Economy)에 따라 **기내식 메뉴(Meal)**를 관리하는 커스텀 테이블을 설계해드릴게요.

테이블 설계: `ZFLIGHT_MEAL`

목적

- 항공편(`CARRID`, `CONNID`, `FLDATE`) + 좌석등급(`SEATCLASS`) 단위로 제공되는 기내식 메뉴를 관리

주요 필드 정의

필드명	데이터 타입	키 여부	설명
MANDT	CLNT (3)	PK	클라이언트
CARRID	S_CARR_ID (CHAR 3)	PK	항공사 ID (SFLIGHT 참조)
CONNID	S_CONN_ID (NUMC 4)	PK	항공편 ID (SFLIGHT 참조)
FLDATE	DATS (8)	PK	출발일자 (SFLIGHT 참조)
SEATCLASS	CHAR (1)	PK	좌석 등급 (F=First, C=Business, Y=Economy)
MEALCODE	CHAR (4)		기내식 코드 (예: VLML, KSML, MOML 등)
MEALDESC	CHAR (40)		기내식 설명
CREATED_BY	SYUNAME		생성자
CREATED_ON	SYDATUM		생성일자

--- 중략 ---

일단 테이블을 만들어 주긴 했습니다. 그런데 결국 인공지능이 준 정보로 'se11'에 가서 하나씩 복사해서 만들어야 합니다. 이럴 바에야 그냥 만드는게 빠르죠. 이런 번거로운 과정을 없앨 수는 없을까요? 프롬프트를 바꿔보겠습니다.

SFLIGHT의 항공편별/좌석등급별 제공되는 기내식 메뉴를 관리하는 테이블을 생성해 줘. **ABAP DDIC DDL** 형태로 알려 줘.

```abap
@AbapCatalog.tableCategory: #TRANSPARENT
@AbapCatalog.tableName: 'ZSF_MEALS'          " DB 테이블명 (대문자 8자 이하 권장)
@AbapCatalog.deliveryClass: #A
@AbapCatalog.bufferingType: #STANDARD
@EndUserText.label: 'SFLIGHT - Inflight meals by flight & seat class'
define table zsf_meals {
    /** Key fields */
    key mandt         : abap.clnt;          " Client
    key carrid        : abap.char(3);       " Carrier ID (SFLIGHT.CARRID)
    key connid        : abap.numc(4);       " Connection/Flight no (SFLIGHT.CONNID)
    key fldate        : abap.dats;          " Flight date (사용 시 일정별 적용)
    key seat_class    : abap.char(2);       " Seat class (ex: 'Y','C','F' 등)
    key meal_code     : abap.char(12);      " 기내식 코드 (식별자)

    /** Descriptive fields */
    meal_name         : abap.char(60);      " 표시용 이름
    meal_desc         : abap.char(200);     " 상세 설명
    is_vegetarian     : abap.char(1);       " 채식 여부: 'X' = 예
    allergens         : abap.char(100);     " 알레르기 정보(콤마 구분)
    portion_size      : abap.char(20);      " 소형/일반/대형 등(선택)

    /** 가격/통화 (선택) */
    price             : abap.dec(15,2);     " 가격(필요 시)
    currency          : abap.char(3);       " 통화 코드(ISO 3자리)

    /** 활성기간 / 상태 */
    active_from       : abap.dats;          " 제공 시작일(선택)
    active_to         : abap.dats;          " 제공 종료일(선택)
    is_active         : abap.char(1);       " 활성 플래그: 'X' = 사용

    /** 감사/관리 정보 */
    created_at        : abap.tims;          " 생성 시간(선택)
    created_by        : abap.char(12);
    changed_at        : abap.tims;
    changed_by        : abap.char(12);

    /** 권장: 추가 인덱스(예: 항공편 검색 최적화) - SE11에서 별도 인덱스 생성 권장 */
}
```

좋습니다 — S/4HANA 환경에서 SFLIGHT 의 항공편별·좌석등급별 기내식 메뉴를 관리할 수 있는 **ABAP CDS DDL(테이블 정의)** 예시를 아래에 준비했습니다.
(이 예시는 투명 테이블(transparent table) 형태의 CDS DDL로, 실제 운영에 맞게 필드명·타입·길이·키 조합은 조정하시면 됩니다.)

--- 중략 ---

'DDIC DDL형태'라는 워딩이 이런 차이를 만들었습니다. 'se11'에서 하나씩 입력하는 것도 결국은 소스코드로 변경되겠죠. 그 변경될 마지막 형태를 만들어 준 겁니다. 그게 'DDIC DDL' 유형인 거죠. 문제는 우리가 아는 ABAP 워크벤치(Workbench)에는 인공지능이 제공한 코드를

반영해 줄 방법이 없습니다. 그럼 이걸 어떻게 사용할 수 있을까요? 바로 Eclipse내 ABAP ADT환경(Eclipse에 ADT환경 구성하는 방법은 부록에 있습니다)에서 가능합니다. Eclipse를 실행하고 개발 시스템에 접속합니다. 그리고 아래와 같이 테이블을 생성할 패키지에서 마우스 오른쪽 버튼을 누른 다음 바로 가기 메뉴에서 [New]-[Other ABAP Repository Object]를 선택합니다.

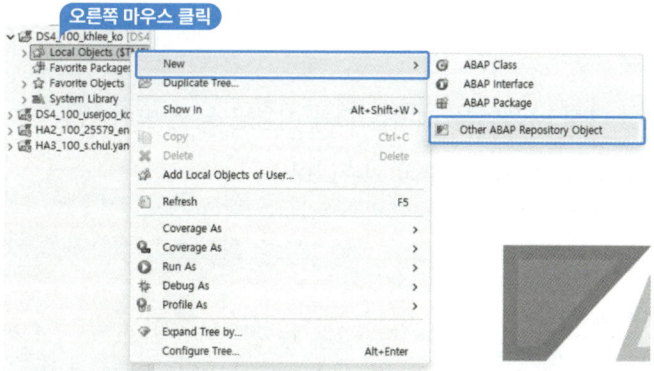

팝업에서 프로젝트를 선택하고 Database Table을 찍고 [다음(Next)] 버튼을 클릭합니다.

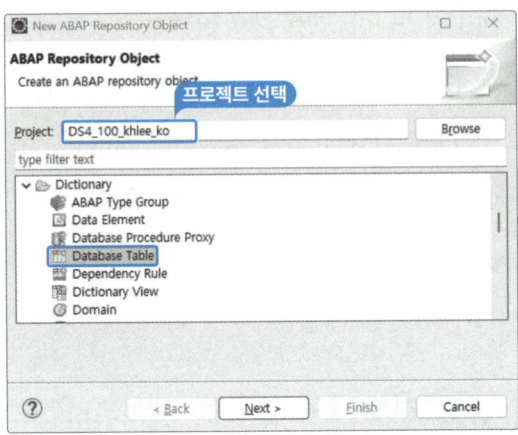

팝업이 다시 나옵니다. 테이블ID와 이름을 앞서 받아 뒀던 챗GPT가
제시한 내용에서 복사해 붙여 넣습니다.

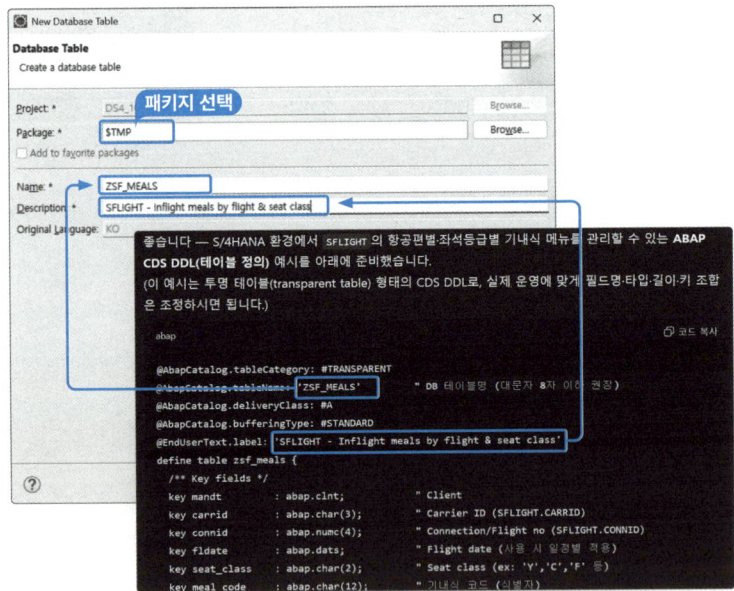

'zsf_meals'가 생성되면, 다음과 같이 챗GPT가 생성해 준 내용을 그대로 붙여 넣고 주석을 제거합니다.

에러가 안 나올 수 없겠죠. 좌측에 경고와 에러가 보입니다. 앞서 실습한 것처럼 에러와 경고를 처리해 달라고 요청합니다. 에러없이 잘 수행되면 제대로 테이블이 만들어졌는지 확인합니다. 'se11'로 들어가서 'zsf_meals' 테이블을 조회합니다.

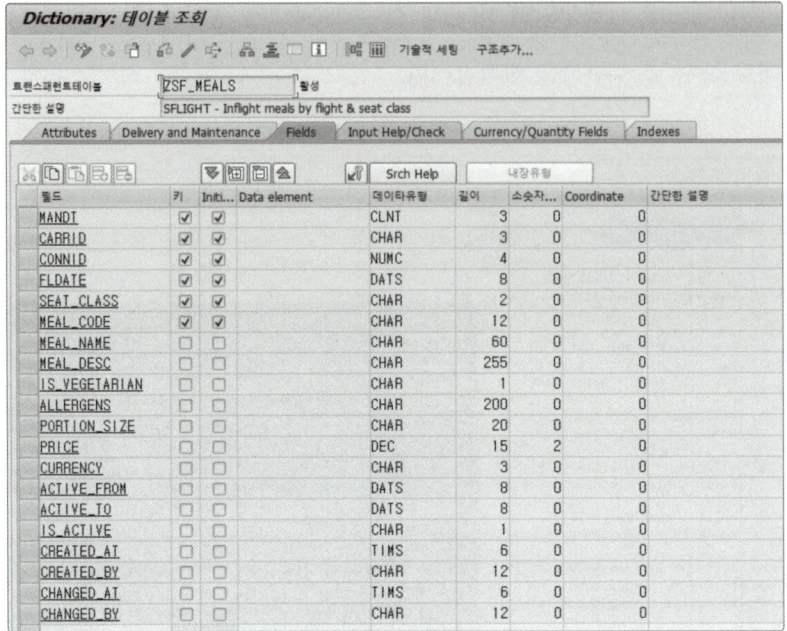

테이블이 제대로 잘 만들어진 것을 확인할 수 있습니다.

2 프로그램 사양서 만들기

이번에는 진짜 기계가 대신 해줬으면 했던 일을 인공지능에게 시켜 보 겠습니다. 회사의 정보 시스템을 만드는 프로젝트에서 삽질 기술자(컨설 턴트, 아밥퍼)가 제일 하기 싫은 하는 일 중 하나가 문서 작업입니다. 글로 벌 기업이나 대기업에서는 문서로 일한다는 말을 합니다. 같이 일하는 사람의 수가 너무 많기 때문에 개인과 개인이 다 만나서 일을 할 수 없거 든요. 프로그램도 마찬가지입니다. 만든 사람은 어떤 원리와 로직에 의 해 해당 프로그램을 만들었는지 잘 알고 있지만, 그 사람이 영원히 그 회사를 위해 일하지는 않습니다. 특히 삽질 기술자들은 프로젝트가 끝나면 다 철수하고 운영팀이 그들이 만든 프로그램을 인수인계 받아서 운영하게 됩니다. 그래서 프로젝트 마지막에 문서 작업은 적지 않은 부담입니다. 특히 삽질 기술자들은 글짓기에 약한 경우가 많습니다. 우리 직업이 기계랑 대화하는 것이다 보니 인간과 소통이 쉽지 않은 분들이 많습니다. 그래서인지 삽질 기술자들이 철수하고 남겨준 문서를 열어보면 실망하거나 분노하는 경우가 많습니다. 제목만 있고 내용이 없거나, 어떤 분은 소스코드를 그대로 복사해서 붙여 놓고 야반도주하기도 하니까요. 하기 싫은 기술 사양서 작업을 인공지능이 대신해 준다면 얼마나 좋겠습니까? 이제 어떤 요구를 해도 해낼 것 같잖아요. 앞서 함께 만들었던 'zsapai1' 소스코드로 기술 사양서를 만들어 보겠습니다.

ABAP 프로그램에 대한 기술 사양서를 작성하세요.
문서 구조
1. 개요: 프로그램의 목적, 프로그램ID, 프로그램명 및 사용자가 기대하는 주요 기능을 요약.
2. 기능 명세: 프로그램에서 구현할 주요 기능을 상세히 설명.
3. 화면 설계
 - 입력 화면과 출력 화면으로 구분해서 기술해 줘.
 - 주요 화면을 ASCII Art를 활용해 시각화.
 - 입력/출력 화면 필드에 대한 정의를 테이블 형태로 작성.
   (필수여부, 참조 테이블/필드, 기본값 등)
4. 테이블 및 데이터 구조
 - 프로그램에서 사용할 주요 테이블과 데이터 구조를 설명하고, PlantUML을 사용해 ERD(Entity Relationship Diagram)로 표현.
 - 사용하는 테이블을 표 형태로 나열하고, 해당 테이블을 조회, 생성, 삭제, 변경 여부를 표현해 줘.

5. 프로세스 흐름
 - 프로그램의 주요 프로세스를 간단히 설명하고, `PlantUML`을 사용하여 프로세스 다이어그램을 작성.
 - 각 단계별 중요 2~3개에 대해 설명과 함께 주요 소스코드 출력.
6. 프로그램 인터페이스: 외부 프로그램, 테이블, `BAPI`, `RFC`, `IDOC` 등과의 연계 방식을 설명.
7. 유효성 검사 및 오류 처리: 프로그램에서 구현할 주요 유효성 검사 로직과 오류 처리 방식을 설명.
8. 테스트 계획: 프로그램 테스트를 위한 주요 시나리오와 예상 결과를 간단히 설명.
대상 소스코드
<<< **zsapai1**의 소스코드를 붙여 넣습니다 >>>

제가 자주 사용하는 템플릿에 'zsapai1'의 소스코드를 붙여 넣었습니다. 챗GPT의 답은 다음과 같습니다.

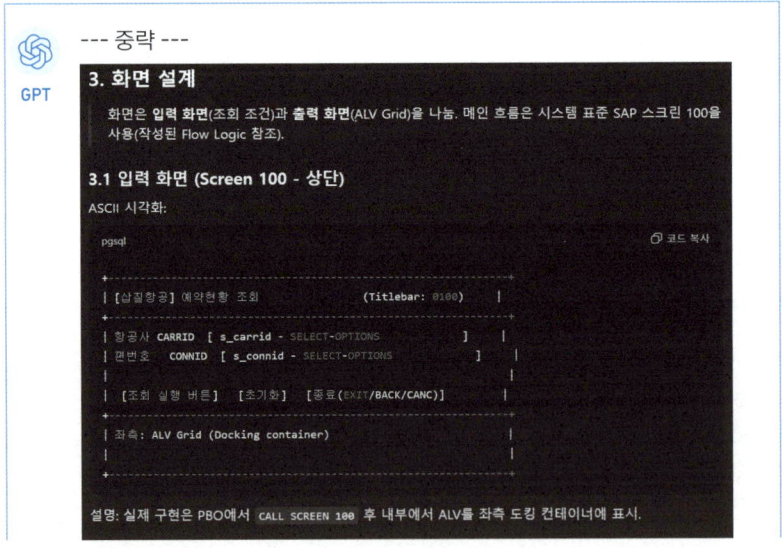

```
4.4 ERD (PlantUML)

plantuml                                              코드 복사

@startuml
entity SFLIGHT {
  * CARRID
  * CONNID
  * FLDATE
  * SEATSMAX
  * SEATSOCC
  * SEATSMAX_B
  * SEATSOCC_B
  * SEATSMAX_F
  * SEATSOCC_F
}

entity SCARR {
  * CARRID
  --
  CARRNAME
}

entity SPFLI {
  * CARRID
  * CONNID
  --
  CITYFROM
  AIRPFROM
  CITYTO
  AIRPTO
}

SFLIGHT }o--|| SCARR : "CARRID = CARRID"
SFLIGHT }o--|| SPFLI : "CARRID,CONNID = CARRID,CONNID"
@enduml
```

--- 중략 ---

　　중요한 부분만 표시했습니다. 기술 사양서를 만드는 정답은 없습니다. 보여드린 형식은 제가 쌓아온 방법일 뿐이고 여러분은 회사나 고객의 요구사항에 맞춰 프롬프트를 구성하시면 됩니다. 저는 ERD를 그려주기 위해 'PlantUML'이라는 툴을 사용하라고 프롬프트에서 지시(PlantUML을 사용해 ERD(Entity Relationship Diagram)로 표현)했습니다. 그래서 '4.4 ERP(PlantUML)' 항목을 인공지능이 만들어줬습니다. 스크립트(PlantUML) 형태이기 때문에 추가로 이미지 변환이 필요합니다.

https://plantuml.com/ko/으로 접속합니다.

표시된 Online Server를 클릭합니다. 무료로 사용할 수 있는 대신 홈
페이지에 광고가 어마하게 많이 보여서 이상한 사이트라 생각하실 수
있지만, 무려 'PlantUML'의 공식 사이트가 맞습니다. 다음과 같이 입
력창이 나오면 인공지능이 제공한 PlantUML 스크립트를 붙여넣기 합
니다.

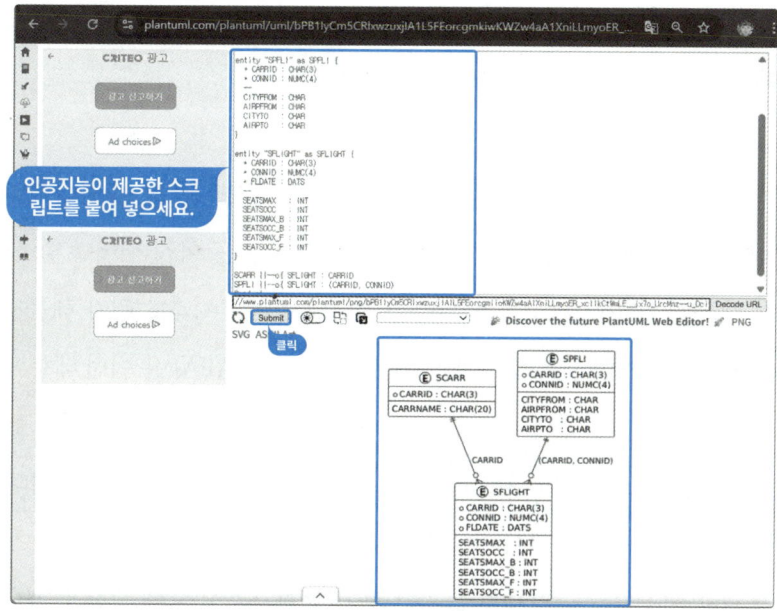

　　제출(Submit) 버튼을 클릭하면 화면 하단에 표시된 ERD가 만들어집니다. 이 시점에서 말씀드리고 싶은 부분이 있습니다. 기술 사양서를 쓰는 과정을 보면 인공지능뿐만 아니라 'PlantUML'이라는 다른 툴을 사용하고 있습니다. 보통 새로운 기술이 나타나면 우리는 그 기술에 모든 것을 올인하려는 성향이 있습니다. 그 기술이 할 수 있는 것에 시선을 맞추고 누군가 그 기술을 이용해 뭔가를 해냈다는 것에 주목합니다. 하지만 저는 반대로 생각합니다. 기술은 단지 도구일 뿐입니다. 내가 하는 일을 중심에 두고 그것을 더 잘할 수 있는 방법 중의 하나로 도구를 사용해야 합니다. 인공지능이 아니더라도 더 효율적이고 고퀄로 기술 사양서를 쓸 수 있는 툴이라면 같이 조합해 사용하면 된다는 거죠. 다시 강조

하지만 기술 사양서를 작성하는 방식에 정답이 있는 것은 아닙니다. 각자의 상황에 맞는 방식을 찾으시기 바랍니다.

　마치 인공지능이 다 해줄 것처럼 설명드렸고, 금방이라도 AI 아밥퍼와 바이브를 타며 코딩을 할 수 있을 것 같지만, 현실은 아직 넘어야 할 산이 가득합니다. 더 완벽한 타이밍을 기다릴지, 지금이라도 뭔가 해볼지는 여러분과 저희 저자들 각자의 몫입니다. SAP와 ABAP은 이번 태풍에도 큰 영향을 받지 않을 거라는 논리의 근거로 SAP의 폐쇄성과 회사 핵심 정보인 소스코드에 대한 보안정책을 말씀하십니다. 맞는 지적입니다. 단 지금은 그렇다는 단서가 붙습니다. 이 글을 쓰고 있는 저도 책을 쓰기 위해 인공지능을 자세히 들여다 보기 전까지는 비슷한 생각을 했습니다. 지금까지의 SAP가 거쳐온 역사도 그렇게 말하고 있었으니까요. 일본 애니메이션 중에 '진격의 거인'이라는 작품이 있습니다. 그 시작은 이런 느낌의 대사로 시작합니다.

　"백 년 동안 단 한 번도 무너지지 않았던 거대한 벽…

　인류는 그 견고한 장벽이 영원할 거라 믿었다. 그러나 그 믿음은 한순간에 부서졌다.

　벽이 무너진 그 날, 인류는 다시 거인의 공포와 마주했다."

　백 년 동안 벽이 견고하게 거인을 막고 있었다고 내일도 그럴 거라는 보장은 없습니다. 저는 지금 당장 할 수 있는 무언가를 만들어서 해볼 생각입니다. 지금까지 찾은 방법은 바둑기사들이 알파고 사태 후에 찾은 방법입니다. 이제 바둑을 사람에게 배우는 경우는 거의 없다고 합니다. 저도 ABAP을 인공지능에게 배워볼까 합니다.

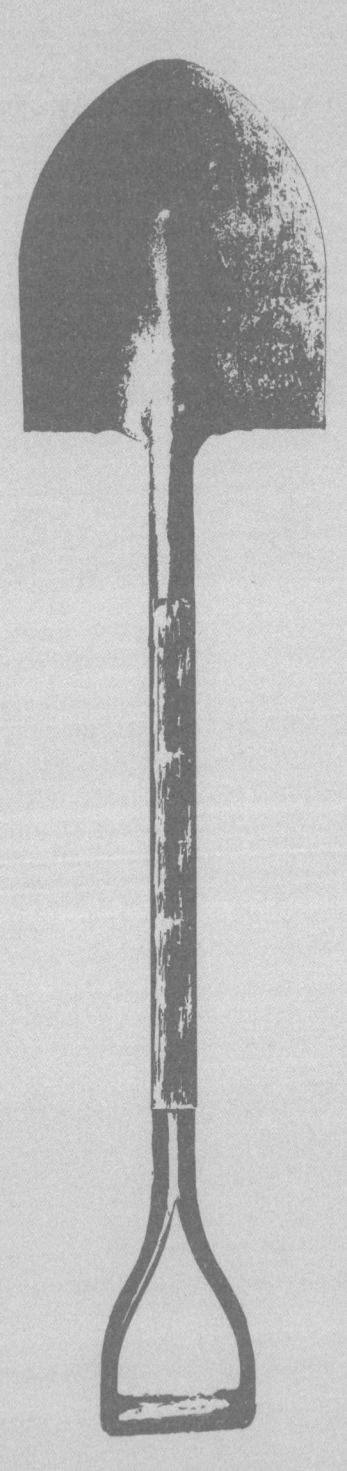

APPENDIX

부　　　　　　록

부록
01

ABAP ADT 환경
구성하기

ABAP ADT(ABAP Development Tool)는 새로운 ABAP 개발 툴입니다. ABAP Workbench라는 오래 사용된 개발 툴이 있는데 왜 새로운 툴을 사용해야 할까요? SAP에서는 이클립스(Eclipse)를 활용해서 익숙한 개발 환경을 제공하고 개발 생산성이 향상된다는 등의 여러 이유를 들고 있지만, 가장 큰 문제는 ABAP Workbench로는 만들 수 없는 것들이 있기 때문입니다. ABAP ADT는 SAP HANA와 함께 등장했습니다. 그래서 SAP HANA가 지원하는 CDS, RAP 등에 접근하기 위해서는 반드시 사용해야 합니다.

ADT 환경 구성하기

ADT 환경을 구성하기 위해서는 JDK, eclipse를 먼저 설치하고, eclipse내에서 ADT를 위한 별도 프로그램(component)을 설치합니다. 공식 설치가이드를 제공하는 사이트(https://tools.hana.ondemand.com/#abap)로 접속합니다. 사이트에 접속해 스크롤을 조금 내리면 그림처럼 설치 절차(Procedure)가 보일 겁니다.

1 박스로 표시된 곳을 클릭합니다. Eclipse 버전은 계속 새로운 버전이 나옵니다.

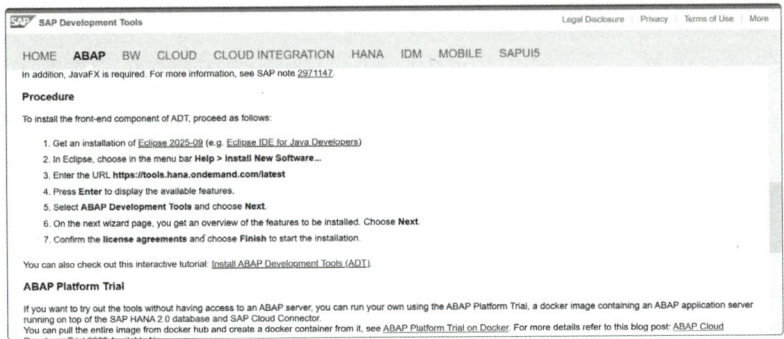

2 박스로 표시된 Download Links에서 사용하고 있는 OS 버전을 선택 합니다. 저는 Windows x86_64를 선택하겠습니다. 자동으로 다운로드 가 되지 않으면 [Download] 버튼을 클릭합니다. 다운로드 받은 파일을 PC의 적당한 위치에 복사한 후 그대로 압축을 풀어주세요. 별도의 설치 과정은 필요 없이 바로 사용이 가능합니다.

3 'eclipse' 아이콘을 클릭해 실행합니다.

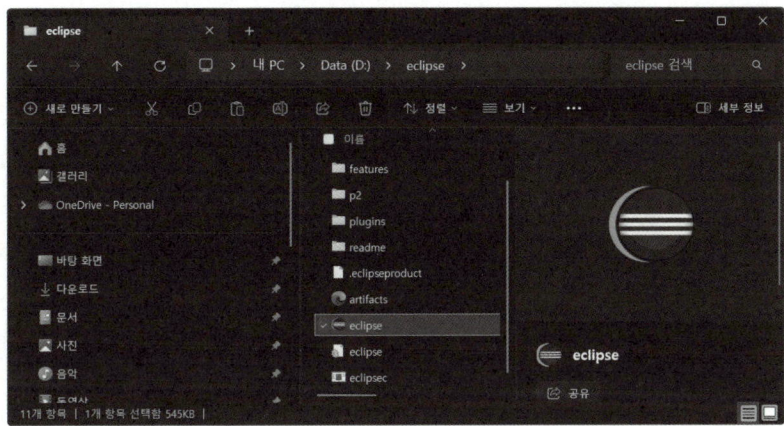

4 팝업에서 'Launch'를 선택합니다. 'eclipse'가 실행되면 ADT 환경을 구성해보겠습니다.

5 화면에 표시된 바와 같이 [Help]-[Install New Software]를 선택합니다. 다음 팝업이 나타납니다.

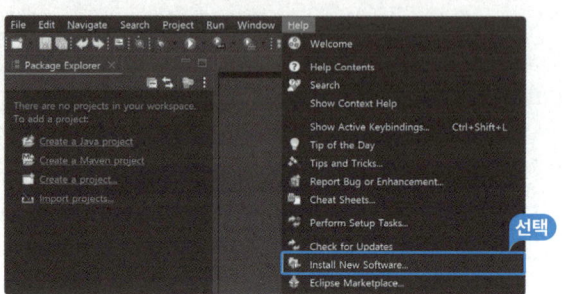

6 Work with 항목에 그림과 똑같이 입력하고 Enter 를 누릅니다. 그러면 아래에 두 개의 선택 항목이 나타납니다. 그중에서 표시된 ABAP Development Tools(ADT)에 체크를 하고 [Next(다음)] 버튼을 클릭합니다. 설치될 항목을 보여 주는 화면이 나옵니다.

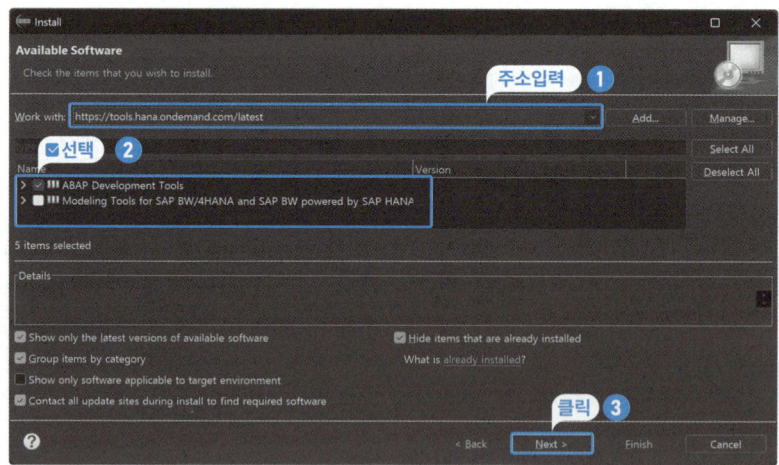

7 고민하지 말고 [Next(다음)] 버튼을 클릭합니다.

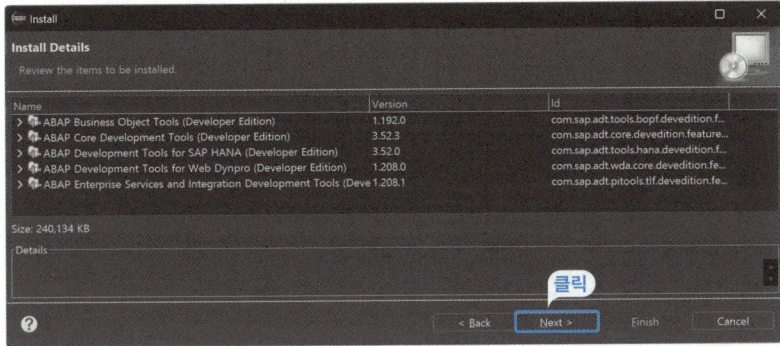

8 라이선스 정책에 동의(I accept the terms of license agreements.)하고 [Finish] 버튼을 클릭합니다. 또 하나의 창이 나타납니다.

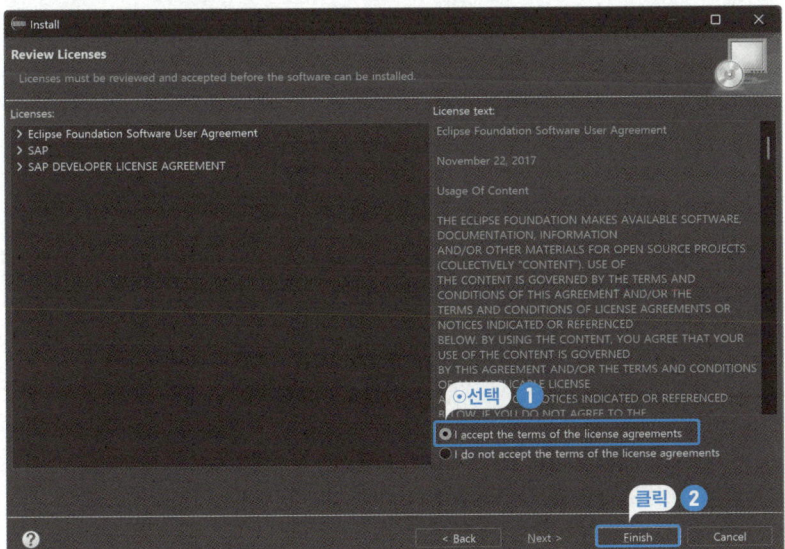

9 상단의 체크 박스를 체크하고 하단에 표시된 [Trust Selected] 버튼을 클릭합니다. 컴포넌트가 설치되기 시작합니다. 설치가 끝나면 팝업이 뜹니다.

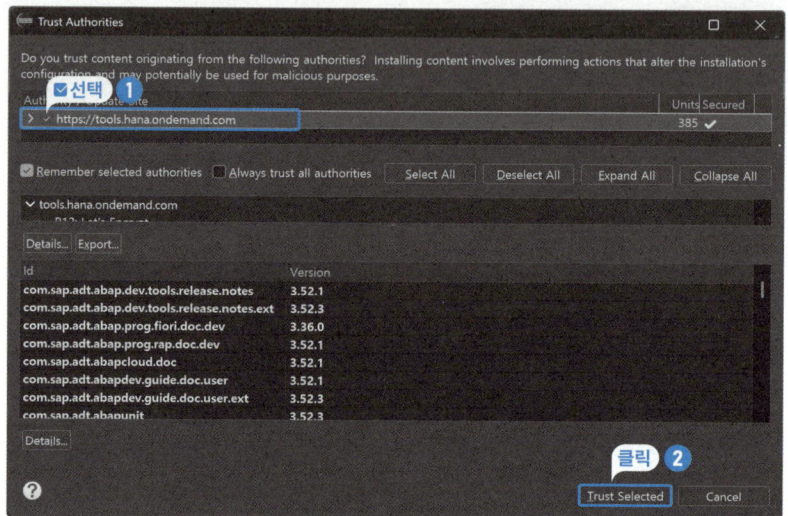

10 [Restart Now] 버튼을 클릭해서 'eclipse'를 다시 시작합니다. 잠시 후, 뭔가 낯설지만 익숙한 ABAP이라는 글씨가 있는 화면이 나타납니다. 잘 된 겁니다. 남은 일은 ADT로 SAP 시스템에 접속하는 겁니다.

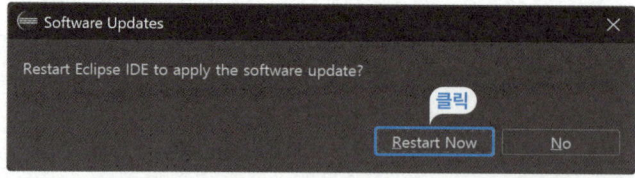

11 [File]-[New]-[Project]를 선택합니다. 다시 팝업이 나타납니다.

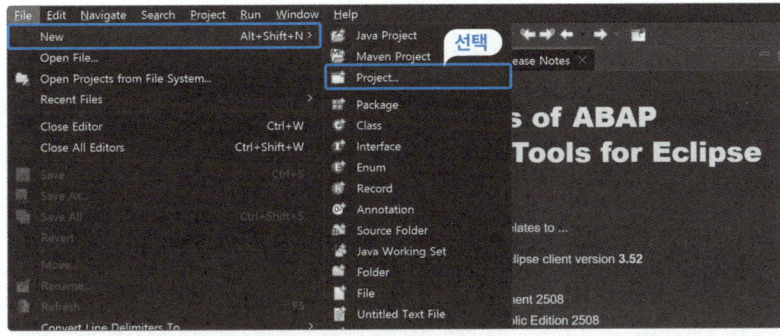

12 그림처럼 [ABAP]-[ABAP Project]를 선택하고 [Next] 버튼을 클릭합니다. 사용하시는 PC에 SAP GUI가 설정되어 있다면 등록된 시스템 리스트가 보일 겁니다.

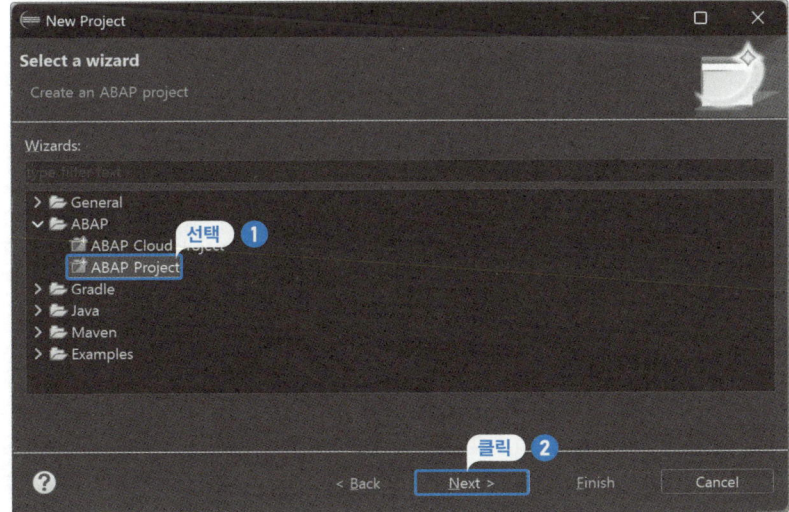

13 저는 2개의 시스템이 설정되어 있습니다. 접속하고자 하는 시스템을 선택하고 [Next] 버튼을 클릭해서 접속을 진행합니다. 접속 정보를 다음과 같이 입력합니다.

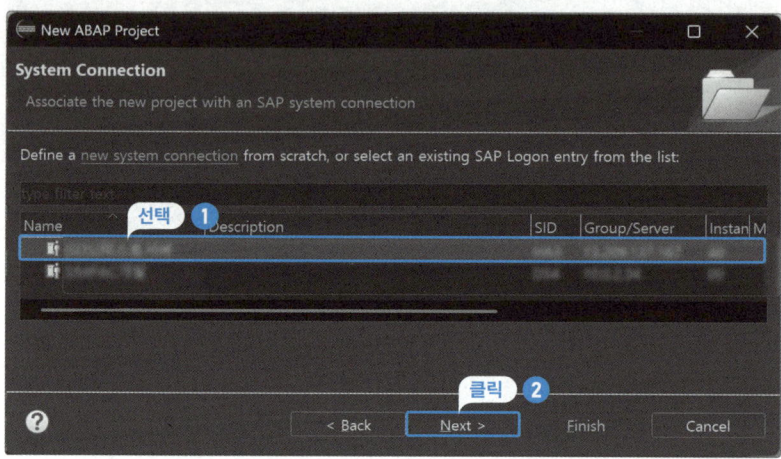

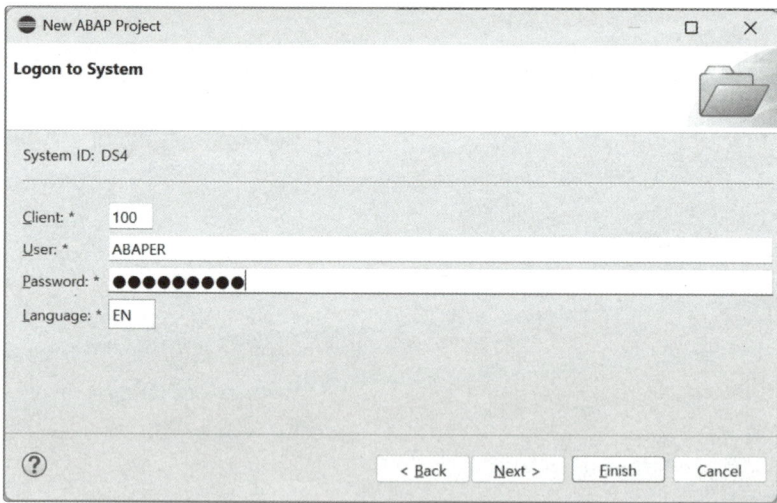

14 팝업에서 Open Perspective를 선택해야 ABAP 환경에 맞도록 화면이 구성됩니다.

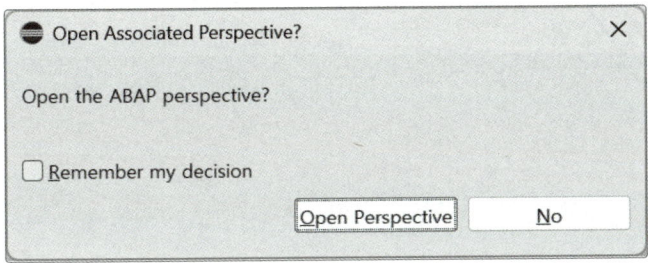

15 다음 화면이 나오면 SAP 시스템까지 성공적으로 접속이 된 것입니다.

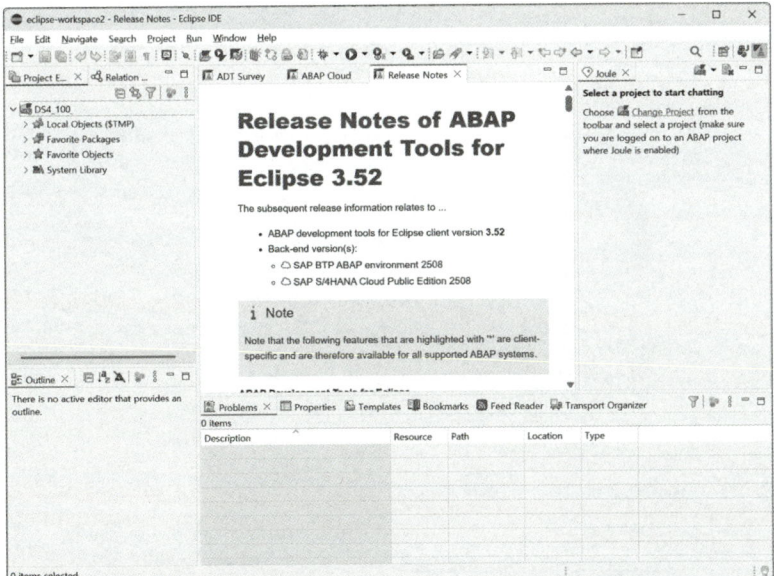

부록
02

SAP ABAPGit

abapGit은 SAP 시스템의 ABAP 개발 객체를 Git 저장소에서 관리할 수 있게 해주는 오픈소스 도구입니다. abapGit을 이용할 경우 ABAP 오브젝트를 텍스트 기반의 파일 형태로 내려 받을 수 있고, 그 파일을 AI에게 전달하면 불필요하게 반복적으로 하는 작업을 줄일 수 있습니다. 그러면 SAP에 abapGit을 어떻게 설치하고, 필요한 오브젝트를 어떻게 파일로 내려 받을 수 있을지 알아보겠습니다.

| abapGit 내려받기

1 공식 페이지(https://abapgit.org/)로 접속합니다. 그런 다음 그림에서 표시된 'Documentation'을 클릭합니다.

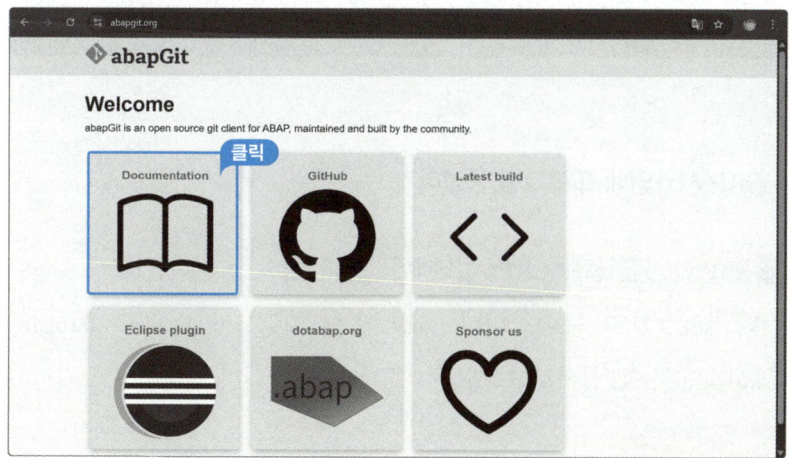

2 표시된 'zabapgit_standalone.prpg.abap'에 마우스 오른쪽 버튼을 눌러서 '다른 이름으로 링크 저장'으로 내려 받기 합니다. 지금 내려 받은 것이 ABAP 소스코드입니다. 이 소스코드를 이용해서 우리 회사의 SAP 시스템에 프로그램을 생성해야 합니다.

SAP 시스템에 프로그램 생성하기

1 SAP GUI를 통해 ERP 시스템에 접속합니다. 트랜잭션 코드 'se38'이나 'se80'으로 들어갑니다. 그런 다음 프로그램ID에 "zabapgit_standalone"으로 입력하고 [생성] 버튼을 클릭합니다.

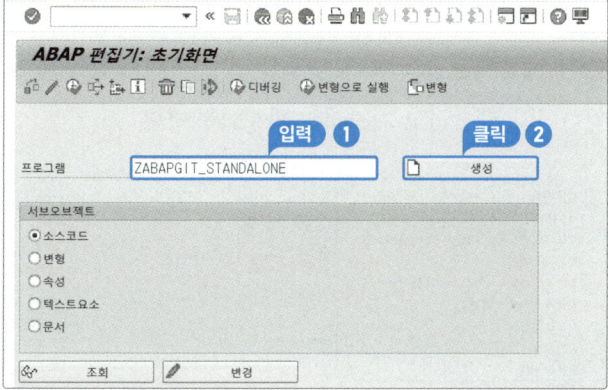

2 프로그램명을 입력해 주고 저장합니다. 프로그램이 생성되면 ABAP 편집기에서 소스코드를 만들어 주면 되죠. 그런데 한 가지 유의할 점이 있습니다. 다운로드 받아 둔 ABAP 코드가 너무 크기 때문에 복사해서 바로 붙여 넣기를 하면 SAP GUI가 죽을 수 있습니다. 그래서 업로드 방식을 사용하겠습니다.

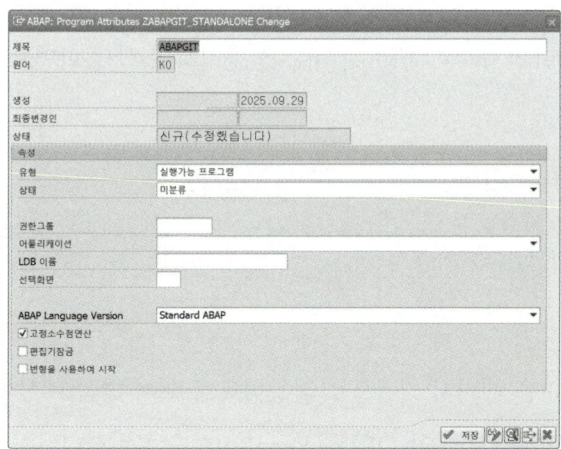

3 그림처럼 [유틸리티]-[추가 유틸리티]-[업로드/다운로드]-[업로드]를 선택해서 저장해둔 코드를 업로드합니다. 이후 과정은 다른 프로그램과 동일합니다. 체크하고 저장하고 활성화하세요.

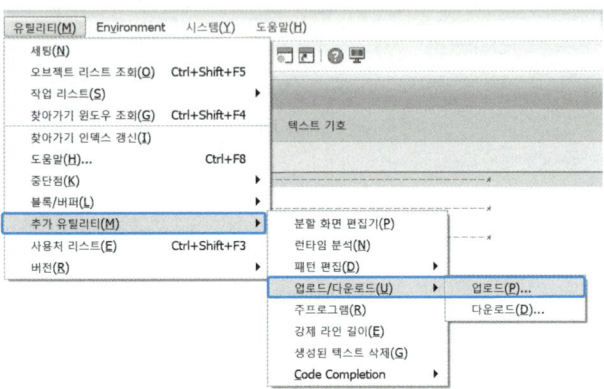

| abapGit 이용하기

1 그럼 이렇게 설치된 abapGit을 이용해보겠습니다. 'se38'이나 'se80'에 들어갑니다. 프로그램명에 'zabapgit_standalone'을 넣어주고 실행합니다. 상단의 [New Offline] 버튼을 클릭하여 상세 화면으로 이동합니다.

2 abaptGit은 패키지 기반으로 작동하므로 내려 받을 대상이 있는 패키지를 입력하고 [Create Offline Repo] 버튼을 클릭합니다.

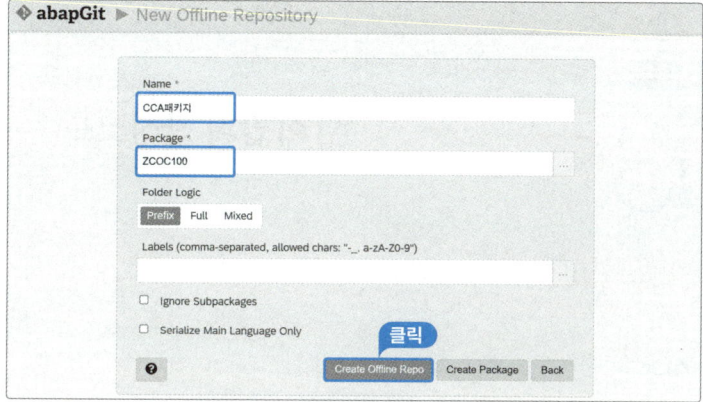

3 패키지 내부의 오브젝트가 출력되면 Export를 클릭해서 내려 받습니다.

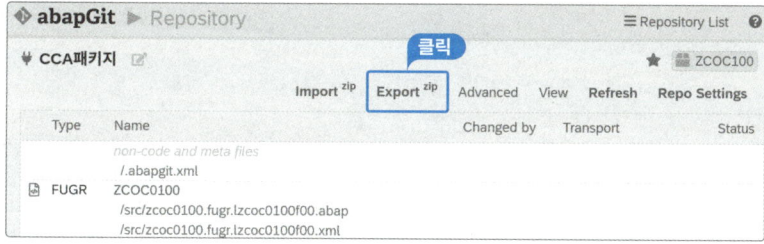

4 내려 받은 파일은 압축 파일이며, 내부 구조는 다음과 같습니다.
'.abap' 확장자 파일에 실제 코드가 존재합니다.

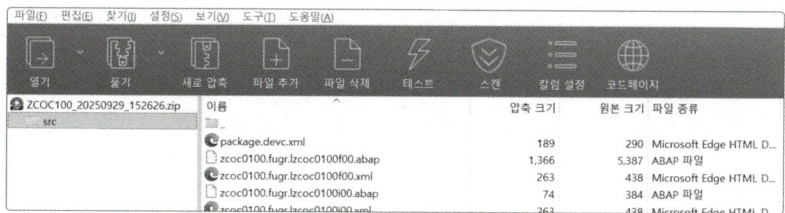

부록
03

AI 아밥퍼 작성코드

```abap
REPORT zsapb04.    "새로운 프로그램ID로 변경해줘야 합니다
TABLES : scarr.

DATA: g_docking    TYPE REF TO cl_gui_docking_container,
      g_container  TYPE REF TO cl_gui_container,
      g_grid       TYPE REF TO cl_gui_alv_grid.

DATA : BEGIN OF gs_zscarr.
          INCLUDE TYPE zscarr.
DATA:    style TYPE lvc_t_styl.
DATA : END OF gs_zscarr.
DATA : gt_zscarr LIKE TABLE OF gs_zscarr,
       gt_backup LIKE gt_zscarr.
DATA : lt_edit TYPE lvc_s_styl OCCURS 0 WITH HEADER LINE.

" [추가 영역] 드롭다운 테이블 선언
DATA : gt_dropdown TYPE lvc_t_drop,
       gs_dropdown TYPE lvc_s_drop.

SELECTION-SCREEN BEGIN OF BLOCK part1 WITH FRAME.
  SELECT-OPTIONS : s_carrid FOR scarr-carrid.
SELECTION-SCREEN END OF BLOCK part1.

START-OF-SELECTION.
  PERFORM get_data.
END-OF-SELECTION.
  CALL SCREEN 100.

FORM get_data .
  SELECT *
    FROM zscarr
   WHERE carrid IN @s_carrid
```

```
    INTO CORRESPONDING FIELDS OF TABLE @gt_zscarr.
ENDFORM.

MODULE status_0100 OUTPUT.
  IF sy-tcode = 'ZSAPB04D'.
    SET PF-STATUS '0100' EXCLUDING 'SAVE'.
  ELSE.
    SET PF-STATUS '0100'.
  ENDIF.
  SET TITLEBAR '0100'.
ENDMODULE.

MODULE pbo_0100 OUTPUT.
  IF g_docking IS INITIAL.
    CREATE OBJECT g_docking
      EXPORTING
        repid     = sy-repid
        dynnr     = sy-dynnr
        side      = 1
        extension = 3000.

    CREATE OBJECT g_grid
      EXPORTING
        i_parent = g_docking.

*** 1. Fieldcat
    DATA: lr_tabdescr TYPE REF TO cl_abap_structdescr,
          lr_data     TYPE REF TO data,
          lt_dfies    TYPE ddfields,
          ls_dfies    TYPE dfies,
          ls_fieldcat TYPE lvc_s_fcat,
          lt_fieldcat TYPE lvc_t_fcat.
    DATA : l_field TYPE string.

    CREATE DATA lr_data LIKE LINE OF gt_zscarr.
    lr_tabdescr ?= cl_abap_structdescr=>describe_by_data_ref(lr_data).
    lt_dfies = cl_salv_data_descr=>read_structdescr(lr_tabdescr).
```

```
    LOOP AT lt_dfies  INTO ls_dfies WHERE fieldname NE 'MANDT'.
      CLEAR ls_fieldcat.
      MOVE-CORRESPONDING ls_dfies TO ls_fieldcat.
      ls_fieldcat-coltext = ls_dfies-fieldtext.
      ls_fieldcat-key = ls_dfies-keyflag.
      ls_fieldcat-edit = 'X'.

      " [추가 영역] 통화 필드에만 드롭다운 핸들 연결
      IF ls_dfies-fieldname = 'CURRCODE'.
        ls_fieldcat-drdn_hndl = '1'.
      ENDIF.

      APPEND ls_fieldcat TO lt_fieldcat.

*** 2. STYLE
      IF ls_dfies-keyflag = 'X'.
        lt_edit-fieldname = ls_dfies-fieldname.
        lt_edit-style     = cl_gui_alv_grid=>mc_style_disabled.
        APPEND lt_edit.
      ENDIF.
    ENDLOOP.

    PERFORM set_style.

*** 3. LAYOUT-SYTLEFIELD 적용
    DATA : ls_layout  TYPE lvc_s_layo.
    ls_layout-sel_mode = 'D'.
    ls_layout-stylefname = 'STYLE'.

    gt_backup[] = gt_zscarr[].

    " [추가 영역] 드롭다운 값 정의
    CLEAR gs_dropdown. gs_dropdown-handle = '1'. gs_dropdown-
value = 'USD'. APPEND gs_dropdown TO gt_dropdown.
    CLEAR gs_dropdown. gs_dropdown-handle = '1'. gs_dropdown-
value = 'EUR'. APPEND gs_dropdown TO gt_dropdown.
```

```
      CLEAR gs_dropdown. gs_dropdown-handle = '1'. gs_dropdown-
value = 'CAD'. APPEND gs_dropdown TO gt_dropdown.
      CLEAR gs_dropdown. gs_dropdown-handle = '1'. gs_dropdown-
value = 'GBP'. APPEND gs_dropdown TO gt_dropdown.
      CLEAR gs_dropdown. gs_dropdown-handle = '1'. gs_dropdown-
value = 'USD'. APPEND gs_dropdown TO gt_dropdown.
      CLEAR gs_dropdown. gs_dropdown-handle = '1'. gs_dropdown-
value = 'AUD'. APPEND gs_dropdown TO gt_dropdown.
      CLEAR gs_dropdown. gs_dropdown-handle = '1'. gs_dropdown-
value = 'ZAR'. APPEND gs_dropdown TO gt_dropdown.
      CLEAR gs_dropdown. gs_dropdown-handle = '1'. gs_dropdown-
value = 'SGD'. APPEND gs_dropdown TO gt_dropdown.
      CLEAR gs_dropdown. gs_dropdown-handle = '1'. gs_dropdown-
value = 'CHF'. APPEND gs_dropdown TO gt_dropdown.
      CLEAR gs_dropdown. gs_dropdown-handle = '1'. gs_dropdown-
value = 'JPY'. APPEND gs_dropdown TO gt_dropdown.

    " [추가 영역] 드롭다운 테이블 먼저 ALV에 등록
    CALL METHOD g_grid->set_drop_down_table
      EXPORTING
        it_drop_down = gt_dropdown.

    CALL METHOD g_grid->set_table_for_first_display
      EXPORTING
        is_layout       = ls_layout
      CHANGING
        it_fieldcatalog = lt_fieldcat[]
        it_outtab       = gt_zscarr[]
      EXCEPTIONS
        invalid_parameter_combination  = 1
        program_error                  = 2
        too_many_lines                 = 3
        OTHERS                         = 4.

    IF sy-tcode = 'ZSAPB04D'.
      CALL METHOD g_grid->set_ready_for_input
        EXPORTING
```

```
            i_ready_for_input = 0.
    ENDIF.
  ENDIF.
ENDMODULE.

MODULE exit INPUT.
  LEAVE TO SCREEN 0.
ENDMODULE.

MODULE user_command_0100 INPUT.
  CASE sy-ucomm.
    WHEN 'SAVE'.
      CALL METHOD g_grid->check_changed_data.
      PERFORM itab_save_pro.
  ENDCASE.
ENDMODULE.

FORM itab_save_pro .
  " (원본 소스 그대로 유지)
ENDFORM.

FORM set_style .
  LOOP AT gt_zscarr ASSIGNING FIELD-SYMBOL(<fs>).
    <fs>-style = lt_edit[].
  ENDLOOP.
ENDFORM.
```

챗GPT 작성 소스코드 - cl_gui_alv_grid 버전

```abap
*&---------------------------------------------------------------------*
*& Report ZSAPAI1 : [삽질항공] 예약현황 조회
*&---------------------------------------------------------------------*
REPORT zsapai1_test.


"---------------------------------------------------------------------
" 1) 선언부
"---------------------------------------------------------------------
TABLES: scarr, spfli, sflight.

"조회 조건(다중 선택)
SELECT-OPTIONS: s_carrid FOR sflight-carrid,
                s_connid FOR sflight-connid.

"결과 구조
TYPES: BEGIN OF ty_result,
         id            TYPE sflight-carrid,
         no            TYPE sflight-connid,
         fldate        TYPE sflight-fldate,
         carrname      TYPE scarr-carrname,
         cityfrom      TYPE spfli-cityfrom,
         airpfrom      TYPE spfli-airpfrom,
         cityto        TYPE spfli-cityto,
         airpto        TYPE spfli-airpto,
         seatsmax      TYPE sflight-seatsmax,
         seatsocc      TYPE sflight-seatsocc,
         seatsmax_b    TYPE sflight-seatsmax_b,
         seatsocc_b    TYPE sflight-seatsocc_b,
         seatsmax_f    TYPE sflight-seatsmax_f,
         seatsocc_f    TYPE sflight-seatsocc_f,
       END OF ty_result.

DATA: gt_result TYPE TABLE OF ty_result.

"ALV 객체/카탈로그
```

```
DATA: g_dock    TYPE REF TO cl_gui_docking_container,
      g_grid    TYPE REF TO cl_gui_alv_grid,
      gt_fcat   TYPE lvc_t_fcat,
      gs_fcat   TYPE lvc_s_fcat,
      gs_layout TYPE lvc_s_layo.

"-----------------------------------------------------------
" 2) 데이터 조회
"-----------------------------------------------------------
START-OF-SELECTION.

  SELECT a~carrid   AS id,
         a~connid   AS no,
         a~fldate,
         b~carrname,
         c~cityfrom,
         c~airpfrom,
         c~cityto,
         c~airpto,
         a~seatsmax,
         a~seatsocc,
         a~seatsmax_b,
         a~seatsocc_b,
         a~seatsmax_f,
         a~seatsocc_f
    INTO CORRESPONDING FIELDS OF TABLE @gt_result
    FROM sflight AS a
    INNER JOIN scarr AS b ON a~carrid = b~carrid
    INNER JOIN spfli  AS c ON a~carrid = c~carrid
                          AND a~connid = c~connid
   WHERE a~carrid IN @s_carrid
     AND a~connid IN @s_connid.

  CALL SCREEN 100.

"-----------------------------------------------------------
```

```
" 3) 스크린 100 Flow Logic (SE51)
"--------------------------------------------------------------
* PROCESS BEFORE OUTPUT.
*   MODULE status_0100.
*   MODULE pbo_0100.
* PROCESS AFTER INPUT.
*   MODULE exit AT EXIT-COMMAND.
*   MODULE user_command_0100.


"--------------------------------------------------------------
" 4) PBO : 상태/ALV 세팅
"--------------------------------------------------------------
MODULE status_0100 OUTPUT.
  SET PF-STATUS '0100'.
  SET TITLEBAR  '0100'.
ENDMODULE.

MODULE pbo_0100 OUTPUT.
  IF g_dock IS INITIAL.
    "Docking 컨테이너
    CREATE OBJECT g_dock
      EXPORTING repid = sy-repid
                dynnr = sy-dynnr
                side  = cl_gui_docking_container=>dock_at_left
                extension = 3000.

    "ALV Grid
    CREATE OBJECT g_grid
      EXPORTING i_parent = g_dock.

    "동적 필드 카탈로그 구성
    PERFORM build_fcat CHANGING gt_fcat.

    "레이아웃(가독성)
    gs_layout-zebra      = abap_true.
    gs_layout-cwidth_opt = abap_true.
```

```abap
      "ALV 최초 디스플레이 (※ i_structure_name 전달 안함!)
      CALL METHOD g_grid->set_table_for_first_display
        EXPORTING
          is_layout       = gs_layout
        CHANGING
          it_outtab       = gt_result
          it_fieldcatalog = gt_fcat.
  ENDIF.
ENDMODULE.


"-----------------------------------------------------------------
" 5) PAI : 종료키 처리
"-----------------------------------------------------------------
MODULE user_command_0100 INPUT.
  CASE sy-ucomm.
    WHEN 'BACK' OR 'EXIT' OR 'CANC'.
      LEAVE PROGRAM.
  ENDCASE.
ENDMODULE.


"-----------------------------------------------------------------
" 6) 동적 필드 카탈로그 작성
"    - REF_TABLE/REF_FIELD를 지정해서 F1/포맷/도메인 활용
"    - 순서/라벨 한글 적용
"-----------------------------------------------------------------
FORM build_fcat CHANGING gt_fcat TYPE lvc_t_fcat.
  DATA: ls_fcat TYPE lvc_s_fcat.

  "ID
  CLEAR ls_fcat.
  ls_fcat-fieldname = 'ID'.
  ls_fcat-coltext   = 'ID'.
  ls_fcat-ref_table = 'SFLIGHT'.
  ls_fcat-ref_field = 'CARRID'.
  ls_fcat-col_pos   = 1.
  ls_fcat-key       = abap_true.
  APPEND ls_fcat TO gt_fcat.
```

```
"No.
CLEAR ls_fcat.
ls_fcat-fieldname = 'NO'.
ls_fcat-coltext   = 'No.'.
ls_fcat-ref_table = 'SFLIGHT'.
ls_fcat-ref_field = 'CONNID'.
ls_fcat-col_pos   = 2.
ls_fcat-key       = abap_true.
APPEND ls_fcat TO gt_fcat.

"항공편 일자
CLEAR ls_fcat.
ls_fcat-fieldname = 'FLDATE'.
ls_fcat-coltext   = '항공편 일자'.
ls_fcat-ref_table = 'SFLIGHT'.
ls_fcat-ref_field = 'FLDATE'.
ls_fcat-col_pos   = 3.
APPEND ls_fcat TO gt_fcat.

"항공사
CLEAR ls_fcat.
ls_fcat-fieldname = 'CARRNAME'.
ls_fcat-coltext   = '항공사'.
ls_fcat-ref_table = 'SCARR'.
ls_fcat-ref_field = 'CARRNAME'.
ls_fcat-col_pos   = 4.
APPEND ls_fcat TO gt_fcat.

"출발지
CLEAR ls_fcat.
ls_fcat-fieldname = 'CITYFROM'.
ls_fcat-coltext   = '출발지'.
ls_fcat-ref_table = 'SPFLI'.
ls_fcat-ref_field = 'CITYFROM'.
ls_fcat-col_pos   = 5.
APPEND ls_fcat TO gt_fcat.
```

```
"출발 공항
CLEAR ls_fcat.
ls_fcat-fieldname = 'AIRPFROM'.
ls_fcat-coltext   = '출발 공항'.
ls_fcat-ref_table = 'SPFLI'.
ls_fcat-ref_field = 'AIRPFROM'.
ls_fcat-col_pos   = 6.
APPEND ls_fcat TO gt_fcat.

"도착지
CLEAR ls_fcat.
ls_fcat-fieldname = 'CITYTO'.
ls_fcat-coltext   = '도착지'.
ls_fcat-ref_table = 'SPFLI'.
ls_fcat-ref_field = 'CITYTO'.
ls_fcat-col_pos   = 7.
APPEND ls_fcat TO gt_fcat.

"도착 공항
CLEAR ls_fcat.
ls_fcat-fieldname = 'AIRPTO'.
ls_fcat-coltext   = '도착 공항'.
ls_fcat-ref_table = 'SPFLI'.
ls_fcat-ref_field = 'AIRPTO'.
ls_fcat-col_pos   = 8.
APPEND ls_fcat TO gt_fcat.

"일반석 최대 정원
CLEAR ls_fcat.
ls_fcat-fieldname = 'SEATSMAX'.
ls_fcat-coltext   = '일반석 최대 정원'.
ls_fcat-ref_table = 'SFLIGHT'.
ls_fcat-ref_field = 'SEATSMAX'.
ls_fcat-col_pos   = 9.
APPEND ls_fcat TO gt_fcat.
```

```
"예약된 일반석
CLEAR ls_fcat.
ls_fcat-fieldname = 'SEATSOCC'.
ls_fcat-coltext   = '예약된 일반석'.
ls_fcat-ref_table = 'SFLIGHT'.
ls_fcat-ref_field = 'SEATSOCC'.
ls_fcat-col_pos   = 10.
APPEND ls_fcat TO gt_fcat.

"비즈니스석 정원
CLEAR ls_fcat.
ls_fcat-fieldname = 'SEATSMAX_B'.
ls_fcat-coltext   = '비즈니스석 정원'.
ls_fcat-ref_table = 'SFLIGHT'.
ls_fcat-ref_field = 'SEATSMAX_B'.
ls_fcat-col_pos   = 11.
APPEND ls_fcat TO gt_fcat.

"비즈니스석 점유
CLEAR ls_fcat.
ls_fcat-fieldname = 'SEATSOCC_B'.
ls_fcat-coltext   = '비즈니스석 점유'.
ls_fcat-ref_table = 'SFLIGHT'.
ls_fcat-ref_field = 'SEATSOCC_B'.
ls_fcat-col_pos   = 12.
APPEND ls_fcat TO gt_fcat.

"일등석 정원
CLEAR ls_fcat.
ls_fcat-fieldname = 'SEATSMAX_F'.
ls_fcat-coltext   = '일등석 정원'.
ls_fcat-ref_table = 'SFLIGHT'.
ls_fcat-ref_field = 'SEATSMAX_F'.
ls_fcat-col_pos   = 13.
APPEND ls_fcat TO gt_fcat.

"일등석 점유
```

```
    CLEAR ls_fcat.
    ls_fcat-fieldname = 'SEATSOCC_F'.
    ls_fcat-coltext   = '일등석 점유'.
    ls_fcat-ref_table = 'SFLIGHT'.
    ls_fcat-ref_field = 'SEATSOCC_F'.
    ls_fcat-col_pos   = 14.
    APPEND ls_fcat TO gt_fcat.
ENDFORM.
```

챗GPT 작성 소스코드 - cl_salv_table 버전

```
"----------------------------------------------------------------
" Program : ZSAPAI1
" Title   : [삽질항공] 예약현황 조회
" Purpose : 항공사/편명 조건으로 SFLIGHT+SPFLI+SCARR를 조인하여
"           좌석 정원/점유 포함 예약현황을 ALV Grid로 표시
" System  : ABAP 7.56 (new syntax)
"----------------------------------------------------------------
REPORT zsapai1.

TABLES: scarr, spfli, sflight.

"--------------------------
" 1) Selection-Screen
"--------------------------
SELECTION-SCREEN BEGIN OF BLOCK b1 WITH FRAME TITLE TEXT-t01.
SELECT-OPTIONS: s_carrid FOR sflight-carrid,
                s_connid FOR sflight-connid.
SELECTION-SCREEN END OF BLOCK b1.


"--------------------------
" 2) Output 구조
"    - 스펙의 "ALV Grid 필드명 ↔ 테이블/필드" 매핑
"--------------------------
TYPES: BEGIN OF ty_out,
```

```abap
    carrid TYPE sflight-carrid, "ID (SFLIGHT-CARRID)
    connid TYPE sflight-connid, "No. (SFLIGHT-CONNID)
    fldate TYPE sflight-fldate, "항공편 일자 (SFLIGHT-FLDATE)
    carrname TYPE scarr-carrname, "항공사 (SCARR-CARRNAME)
    cityfrom TYPE spfli-cityfrom, "출발지 (SPFLI-CITYFROM)
    airpfrom TYPE spfli-airpfrom, "출발공항 (SPFLI-AIRPFROM)
    cityto TYPE spfli-cityto,    "도착지 (SPFLI-CITYTO)
    airpto TYPE spfli-airpto,    "도착공항 (SPFLI-AIRPTO)
    seatsmax TYPE sflight-seatsmax,   "일반석 최대 정원
    seatsocc TYPE sflight-seatsocc,   "예약된 일반석
    seatsmax_b TYPE sflight-seatsmax_b, "비즈니스석의 정원
    seatsocc_b TYPE sflight-seatsocc_b, "비즈니스석 점유
    seatsmax_f TYPE sflight-seatsmax_f, "일등석의 정원
    seatsocc_f TYPE sflight-seatsocc_f, "일등석 점유
  END OF ty_out.

DATA gt_out TYPE STANDARD TABLE OF ty_out WITH EMPTY KEY.


"---------------------------
" 3) 메인 로직
"---------------------------
START-OF-SELECTION.

  "NOTE:
  "Open SQL에서 range(IN @s_*)가 비어 있으면 조회 결과가 0건이 되므로
  "비어 있는 조건은 WHERE에서 제외하도록 분기 처리.
  IF s_carrid[] IS INITIAL AND s_connid[] IS INITIAL.

    SELECT
      f~carrid, f~connid, f~fldate,
      c~carrname,
      p~cityfrom, p~airpfrom, p~cityto, p~airpto,
      f~seatsmax, f~seatsocc, f~seatsmax_b, f~seatsocc_
      b, f~seatsmax_f, f~seatsocc_f
      FROM sflight AS f
      INNER JOIN spfli  AS p ON p~carrid = f~carrid AND p~conni
      d = f~connid
```

```
      INNER JOIN scarr  AS c ON c~carrid = f~carrid
      INTO TABLE @gt_out.

 ELSEIF s_carrid[] IS INITIAL.

   SELECT
      f~carrid, f~connid, f~fldate,
      c~carrname,
      p~cityfrom, p~airpfrom, p~cityto, p~airpto,
      f~seatsmax, f~seatsocc, f~seatsmax_b,
      f~seatsocc_b, f~seatsmax_f, f~seatsocc_f
      FROM sflight AS f
      INNER JOIN spfli  AS p ON p~carrid = f~carrid AND p~conni
      d = f~connid
      INNER JOIN scarr  AS c ON c~carrid = f~carrid
      WHERE f~connid IN @s_connid
      INTO TABLE @gt_out.

 ELSEIF s_connid[] IS INITIAL.

   SELECT
      f~carrid, f~connid, f~fldate,
      c~carrname,
      p~cityfrom, p~airpfrom, p~cityto, p~airpto,
      f~seatsmax, f~seatsocc, f~seatsmax_b,
      f~seatsocc_b, f~seatsmax_f, f~seatsocc_f
      FROM sflight AS f
      INNER JOIN spfli  AS p ON p~carrid = f~carrid AND
      p~connid = f~connid
      INNER JOIN scarr  AS c ON c~carrid = f~carrid
      WHERE f~carrid IN @s_carrid
      INTO TABLE @gt_out.

 ELSE.

   SELECT
      f~carrid, f~connid, f~fldate,
```

```abap
        c~carrname,
        p~cityfrom, p~airpfrom, p~cityto, p~airpto,
        f~seatsmax, f~seatsocc, f~seatsmax_b,
        f~seatsocc_b, f~seatsmax_f, f~seatsocc_f
        FROM sflight AS f
        INNER JOIN spfli  AS p ON p~carrid = f~carrid AND
        p~connid = f~connid
        INNER JOIN scarr  AS c ON c~carrid = f~carrid
        WHERE f~carrid IN @s_carrid
          AND f~connid IN @s_connid
        INTO TABLE @gt_out.

  ENDIF.

  IF gt_out IS INITIAL.
    MESSAGE '조회 결과가 없습니다.' TYPE 'S'.
    LEAVE LIST-PROCESSING.
  ENDIF.

  "---------------------------
  " 4) SALV(Grid) 출력
  "---------------------------
*  DATA(lo_alv)  = NEW cl_salv_table( ). "수정 전 (문제 코드)

DATA lo_alv TYPE REF TO cl_salv_table. " 수정 후 코드

  cl_salv_table=>factory(
    IMPORTING
      r_salv_table = lo_alv
    CHANGING
      t_table      = gt_out ).

  "기본 기능 활성화 + 열 너비 최적화
  lo_alv->get_functions( )->set_all(abap_true).
  lo_alv->get_display_settings( )->set_striped_pattern(abap_true).
  lo_alv->get_columns( )->set_optimize(abap_true).
```

```abap
*수정 전 (문제 코드)

*"컬럼 텍스트를 스펙 표와 동일하게 세팅
*DATA(lo_cols) = lo_alv->get_columns( ).
*lo_cols->get_column('CARRID')->set_short_text('ID').
*lo_cols->get_column('CONNID')->set_short_text('No.').
*lo_cols->get_column('FLDATE')->set_medium_text('항공편 일자').
*lo_cols->get_column('CARRNAME')->set_medium_text('항공사').
*lo_cols->get_column('CITYFROM')->set_medium_text('출발지').
*lo_cols->get_column('AIRPFROM')->set_medium_text('출발공항').
*lo_cols->get_column('CITYTO')->set_medium_text('도착지').
*lo_cols->get_column('AIRPTO')->set_medium_text('도착공항').
*lo_cols->get_column('SEATSMAX)->set_long_text('일반석 최대 정원').
*lo_cols->get_column('SEATSOCC')->set_long_text('예약된 일반석').
*lo_cols->get_column('SEATSMAX_B')->set_long_text('비즈니스석의 정
원').
*lo_cols->get_column('SEATSOCC_B')->set_long_text('비즈니스석 점유').
*lo_cols->get_column('SEATSMAX_F')->set_long_text('일등석의 정원').
*lo_cols->get_column('SEATSOCC_F')->set_long_text('일등석 점유').

*수정 후 (개선 코드)

DATA lo_cols TYPE REF TO cl_salv_columns_table.
*DATA lo_col  TYPE REF TO cl_salv_column_table.
DATA lo_col  TYPE REF TO cl_salv_column.    "상위 타입

lo_cols = lo_alv->get_columns( ).
lo_cols->set_optimize( abap_true ).

"=== 각 컬럼별 라벨 세팅 ===
lo_col = lo_cols->get_column( 'CARRID' ).
lo_col->set_short_text( 'ID' ).

lo_col = lo_cols->get_column( 'CONNID' ).
lo_col->set_short_text( 'No.' ).

lo_col = lo_cols->get_column( 'FLDATE' ).
```

```abap
lo_col->set_medium_text( '항공편 일자' ).

lo_col = lo_cols->get_column( 'CARRNAME' ).
lo_col->set_medium_text( '항공사' ).

lo_col = lo_cols->get_column( 'CITYFROM' ).
lo_col->set_medium_text( '출발지' ).

lo_col = lo_cols->get_column( 'AIRPFROM' ).
lo_col->set_medium_text( '출발 공항' ).

lo_col = lo_cols->get_column( 'CITYTO' ).
lo_col->set_medium_text( '도착지' ).

lo_col = lo_cols->get_column( 'AIRPTO' ).
lo_col->set_medium_text( '도착 공항' ).

lo_col = lo_cols->get_column( 'SEATSMAX' ).
lo_col->set_long_text( '일반석 최대 정원' ).

lo_col = lo_cols->get_column( 'SEATSOCC' ).
lo_col->set_long_text( '예약된 일반석' ).

lo_col = lo_cols->get_column( 'SEATSMAX_B' ).
lo_col->set_long_text( '비즈니스석의 정원' ).

lo_col = lo_cols->get_column( 'SEATSOCC_B' ).
lo_col->set_long_text( '비즈니스석 점유' ).

lo_col = lo_cols->get_column( 'SEATSMAX_F' ).
lo_col->set_long_text( '일등석의 정원' ).

lo_col = lo_cols->get_column( 'SEATSOCC_F' ).
lo_col->set_long_text( '일등석 점유' ).


  lo_alv->display( ).
```

챗GPT - CBO 테이블 추가

```abap
*&---------------------------------------------------------------*
*& Report  ZSAPAI2 : [삽질항공] 항공사정보 관리
*& SAP_BASIS 7.56 / New Open SQL / OO ALV
*&---------------------------------------------------------------*
REPORT zsapai2.


*---------------------------------------------------------------
* 1) 선언부
*---------------------------------------------------------------
TABLES: zscarr, sflight, spfli.

"조회조건
SELECT-OPTIONS: s_carrid FOR zscarr-carrid.


"결과 구조(요구 컬럼 순서대로)
TYPES: BEGIN OF ty_result,
        carrid      TYPE zscarr-carrid,    "ID (ZSCARR)
        carrname    TYPE zscarr-carrname,  "항공사명 (ZSCARR)
        currcode    TYPE zscarr-currcode,  "통화 (ZSCARR)
        url         TYPE zscarr-url,       "홈페이지 (ZSCARR)
        connid      TYPE sflight-connid,   "No. (SFLIGHT)
        fldate      TYPE sflight-fldate,   "항공편 일자(SFLIGHT)
        cityfrom    TYPE spfli-cityfrom,   "출발지 (SPFLI)
        airpfrom    TYPE spfli-airpfrom,   "출발공항 (SPFLI)
        cityto      TYPE spfli-cityto,     "도착지 (SPFLI)
        airpto      TYPE spfli-airpto,     "도착공항 (SPFLI)
        seatsmax    TYPE sflight-seatsmax, "일반석 최대 정원
        seatsocc    TYPE sflight-seatsocc, "예약된 일반석
        seatsmax_b TYPE sflight-seatsmax_b,"비즈니스석 정원
        seatsocc_b TYPE sflight-seatsocc_b,"비즈니스석 점유
        seatsmax_f TYPE sflight-seatsmax_f,"일등석 정원
        seatsocc_f TYPE sflight-seatsocc_f,"일등석 점유
      END OF ty_result.
```

```
DATA: gt_result TYPE STANDARD TABLE OF ty_result
      WITH DEFAULT KEY.

"ALV 관련
DATA: g_dock     TYPE REF TO cl_gui_docking_container,
      g_grid     TYPE REF TO cl_gui_alv_grid,
      gt_fcat    TYPE lvc_t_fcat,
      gs_fcat    TYPE lvc_s_fcat,
      gs_layout  TYPE lvc_s_layo.
*--------------------------------------------------------------
* 2) 데이터 조회
*--------------------------------------------------------------
START-OF-SELECTION.

  SELECT a~carrid,
         a~carrname,
         a~currcode,
         a~url,
         b~connid,
         b~fldate,
         c~cityfrom,
         c~airpfrom,
         c~cityto,
         c~airpto,
         b~seatsmax,
         b~seatsocc,
         b~seatsmax_b,
         b~seatsocc_b,
         b~seatsmax_f,
         b~seatsocc_f
    INTO CORRESPONDING FIELDS OF TABLE @gt_result
    FROM zscarr AS a
    INNER JOIN sflight AS b
      ON a~carrid = b~carrid
    INNER JOIN spfli   AS c
      ON b~carrid = c~carrid
     AND b~connid = c~connid
```

```
    WHERE a~carrid IN @s_carrid.

  CALL SCREEN 100.


*----------------------------------------------------------------
* 3) 스크린 100 Flow Logic (SE51)
* PROCESS BEFORE OUTPUT.
*   MODULE pbo_0100.
* PROCESS AFTER INPUT.
*   MODULE pai_0100.
*----------------------------------------------------------------
MODULE pbo_0100 OUTPUT.
  IF g_dock IS INITIAL.
    "도킹 컨테이너 + ALV Grid
    CREATE OBJECT g_dock
      EXPORTING repid = sy-repid dynnr = sy-dynnr
                side  = cl_gui_docking_container=>dock_at_left
                extension = 3000.

    CREATE OBJECT g_grid
      EXPORTING i_parent = g_dock.

    "필드 카탈로그(매크로 미사용, FORM로만 구성)
    PERFORM build_fcat CHANGING gt_fcat.

    "레이아웃
    gs_layout-zebra       = abap_true.
    gs_layout-cwidth_opt  = abap_true.
*   gs_layout-edit        = abap_true. "필요시 편집 허용/조회모드로 변경

    "ALV 출력
    CALL METHOD g_grid->set_table_for_first_display
      EXPORTING
        is_layout        = gs_layout
        i_default        = 'X'
      CHANGING
        it_outtab        = gt_result
```

```
        it_fieldcatalog = gt_fcat.
  ENDIF.
ENDMODULE.


*----------------------------------------------------------------
* 4) 필드카탈로그 (* DEFINE/매크로 전혀 사용 안 함)
*----------------------------------------------------------------
FORM build_fcat CHANGING ct_fcat TYPE lvc_t_fcat.
  DATA: lv_pos TYPE i VALUE 0.

  PERFORM add_fc USING 'CARRID'    'ID'
            <ZSCARR>  <CARRID>     abap_true  abap_true
                CHANGING lv_pos ct_fcat.
  PERFORM add_fc USING 'CARRNAME'  '항공사명'
            <ZSCARR>  <CARRNAME>   abap_true  abap_false
                CHANGING lv_pos ct_fcat.
  PERFORM add_fc USING 'CURRCODE'  '통화'
            <ZSCARR>  <CURRCODE> Zabap_true  abap_false
                CHANGING lv_pos ct_fcat.
  PERFORM add_fc USING 'CONNID'    'No.'
            <SFLIGHT> <CONNID>     abap_false abap_false
                CHANGING lv_pos ct_fcat.
  PERFORM add_fc USING 'FLDATE'    '항공편 일자'
            <SFLIGHT> <FLDATE>     abap_false abap_false
                CHANGING lv_pos ct_fcat.
  PERFORM add_fc USING 'CITYFROM'  '출발지'
            <SPFLI>   <CITYFROM>   abap_false abap_false
                CHANGING lv_pos ct_fcat.
  PERFORM add_fc USING 'AIRPFROM'  '출발공항'
            <SPFLI>   <AIRPFROM>   abap_false abap_false
                CHANGING lv_pos ct_fcat.
  PERFORM add_fc USING 'CITYTO'    '도착지'
            <SPFLI>   <CITYTO>     abap_false abap_false
                CHANGING lv_pos ct_fcat.
  PERFORM add_fc USING 'AIRPTO'    '도착공항'
            <SPFLI>   <AIRPTO>     abap_false abap_false
                CHANGING lv_pos ct_fcat.
```

```abap
   PERFORM add_fc USING 'SEATSMAX'  '일반석 최대 정원'
              <SFLIGHT> <SEATSMAX>    abap_false abap_false
                 CHANGING lv_pos ct_fcat.
   PERFORM add_fc USING 'SEATSOCC'  '예약된 일반석'
              <SFLIGHT> <SEATSOCC>    abap_false abap_false
                 CHANGING lv_pos ct_fcat.
   PERFORM add_fc USING 'SEATSMAX_B' '비즈니스석 정원'
              <SFLIGHT> <SEATSMAX_B> abap_false abap_false
                 CHANGING lv_pos ct_fcat.
   PERFORM add_fc USING 'SEATSOCC_B' '비즈니스석 점유'
              <SFLIGHT> <SEATSOCC_B> abap_false abap_false
                 CHANGING lv_pos ct_fcat.
   PERFORM add_fc USING 'SEATSMAX_F' '일등석 정원'
              <SFLIGHT> <SEATSMAX_F> abap_false abap_false
                 CHANGING lv_pos ct_fcat.
   PERFORM add_fc USING 'SEATSOCC_F' '일등석 점유'
              <SFLIGHT> <SEATSOCC_F> abap_false abap_false
                 CHANGING lv_pos ct_fcat.
ENDFORM.

"공통 추가 루틴(매크로 대신 FORM 사용)
FORM add_fc USING     pv_field      TYPE lvc_fname
                      pv_coltext    TYPE scrtext_l
                      pv_ref_table  TYPE tabname
                      pv_ref_field  TYPE fieldname
                      pv_edit       TYPE abap_bool
                      pv_key        TYPE abap_bool
             CHANGING pv_pos        TYPE i
                      pt_fcat       TYPE lvc_t_fcat.
   CLEAR gs_fcat.
   pv_pos              = pv_pos + 1.
   gs_fcat-fieldname   = pv_field.
   gs_fcat-coltext     = pv_coltext.
   gs_fcat-col_pos     = pv_pos.
   gs_fcat-ref_table   = pv_ref_table.
   gs_fcat-ref_field   = pv_ref_field.
```

```
*  IF pv_edit = abap_true.    "Editable 설정 제외
*    gs_fcat-edit = 'X'.
*  ENDIF.
  IF pv_key = abap_true.
    gs_fcat-key  = 'X'.
  ENDIF.
  APPEND gs_fcat TO pt_fcat.
ENDFORM.
*&---------------------------------------------------------------*
*& Module STATUS_0100 OUTPUT
*&---------------------------------------------------------------*
*&
*&---------------------------------------------------------------*
MODULE status_0100 OUTPUT.
 SET PF-STATUS '100'.
 SET TITLEBAR '100'.
ENDMODULE.
*&---------------------------------------------------------------*
*&      Module  EXIT  INPUT
*&---------------------------------------------------------------*
*       text
*----------------------------------------------------------------*
MODULE exit INPUT.
  CASE sy-ucomm.
    WHEN 'BACK' OR 'EXIT' OR 'CANC'.
      LEAVE PROGRAM.
  ENDCASE.
ENDMODULE.
```

프롤로그에서 'AI 시대에 ABAP 개발자가 살아남을 수 있을까?'라는 질문을 던졌습니다. 이 질문에 대한 답은 아직 아무도 할 수 없을 겁니다. 하지만 몇 가지 참고할 부분은 있습니다. 이세돌과 알파고의 대결 후 완전히 변해버린 바둑계가 있고, 가깝게는 바이브 코딩으로 프로그래밍 자체가 재편되고 있는 파이썬이나 JavaScript 업계가 있습니다.

오픈AI의 CEO 샘 울트먼은 이렇게 말했습니다. "지금 우리가 쓰는 AI가 앞으로 존재할 AI 중 가장 멍청한 AI다." 지금도 놀라운데, 앞으로는 더 똑똑해진다는 겁니다. 그렇다면 우리 아밥퍼(ABAPer)들의 과제는 뭘까요? 일단 뛰어들어야 합니다. 기술이 발전하면 그 발전이 인류의 발전과 어떤 관계가 있는지? 늦춰야 하는지, 금지시켜야 하는지 이런 고민들을 하시는 분들이 있습니다. 중요하고 꼭 필요한 일입니다. 하지만 저는 그런 무게를 감당할 깜냥도 시간도 없다고 생각합니다. 사람들은 헷갈려 합니다. 내가 맞서고 있는 것이 마치 인공지능(AI) 그 자체인 것처럼. 미디어도 그걸 부추기죠. 지금 일어나고 있는 일이 기계와 인간, 인공지능과 인간의 대결처럼 보이게 만듭니다. 하지만 진실은 다릅니다. 바둑계가 그랬고, 프로그램 업계가 그랬던 것처럼 이 대결의 본질은 인공지능(AI)을 쓰는 사람과, 쓰지 않는 사람의 대결입니다. 안타까운 건 대결이 본격적으로 시작되기도 전에 승부의 결과는 이미 나와 있다는 거죠. 이런 상황에서 인공지능(AI)에 대해 주저하거나 고민하고 있는 건 이상한 일입니다. 일단 뛰어드세요. 뛰어들어서 뭐라도 하다 보면 뭘 해야 할지, 어떻게 해야 할지가 보일 겁니다. 저희 저자들도 그 출발점 어딘가에서 헤매고 있는 중입니다. 현실이 혼란스러울수록 꼭 기억하려고 주문처럼 되뇌이는 두 문장이 있습니다.

"우린 답을 찾을 것이다. 늘 그랬듯이" <영화 인터스텔라 대사>

"우리는 새로운 기술의 단기적 효과는 과대평가하고, 장기적 효과는 과소평가하는 경향이 있다" <로이 아마라, 미래학자>

<시즌1이 끝납니다>

삽질 시리즈 3권을 충실히 읽어 주신 여러분 감사드리고 수고많으셨습니다. SAP가 뭔지를 쉽게 알려드리겠다고 시작한 책이 끝에 와서는 인공지능(AI) 책이 되어 버린 것 같습니다. 그만큼 우리가 살고 있는 세상은 빨리 변하고 있습니다. 아마도 삽질 시리즈의 첫 번째 시즌의 끝은 여기가 될 것 같습니다. 시즌 2의 시작은 독자 여러분의 손으로 다시 넘기겠습니다.